平泉澄著

中世に於ける精神生活

錦正社

序

中世に於ける精神生活を闡明して一書を著さん事は、予が年来の願であつた。蓋しそれは上代と近世との中間に在つて、承前起後の位置を占むるが故に、その理解はやがて国史全体を貫く所以なるを思ひ、又現時思想界がこれと種々密接なる関係を有し、もしこの問題を深刻に解剖し明快に裁断するならば、そはやがて現代思想界に対し、聊か貢献し得べきを確信する為であつた。

かくて先年、予が初めて中世史を講ずるに当り、先づこの問題を提げて論述する事二ヶ年に及んだ。しかるに、講義を始めて未だ半歳ならざるに（大正十二年九月）大震災に遭つた。この災禍が予の従前研究の結果をなかば一炬に付した如きは、もとより多くいふに足らぬ。たゞ大学図書館の焼失に至つては、償ひ難き打撃であつた。書斎とは名づけ難き貧しき書斎を有するに過ぎない自分は、以後予定の計画を変更して、わづかに普通の材料を求め得る方面の略述に止めねばならなかつた。かくて二ヶ年の後、残つたものは、本書見るが如き講案であつた。それは当初の計画とはかなり相違し、後より之を見る時は殊に貧弱の感が深く、予はその改訂を他日に期待してゐたのであつた。

しかるに、此の度郷里の父病むときいて、杜撰をいとはず急遽これが出版を企図するに至つた。風樹の歎は予が最も恐るゝ所なるが故である。かくて旧講案に朱を加ふる事半月、成るに随つて印刷に付し、殆んど疾風の勢を以て之を出版したのである。

かくの如くして成りたる本書が、予の年来の志に副はない点の多いのは、事情まことにやむを得ない所である。しかも予はこれを父の膝下に献じ得る事を喜び、なほ満足してこゝに筆を擱く。

大正十五年三月十日

平　泉　澄

中世に於ける精神生活　目次

中世に於ける精神生活

平泉　澄　著

一　中　世

中世の始終　中世なる名称は、我が国に於いては未だ十分熟してゐない。従来一般に用ひられ来つた時代区画は、専ら政権の推移を標準としたものであつて、奈良朝時代・平安朝時代・鎌倉時代・南北朝時代・足利時代・織田豊臣時代・徳川時代などと分けられてゐた。しかしこの時代区画の標準には、厳密にいへば少しく矛盾がある。何となれば、前半は政権所在地によつて名づけ、而して後半は政権を握つた覇者《はしや》の氏をとつて呼んだからである。それ故に近来は政権所在の地名を採つて称呼の法を一定し、足利以降を呼ぶにも、室町時代・安土桃山時代・江戸時代といふに至つた。しかし実際は人によつて区々一定しないばかりでなく、同一の人に於いても、様々の標準により、種々の称呼を立てゝ居り、頗る《すこぶ》混乱錯雑してゐるのを見る。これは或はその人の随意と考へられない事もない。

しかし根本にかへつて考察するならば、元来時の流れは不断のものであつて、一瞬も止まらず、一刻も休まない。すべての生活は、しばらくも同一状態のもとに停止せず、時々刻々に変化流転してやまない。したがつて本来実生活の上には、截然《さいぜん》前後の色彩を分つ一段階としての時代区画はないのである。しかもかくの如く流れてやまざる時の進行の中に、また僅の間隙もなき常恒不断の動揺の人生に於いて、色々の時代を区画する事は、畢竟《ひつきよう》するに学者の研究、理解及び説明の便宜の為である。但しこゝに特に注意すべきは、それは決して学者の勝手を意味するものではない事である。それは歴史の真の把捉、史実の正しき理解に対する便宜なるが故に、時代区画は遂に一般妥当性を要求しなければならない。世間見るが如き時代区画の乱雑は、国史全体に対する透徹せる理解の欠如に基因するものであらう。しかしそれらに対する批判は今の問題ではない。こゝには何が故に従来普通に行はるゝ時代区画に従はずして、特に中世なる名称を掲げたかを一言するに止めよう。

実をいへば、予は前に掲げたるが如き時代区画を決して排斥せんとするものではない。それらはそのまゝに存続して置いて少しも差支ないばかりか、小なる時代区画として十分の価値を有つものである。しかしながら、ひとり政治方面ばかりでなく、道徳・宗教・美術・文学・科学等の精神生活、交通・商業・農業・工業等の経済生活を考へ、国民生活全般に亘つて文化発展の経路を辿《たど》る時には、前掲の時代区画には著しき不満を感ぜざるを得ない。よつて予は新たに別様の形式を以て国史を区分し、推古朝以前を古代とし、推古朝よりはじめ飛鳥・奈良・平安を通じて之を上代と呼び、保元以降、鎌倉・南北朝・室町に亘つて之を中世と名づけ、足利幕府倒壊して織田信長名実共に覇者となる天正元年（一五七三）より以下、安土・桃山・江戸の三期を包含して之を近世といひ、慶応三年（一八六七）大政奉還を以て之を限界し、以後を最近世或は現代と呼ぶ事にした。もとよりこれは今の所まだ一個の私見たるに止り、種々の異論を考へ得るのであるが、その論評はやがて時代区画原理の反省と国史全体の考察とに帰着し、極めて尨大《ぼうだい》なる範囲に拡張せらるゝが故に、こゝには詳説を避けよう。

たゞ何故を以て保元々年（一一五六）を中世の始とし、天正元年をその終としたかに就いては、一言して置かなければならない。前者については従来多く鎌倉時代より始め、後者に於いてはまた江戸時代のみを近世と呼び、而して更にその年月の規定に至つては諸説紛々としてゐるからである。

凡そ不断の時の推移のうちに、もし時期を分つ所の一線を画するとすれば、それは枝葉の現象に於いてではなくして根本の事実に、表面の波浪に於いてではなくして奥底の動力によらなければならない。然らば上代より中世を導き出す奥底の動力、中世が上代より相違する根本の事実は何であるか。いふまでもなく、それは武士武門の興起である。上代は公家の世界であり、而して中世は武家の天下である事が、実にこの二つの時代の最も根本的なる相違であるとすれば、須《すべか》らく、武士武門の興起を以て時代の分水嶺とすべきである事は、また疑を容れない。しからば武家の興隆して公家を圧倒するに至つたのは何時の事かと云ふに、予は躊躇なく保元々年を指示するものである。保元の乱より天下の勢一変し、公家の世こゝに衰へて、新たに武家の時代に入つた事は、古来達識の士の決して見逃さぬところであつた。されば大僧正慈円《じえん》はその著『愚管抄《ぐかんしよう》』に於いて、

「保元ノ乱イデキテ後ノコトモ、又世継ノ物ガタリト申物モカキツギタル人ナシ。少々アルトカヤウケタマハレドモ、イマダエ見侍ラズ。ソレハミナタヾヨキ事ヲノミシルサントテ侍レバ、保元以後ノ事ハ、ミナ乱世ニテ侍レバ、ワロキ事ニテノミアランズルヲハヾカリテ人モ申ヲカヌニヤ。」

と云ひ、又、

「保元々年七月二日、鳥羽院ウセサセ給ヒテ後、日本国ノ乱逆ト云事ハヲコリテ後、ムサ（武者）ノ
世ニナリニケル也ケリ。」

と述べて、保元の乱より武家時代に入つた事を断定して居る。北畠親房も亦之を認めて、

「保元・平治よりこの方、天下乱れて武用盛に王位軽くなりぬ。」（神皇正統記）

と説いてゐる。又林鵞峰が明人邵氏の皇帝王伯を以て春夏秋冬の移換に譬へたのに倣つて、我国の歴史を概論した時も、

「神代如」春、神武以来如」夏、桓武定都之後如」秋、保元以後如」冬。」（鵞峰林学士集）

と云ひ、保元元年を以て時代の変転期としてゐる。予が保元々年を以て、中世の発端となすは、実にこの理によるのである。

次に中世と近世とは等しく武家の時代であつて、その点に於いて共通の如く見らるるけれども、その社会組織に於いても、その経済生活に於いても、両者の間には著しい相違があり、殊に精神生活の上には非常なるコントラストを見る。

しかも江戸時代は、決して独創的革新的なる時代にあらずして、寧ろ安土・桃山時代を継承して之を完成したものと見るべきである。それ故に徳富蘇峰《そほう》氏が『近世日本国民史』に筆を染むるに当つて、織田信長より説き起したことは、正鵠《せいこく》を得てゐる。実に信長は凡ての因襲に反抗せる一代の風雲児であつて、その中央集権を強行した点（政治）に於いても、仏教に反抗して寺院を焼き、寺領を没収し、又耶《や》

蘇教《そきよう》を奨励した点（宗教）に於いても、関所を廃し、楽市《らくいち》を奨励した点（経済）に於いても、あくまで中世に対して反抗し、挑戦した所の革命児であつたが故に、中世の終、近世の始は、必ずや之を室町時代の終、安土時代の始に画すべきである。

　しからば何の年月を以て之にあつべきであるか。こゝに二つの道が学者の選択に任せてある。一つは室町幕府の滅亡した天正元年（一五七三）をとる道であり、今一つは信長の入京した永禄十一年（一五六八）をとる道である。蓋しこの際に於ける変革は室町幕府そのものが、既に余りに微弱であつて、その幕府を左右するに至るも、乃至之を倒壊するに至るも、直ちに全天下に影響し、之を震憾《しんかん》せしむるに足らず、而して、その信長との交替は、初め実力より後名実共に全きに至るまで、むしろ徐々として進んだが故に、鮮かに時代を区分することが困難なのである。然しこゝに於いては、予はむしろ前者をとり、室町幕府の滅亡した天正元年を以て、室町時代の終、安土時代の始とし、兼ねて中世の終、近世の始としよう。蓋し信長の入京は永禄十一年にあるけれども、当時その勢力範囲は未だ頗る狭少であり、且信長は只足利氏幕下の将たるに過ぎずして、未だ天下に覇《は》たるに至らなかつた。その程度に於いては、彼も三好長慶、松永久秀の徒とさまでの逕庭《けいてい》を見出し難い。しかるに天正元年七月に至つては、遂に将軍義昭を逐ひ、自ら天皇を奉じて、天下に号令せんとし、又奏請して元亀の号を廃し天正と改めた。これ『文選《もんぜん》』に「高以㆑下為㆑基、民以㆑食為㆑天、正㆓其末㆒者端㆓其本㆒、善㆓其後㆒者慎㆓其先㆒」と云ひ、『老子経』に「清静者為㆓天下正㆒」とあるによつたものであるが、又以て信長の革新の意気を示せるものと云ふべきであらう。

時期を画すべきは正にこの際にある。中世後期は足利氏称覇《しようは》の時代であつた。而して信長がその足利氏を辺境に放逐《ほうちく》し、自ら天皇を奉じて国家を統一しようとしたのは実に天正元年の事である。予がこの年を以て室町時代の終とし、同時に中世の終結と見る理由は、是に於いて明瞭であらう。

中世に対する軽蔑　かくて予の言ふ中世は、保元々年より天正元年に至る四百十七年間を斥し、西洋に於いては十二世紀の中頃（一一五六）より十六世紀の中頃（一五七三）までに当る。（西洋の Mittelalter は 476―1492　西ローマの滅亡よりアメリカ発見に至る。）而して西洋の中世が従来 Die Zeit der Finsternis と呼ばれた如く、我が国史の中に於いても、中世は文化の萎靡《いび》衰退した時代として軽蔑せられて居た。而してこの軽蔑は、たゞに後世の人の感ずる所であるばかりでなく、実に中世人自らの懐いた感情である。蓋《けだ》し、隋唐の盛なる文物制度を模して、朝廷の典章悉く具はつて居た上代より比較すれば、中世に於いては朝廷の威力大に衰へ、政令の及ぶ所も局限せられ、宮殿政庁も屢々《しばしば》火災の難にあひ、難にあひては再興の容易ならず、学問も衰へ、詩歌も盛ならず、争乱絶ゆることなくして、武人の跳梁《ちようりよう》甚しかつた為に、丁度、ギリシヤ・ローマの華かな文明が、ゲルマン人の侵入によつて破れていつた時と同じ様な、悲観的な心持になつて、当時の人は現在を呪ひ、過去に憬れたのであつた。而してこの悲観の声は、当時の日記によく現れてゐる。たとへば関白九条兼実の日記『玉葉《ぎよくよう》』治承四年（一一八〇）十二月廿二日の条に、

「伝聞、来廿五日遣官軍於南都、捕搦悪徒、焼払房舎、可魔滅一宗云云。先今明之間、以大和河内等国人、守護道々、其後可被寄官兵云云。当我氏滅亡之時、受生之条、只可愧宿業者也。」

といひ、治承五年八月十一日の条には、

「申刻、大夫史隆職来、談世上事、天下滅亡、在只今明、可悲云云。」

といひ又、建久十年（一一九九）正月五日の条には、叙位の例式に違ふを歎じて、

「我国已獲麟了。知恥者、豈任朝闕哉、悲哉。」

といつてゐる、又前にも述べた様に、『愚管抄』にも保元以後を乱世云ふに足らずとして、

「保元以後ノ事ハ、ミナ乱世ニテ侍レバ、ワロキ事ニテノミアランズルヲハヾカリテ、人モ申ヲカヌニヤト、オロカニオボエテ、ヒトスヂニ世ノウツリカハル、オトロヘタルコトハリ、ヒトスヂヲ申サバヤト思テオモヒツヾクレバ、マコトニイハレテノミオボユルヲ、カクハ人ノヲモイテコノ道理ニソムク心ノミアリテ、イトヾ世モミダレヲダシカラヌ事ニテノミ侍レバ、コレヲオモヒツヾクルコ、ロヲモ、ヤスメムトオモヒテカキツケ侍ル也。」

と云ひ、『増鏡』もその序に、古き史書（水鏡・大鏡）になぞらへ難しとして、

　おろかなる心や見えむます鏡ふるきすがたにたちはおよばで

と歌ひ、又新《にい》島もりの条には、頼朝が総追捕使《そうついぶし》となつた事を記して、「この日本国の衰ふるはじめは、これよりなるべし」と記してゐる。この『増鏡』、『愚管抄』の心持を、上代の『大鏡』のそれと比較す

ると面白い。『大鏡』の序には、

「まめやかには、世継が申さむと思ふことは、こと〴〵かは、只今の入道殿下（藤原道長）の御ありさまの、世にすぐれておはしますことを、道俗男女の御前にて申さむと思ふが、いと事多くなりて、あまたの御門《みかど》・后、また大臣・公卿の御上をつゞくべきなり。その中に（道長は）さいはひ人におはします、この御有様申さんと思ふほどに、世の中の事のかくれなくあらはるべきなり。」（道長の栄花を説く背景としての歴史叙述なり）

といひ、又太政大臣道長については、

「さりや聞し召しあつめよ、日本国には唯一無二におはします。まづは造らしめ給へる御堂などのありさま、鎌足大臣の多武峰、不比等大臣の山階寺、基経大臣の極楽寺、忠平大臣の法性寺、九条殿の楞厳院《りようごんいん》、あめのみかどの造りたまへる東大寺も仏ばかりこそは大におはしますめれど、猶この無量寿院にはならび給はず。まして余の寺々は言ふべきにあらず。」

とて更に支那・天竺の寺々をあげ、「しかあれども只今はこの無量寿院まさり給へり」といひ、次に法住寺・天王寺・七大寺・十五大寺と比較し、「なほこの無量寿院いとめでたく極楽浄土この世に顕れにけると見えたり」とたゝへてゐる。

かくたゝへられたる道長が、

この世をば吾世とぞ思ふ望月のかけたる事もなしと思へば

と詠じた事は有名な話であるが、上代の初期にはまた、

青丹よし奈良の都は咲く花の匂ふが如く今盛りなり

とも歌はれて居り、この世をたゝへ現在を謳歌《おうか》して居る。近世もまた現世満足の時代であつて、武家階級に於いてはいふまでもなく、市井の文芸にもそれは随所にあらはれてゐる。(註)上代・近世共に、かやうに現在に対する十分の満足があるが、中世にはかやうな心持は全く見られない。すべての人は現在に不満であり、甚しきは現在を呪つてゐる。

かやうに現在を悲観し、過去に憧憬する結果として、今後政治運動の理想は、上代の古に復すること、特に延喜・天暦《てんりやく》への復帰にあつた。『神皇正統記』後醍醐天皇の条に、

「公家の古き御政に復るべき世にこそと、高きも賤しきも、かねて唱ひ侍りき。」

と云ひ、宇多天皇の条に、

「今の世までも、賢かりし事は、延喜・天暦と申し慣はしたれど、この御世こそ上代によれゝば無為の御政なりけんと推し量られ侍る。」

とあるのがそれである。『太平記』巻一「後醍醐天皇御治世の事」の条にも、

「御在位の間、内には三綱五常の儀を正うして、周公・孔子の道に順ひ、外には万機百司の政怠り給はず、延喜・天暦の跡を追はれしかば、四海風を望みてよろこび、万民徳に帰してたのしむ。」

とあり、中世のみならず中世と近世とを通じて、公家方の理想は延喜・天暦の昔への復帰にあり、明治

維新も初はそれを理想とし、後に神武創業の古《いにしえ》にかへることを標榜《ひょうぼう》したのは玉松操《たままつみさお》の力であつた。而して朝廷方に於いて、当然、かやうな悲観を見たばかりでなく、当時の勝利者であり、権力に傲《おご》る武家と雖も、自らの文化には少しも満足せず、只管《ひたすら》公家に追随し上代を模倣せんことを心がけたのであつた。文学を見ても、上代を黄金時代としてこれにあこがれ、武家全盛の世であるにも拘らず、武家を謳歌したものは少ない。すべて自らの心が空虚であるものは徒《いたず》らに他の満てるものを羨《うらや》み、之を模倣する。中世に於いては公卿も武士も、異なる意味に於いて、自らの空虚の為に、偏《ひとえ》に前代の文化にあこがれたのであつた。『伊勢物語』『源氏物語』『古今集』等の書が、彼等を束縛する勢力であつたこと、自らの文学を創造せずして『伊勢』『源氏』『古今』、に囚はれてゐたことは、実にこの為である。

更に深刻に当時の人の精神生活の基調を辿るならば、彼等は末法思想と呼ばるゝ悲観的の、もしくは殆んど絶望的の歴史観を持ち、その為に、いとゞ現在をはかなみ、現世を呪つたのであつた。しかしこれらの事は後に詳述することとして、こゝには省略しよう。

何はともあれ、中世は、中世人自らによつて軽蔑せられ、ひいて近頃にまで及んだ。それは西洋の中世が、文芸復興期の人々によつて侮られ、宗教改革時代の人々によつて軽蔑せられ、十八世紀・十九世紀の歴史家によつてその侮りを継承せられたのと、やゝ趣を同じうしてゐる。

（註） 近世に於ける現実謳歌の例証を挙げるならば、延宝五年の開板である『江戸雀』（著者未詳菱川師宣《ひしかわもろのぶ》絵）に、「抑今の治世を考ふるに、誠に和漢の聖代に超て其政すなほなれば、上明君より下万民にいたるまで、快楽のお

もひをなさずと云事なし。されば東南西北之内いづくか豊饒せざらんや。あるひは高砂の尾上の松も後々百歳にも色替らず、蓬莱宮の鶴亀は千秋万歳の祝言をなせり。かゝるめでたき御代なれば、国富民豊にて、歌人は山頂の花に詠じ、詩人は池辺の月に題をなせば、武家は弓を嚢に蔵め干戈は函に容て静謐の代を猶守護せり。商人百姓は己々が所作をいとなみ、五穀成就に円満たる事あげてかぞふべからず。春夏秋冬の遊山見物、唯此時にやあらむ。」

といひ、『西鶴織留《さいかくおりどめ》』巻の二「保津川のながれ山崎の長者」の発端には、

「本朝は天照大神元年より、今元禄二年初春まで二百卅三万六千二百八十三年、此国豊に続きてなほ君が代の松は久しきためし、富士を常住の蓬莱山、不老門の東に武蔵野の満月、外天のひかりに同じからず、御紅葉山の木ずゑ千秋の色をまし、万歳の海亀さゞ浪静にすめる、江戸は天下の町人北村・奈良屋・樽屋をはじめ、諸国の物年寄、金座・銀座・朱座、此外過書の舟持世上に名をふれて、これ皆町人の中の町人鑑と言へり。」

といひ、白梅園鷺水（享保十八年歿、京の人）の『御伽《おとぎ》百物語』の発端には、

「今上の御代の春、堯舜のむかしにも超て、四つ海しづかに楽みの声、ちまたにみち、所々の神社仏閣のいらか迄、絶たるをおこし、廃たるをつがせ給ひしかば、加茂のあふひの御祭より多田六の宮紫野の御霊、残るくまなく玉をみがき、金を鏤めつくり出されける、中にも過し元禄の春は北野の御修理……」

といひ、また十返舎一九の『東海道中膝栗毛《ひざくりげ》』（文化十一年の序あり）の発端にも、

「武蔵野の尾花が末にかゝる白雲と詠しは、むかし〳〵浦の苫屋鴫たつ沢の夕暮に愛て仲の町の夕景色をしらざる時の事なりし。今は井の内に鮎を汲む水道の水長にして土蔵造りの白壁建つゞき香の物桶明俵破れ傘の置所迄地主唯は通さぬ大江戸の繁昌、他国の目よりは大道に金銀も蒔ちらしある様に思はれ、何でも一かせぎと心ざし

て出かけ来る者幾千万の数限りもなき其中に、生国は駿州府中栃面屋弥次郎兵衛といふもの……」といつて居る。かやうな現世満足は、殆んどすべての階級に共通であつた。

かの儒仏を排し自然の真心を以て自らに治まつた古代の簡素質朴なる風俗をその理想とした所の本居宣長すらも、その著『玉かつま』に於いて左の如く述べてゐる。

「古よりも後世のまされる事

古よりも後世のまされる事、万の物にも事にも多し。其一つをいはむに、いにしへは橘をならびなき物にしてめでつるを、近き世にはみかんといふ物ありて、此みかんにくらぶれば橘は数にもあらず、けおされたり。その外みうじ・ゆ・くねんぼ・だい〳〵などのたぐひおほき中に、蜜柑ぞ味ことにすぐれて、中にも橘によく似て、こよなくまされる物なり。此一つにておしはかるべし。或は古にはなくて今はある物もおほく、いにしへはわろくて今のはよきたぐひ多し。これをもておもへば今より後も又いかにあらむ、今に勝れる物多く出来べし。今の心にて思へば古はよろづに事たらず、あかぬ事おほかりけむ。されどその世には、さはおぼえずやありけん、今より後また物の多くよきが出でこん世には、今をもしか思ふべけれど今の人、事たらずとは思はぬが如し。」

現代に於ける意義　かくの如く中世はその当時の人によつて、並にその後の世の人々によつて呪はれ、軽蔑せられて来た。しかも我等は我国の歴史の中に於いて占むる中世の位置について、深き意義を認めざるを得ない。我が国の歴史は、中世に至つて更生してゐる。我が国が老い衰ふる事なく、生き生きとした若さを持続する事の出来たのは、この更生の為であつた。殊に現代に於いて中世は深き意義を持たなければならない。現時世の視聴を聳《そばだ》てしめつゝある、プロレタリア対ブルジョアの所謂階級争闘、プロレタリヤの台頭《たいとう》と団結、乃至少くとも従来社会の下層にあつたものの平等の待遇の要求、或はまた普選の断行等、それは中世の初めに於ける武士階級の勃興《ぼつこう》にやゝ類似してゐるといはれてゐる。果してそうであるか。両者の間にはいかなる類似と相違とがあるか。又現時の宗教熱、特に親鸞《しんらん》の流行は、頗る中世前期の思潮と類似してゐる。近年親鸞主義宣伝の雑誌としては、「法爾」、「親鸞と祖国」、「真宗宣伝」、「真宗の世界」、「親鸞聖人研究」、「親鸞主義」等があつて盛んに活動し、親鸞の思想を鼓吹してゐる。又親鸞を主題とした小説戯曲の類には、『出家と其弟子』（倉田百三《くらたひやくぞう》氏）『受難の親鸞』（石丸梧平氏）『戯曲親鸞』（香春建一氏）『親鸞』（村上浪六氏）『戯曲親鸞』（茅場道隆氏）『戯曲親鷺』（三浦関造氏）等があり、今日の日本人の精神に深き交渉を持つてゐるが如く見ゆる。しかもその思想の根本に於いて、現代人は果して中世人と共通の原理を有するか。これ等の問題は深遠なる研究と透徹せる見識とを要求するものである。

しかし、ともかくもかやうに、社会生活に於ける新たなる階級の勃興といふ点に於いて、又精神生活に於ける指導的思想の類似といふ点に於いて、又経済生活にも種々の不安動揺を体験しつゝある点に於いて、（ギルドソシアリズムの世界的流行は、中世への復帰を意味するものであると或人はいつたが、我国に於ても又中世の「座」が注目せられてゐる）現代と中世とは頗る密接なる関係を持つてゐる。

予が中世史に対して特に心を惹《ひ》かれるのは、実にこの理によるのである。これに心惹《ひ》かれて、予は遂に「中世に於ける精神生活」を考究しようと思ひ立つた。しかるにこれは最も重大にして、最も困難なる問題であり、予の如く学浅く識低きものの、よく解決し得るところでない。しかしともかくも先づこの拙稿を発表して、大方の示教を仰がうと思ふ。もとよりこれは予の考を尽したものでは決してなく、僅かにその一面を説き得た様に思はれるのみであるが、しかしそれにしても之を発表する事は、予にとつては背水の陣となつて、今後の精進参究の刺激となり、而して他方世の識者の批正によつて、問題究明の期を早める事を期待し得るであらう。

二　官学の衰微

上代の教育　さて先づ第一に、上代の教育をしらべ、それがいかなる性質のものであつて、又中世に入つていか様に変化していつたかを見てゆかう。それは中世が上代より継承した所の精神的遺産が、いかなるものであつたかの一面を示すものである。

抑《そもそ》も学校の創設は随分古く、天智天皇の朝に始まつてゐる。『書紀』には同天皇十年（六七一）正月の条に、小錦下を以て学頭職鬼室集斯《がくとうしききしつしゆうし》に授ける事が見え、当時既に学頭職の存してゐた事を知り得るのみであるが、淡海三船《おおみのみふね》の撰した『懐風藻《かいふうそう》』の序には、

「逮于聖徳太子、設爵分官、肇制礼義。然而専崇釈教、未遑篇草。及至淡海先帝之受命也、恢開帝業、弘闡皇猷、道格乾坤、功光《テラス》宇宙《ヲ》。既而以為、調風化俗、莫尚於文、潤徳光《カガヤカス》身、孰先於学。爰則建庠序、徴茂才、定五礼、興百度、憲章法則規摹弘遠。」

といひ、天智天皇が初めて学校を立てられた事が分る。その後、天武・持統紀に、大学寮学生《がくしよう》、大学の博士《はかせ》・書博士・音博士・医博士・呪禁《じゆごん》博士等に関する記事の屢々《しばしば》散見するのを見れば、（註）此の学校は大学と称せられて、存続していつたものと思はれる。

（註）『日本書紀』天武天皇四年正月丙午朔条、「大学寮《オホツカサノ》諸学生《フンヤワラハ》、陰陽寮、外薬寮、及舎衛女《ノ》……等、捧薬及珍異等物《ノ》進《ツル》。」

同持統天皇五年四月辛丑朔条「賜《フ》大学《ノ》博士《ノ》上村主《ノ》百済《ニ》大税一千束《ヲ》、以勧其学業也。」同九月壬申条「賜音博士大唐続守言・薩弘恪、書《テノ》《テカキノ》博士百済《ノ》末士善信《ニ》銀人《コトニ》二十両。」尚、医博士・呪禁博士のことは持統五年十二月己亥条に、音博士のことは同六年十二月甲戌条に見え、同七年三月甲午条には「賜大学《ノ》博士勤広弐《ノ》上村主百済《ニ》食封三十戸、以優《ニギホヘタマフ》儒道。」とあり。

而して天智天皇の『近江令《おおみりよう》』が（これは大化改新の精神を発展せしめたものであるが）、天武・持統の間に種々の修正を加へられ、文武天皇の大宝元年（七〇一）に至つて大成して、大宝の律令となつた如く、天智天皇以来のこの学制も、『大宝令』に至つて完成せられたのである。換言すれば『大宝令』の制度は一旦にして出来上つたものでなく、その以前数十年（天智元年より四十年、大化改新より六十年）の試みの大成であり、之を組織したものである。〈※これ以下『大宝令』は、すべて『養老令』の内容〉

『藤原家《か》伝《でん》』の下「武《む》智《ち》麿伝《まろでん》」を見るに、

「（大宝）四年三月、拝為大学助。先従浄御原（天武）天皇晏駕、国家繁事、百姓多役。兼属車駕移藤原京、人皆忽忙、代不好学。由此学校凌遅、生徒流散、雖有其職無可奈何。公入学校、視其空寂以為、夫学校者、賢才之所聚、王化之所宗也。理国理家、皆頼聖教、尽忠尽孝、率由茲道。今学者散亡、儒風不扇。此非所以抑揚聖道、翼賛王化也。即共長官良虞王陳請、遂招碩学、講説経史。浹辰之間、庠序欝起、遠近学者、雲集星列、諷誦之声、洋々盈耳。」

とあり、これは『大宝令』と令以前の制度との関係を見るべき好箇の史料であつて、令以前、既に存在した学校が、（それは、やはり大学と呼ばれた）これよりは令の制度を理想として整備せられてゆく有様を察する事が出来る。

さて、この令の学制こそは、上代教育の本幹であり特徴であるから、以下少しくこれを述べよう。

大学寮は散位寮《さんにりょう》と共に、式部省に属してゐるが、先づ「職員令《しきいんりょう》」によつて見るに、大学寮の職員は、

頭《かみ》　一　人　掌㆘簡‐試㆓学生㆒、及釈奠ノ事㆖。
助《すけ》　一　人
大允《じょう》　一　人
少允　一　人
大属《さかん》　一　人
少属　一　人
博士　一　人　掌㆘教‐授㆓経業㆒課‐試㆗学生㆖。
助教　二　人　掌㆑同㆓博士㆒。
学生　四百人　掌㆑分‐受㆓経業㆒。
音博士　二　人　掌㆑教㆑音。
書博士　二　人　掌㆑教㆑書。
算博士　二　人　掌㆑教㆓算術㆒。
算生　卅　人　掌㆑習㆓算術㆒。

使《し》部《ぶ》　廿　人
直《じき》丁《ちょう》　二　人

又国学の職員は同令に、

「凡国《ノ》博士・医師《ハ》国別《ニ》各一人。其学生《ハ》大国五十人・上国四十人・中国卅人・下国廿人。医生《ハ》各減《セヨ》五分之四。」

とある。但し大宰府《だざいふ》には特に両筑・両豊・両肥六国の国学を兼ねる学校を設けて、之を学業院《がくごういん》と称した。

次に学生の入学資格を見るに、「学令」に曰く、

「凡大学生取《ニハ》五位以上《ノ》子孫及東西史部《ヤマトカワチノフヒトベノ》子為《ヨ》之。若八位以上《ノ》子情願《ニハ》者聴《セ》。国学生取《ニハ》郡司《ノ》子弟為《ヨ》之。大学生《ハ》式部補《アテヨ》、国学生《ハ》国司補《テヨ》。並取年十三以上十六以下《ノ》聡令者《ナルヲ》為《ヨ》之。」

これによれば、大学・国学は、官吏の子弟を教育するところであつて、元来一般庶民には没交渉な学校である。

或は任官叙位の事の、必ずしも、学者の挙用法、即ち、明経《みょうぎょう》・明法《みょうぼう》、秀才・進士、書・算、の六道（註）のみによらずして、大学以外に出身の途の開かれてゐた事を指摘して、大学・国学が官吏養成所なる事を否定せんとする人もあるけれども、右の如く大学・国学の入学者が原則として官吏の子弟に限つてゐた事は、これらの学校が官吏養成所なる事を明示するものである。

（註）更にいへば、「学令」と「選叙令」との連絡も十分ではない。「選叙令」に、「凡秀才取《ニハ》博学高才者、明経取《ニハ》学

通二経以上者、進士取《ニハ》明閑《ナラヒ》時務并読文選・爾雅者、明法取《ニハ》通達律令者。……凡秀才《ノ》出身《ハ》、上々第《ニ》正八位上、上中《ニ》正八位下、明経《ハ》上々第《ニ》正八位下、上中《ニ》従八位上、進士《ハ》甲第《ニ》従八位下、乙第及明法《ノ》甲第大初位上、乙第《ニ》大初位下。其明経・秀才得《ノタラム》上中以上有《ラハ》蔭及孝悌《ニシテ》被表顕者、加本蔭本第《ニ》一階叙《セヨ》。其明経《ハ》通二経、以外《ハ》毎一経《ニ》通《セム》加一等。」

このうち進士の「文選・爾雅」は明法の我国の律令と共に、大学の課程に無いところで、「学令」と「選叙令」とは十分に連絡がとれてゐない。それ故に『令義解』の考課令明法試の条に「依此令必可有明法博士及生」といひ、又『令集解』の同条には、此文によれば明法博士あるべきや必せりとして、「但疑落脱不量乎」とあり。併し之を脱落する事はありうべき事でなく、やはりなかつたものであらう。(『國學院雑誌』明治四十年、植木直一郎氏「大宝令の大学制度を論ず」参照。)

殊に『続日本紀《しょくにほんぎ》』天平十一年(七四〇)八月丙子の条に、

「太政官処分、式部省、蔭子孫並位子等、不限年之高下、皆下大学、一向学問焉。」

と云ひ、『日本後紀』大同元年(八〇六)六月壬寅の条に、

「勅、諸王及五位已上子孫十歳以上、皆入大学、分業教習。依蔭出身、猶合上寮。」

と云ひ、同書弘仁三年(八一二)五月戊寅の条には、

「勅、経国治家、莫善於文。立身揚名、莫尚於学。是以大同之初、令諸王及五位已上子孫十歳已上、皆入大学、分業教習。庶使拾芥磨玉之彦、霧集於環林、呑鳥雕虫之髦風馳乎壁沼。」

と云ひ、又『類聚三代格《るいじゅうさんだいきゃく》』に収めたる天長元年(八二四)八月丗日の太政官符にも、

「一、令諸氏子孫咸読経史事
右検参議従三位多治比真人今麻呂奏状偁、伏望諸氏子孫、咸下大学寮、令習読経史。学業足用、量才授職者、宜五位已上子孫、年廿已下者、咸下大学寮。
以前意見奏状、依今月八日詔書、頒下如件。」

とあり、諸王及五位已上の子孫、十歳より廿歳に至るものを、悉《ことごと》く大学に入らしめて之を教育し、学成らば才を量《はか》つて職を授けんとしたのを見れば、これ明かに官吏の子弟を、官吏たるべく教育する所である。大学の学生《がくしよう》の定員を四百人としたのも、五位以上の現官約百五十人に散位を加へ、それらの子弟並に八位以上の子、請願者を入れてかく定められたのであらう。それ故に大学・国学は官吏たるべく教育する学校であると解して差支ない。

次に教育の内容を見るに、教科書は『令』に、

「凡経《ハ》周易・尚書・周礼・儀礼・礼記・毛詩・春秋左氏伝《ヲバ》、各為《ヨ》一経《ト》。孝経・論語、学者兼習之。」

とある。その一経とは「凡学生通二経以上求出仕《ノ》者聴挙送。」とある様に、学習の一単位を云ふのである。

而して此等九経の学習も、

「凡教授《クル》正業《ヲ》、周易《ニハ》鄭玄・王弼注、尚書孔安国・鄭玄《ガ》注、三礼・毛詩《ニハ》鄭玄《ガ》注、左伝《ニハ》服虔・杜預《ガ》注、孝経《ニハ》孔安国・鄭玄《ガ》注、論語《ニハ》鄭玄・何晏《ガ》注。」

とある如く、各権威とするところを一定し、その説明を守つて居る、訓詁《くんこ》の学たるに止まつて居たこと

は、試験が、或は一帖三言（千言の内一処の三字を帖覆してよませること）など言ふ方法であつた事によつても察せられる。

此等の教科書を見、又釈奠《せきてん》の特に重ぜられて、

「凡大学・国学《ニハ》、毎レ年春秋二仲之月上丁《ニ》釈二奠《セヨ》於先聖孔宣父《ニ》一。其饌酒・明衣所レ須並用《ヒム》二官物《ヲ》一。」

と定められてあるのを見れば、大学・国学の教育は明かに儒教主義である。

当時、大学・国学の教育が儒教主義であり、官吏教養の為であつた事は、第一、天智天皇の朝、学校創設の事情より察しても当然である。即ち前にも述べた様に、淡海三船の『懐風藻』の序には、

「逮二于聖徳太子一、設レ爵分レ官、肇制二礼義一。然而専崇二釈教一、未レ遑二篇章一。及レ至二淡海先帝之受一レ命也、恢二開帝業一、弘二闡皇猷一、道格二乾坤一、功光二宇宙一。既而以為、調レ風化レ俗、莫レ尚二於文一、潤レ徳光レ身、孰先二於学一。爰則建二庠序一、徴二茂才一、定二五礼一、興二百度一、憲章法則規摹弘遠。」

とあり、従来の聖徳太子によつて立てられたる礼制が、専ら仏教主義なるに反対して、天智天皇は儒教主義の学校を立てられたのである。第二には、又『大宝令』が一般に隋・唐の制度の模倣である点より見ても、これは当然であると云へよう。

今、淵源《えんげん》に溯《さかのぼ》つて、唐制を一瞥《いちべつ》しよう。唐の学制は、驚くべき事には、唐の建国と共に立てられたのである。即ち高祖はその建国の年である武徳元年（隋の義寧二年）に於いて、「雖レ得二之馬上一頗好二儒臣一」乃ち国子学・太学・四門学、上郡学・中郡学・下郡学、上県学・中県学・下県学等を置いた事が、『旧唐書《くとうじょ》』

儒学伝に見えてゐる。この武徳元年（六一八）は、天智天皇の元年より四十四年前、『大宝律令』の成つた大宝元年より八十三年前に当る。それ故に『大宝令』の学制は明かにこの唐の制度の模倣である。唐の学制は『唐書』選挙志によるに、六学両館（註）及び都督府・州・県学あり、大体左の如くであつた。

尚書省
国子監
- 国子学　三百人　文武三品以上子孫、若従二品以上曾孫。
- 太　学　五百人　五品以上子孫。
- 四門学　一千三百人　其五百人以㆓勲官三品以上無封、四品有封、及文武七品以上子㆒為㆑之、八百人以㆓庶人之俊異者㆒為㆑之。
- 律　学　五十人
- 書　学　三十人
- 算　学　三十人
　（律学・書学・算学）以㆘八品以下子、及庶人之通㆓其学㆒者㆖為㆑之。

京都学（八十人）、
大都督・中都督府・上州（各六十人）、下都督府・中州（各五十人）、下州（四十人）。
京県（五十人）、上県（四十人）、中県・中下県（各三十五人）、下県（二十人）。

門下省に弘文館（三十人）
東　宮に崇文館（二十人）
　皇族外戚、大官の子。

（註）尤も「百官志」によれば、国子監《こくしげん》にては国子・太学・広文・四門・律・書・算、凡七学を総《す》ぶとあるが、今は普通の説に従つたのである。

更にこの学制の内容に立入つて、彼此《ひし》を比較する時、両者の極めて密接なる関係は明瞭となつてくる。以下、要点をとつて比較を試みよう。

(a)（唐書）凡博士・助教、分経授諸生、未終経者無易業。

（大宝令）凡博士・助教、皆分経教授学者、毎受一経必令終講。所講未終、不得改業。

(b)（唐書）凡生限年十四以上十九以下。律学、十八以上二十五以下。

（大宝令）並取年十三以上十六以下聡令者為之。

(c)（唐六典註）諸教授正業、周易鄭玄・王弼註、尚書孔安国・鄭玄註、三礼・毛詩鄭玄註、左伝服虔・杜預註、公羊何休註、穀梁范甯註、論語鄭玄・何晏註、孝経・老子並開元御註、旧令孝経孔安国・鄭玄註、老子河上公註。

（大宝令）凡教授正業、周易鄭玄・王弼注、尚書孔安国・鄭玄注、三礼・毛詩鄭玄注、左伝服虔・杜預注、孝経孔安国・鄭玄注、論語鄭玄・何晏注。

(d)（唐書）凡礼記・春秋左氏伝為大経、詩・周礼・儀礼為中経、易・尚書・春秋公羊伝穀梁伝(註)為小経。

（大宝令）礼記・左伝各為大経、毛詩・周礼・儀礼各為中経、周易・尚書各為小経。

（註）我に公羊・穀梁二伝なきはそれを何と解すべきか。何故に特に此二伝を排斥したのであるか。或は此時の『唐令』には二伝はなかつたか。『唐令』に沿革あるは、六学が七学になる例にて知る事が出来る。又公羊・穀梁二伝が、唐の始に余り用ひられなかつた事は、開元八年（七二〇）七月、国子司業李壙の上言に「今両監及

州県以独学無友四経（周礼・儀礼、公・穀）殆絶」と云ひ、此の四を必修課目とせんことを請ふて許されたのによつても察し得る（通志）。即ち、もし『唐令』に早くよりの《（あ）》りしとしても、之を学ぶことは流行しなかつたのである。

その必須となつた開元八年は、我国の養老四年に当り、大宝元年より十九年後である。それ故に『大宝令』ではまだこの二伝を用ひなかつたのであらうが、そのうちに唐では之を用ひて必修科目としたので、我国でもまた之を採用した。即ち延暦十七年（七九八）三月太政官符を下し、式部省の解を以て請ふを許し、春秋公羊・穀梁二伝を以て各一経として学生を教授する事とした。その中にいふ「右得式部省解偁、按学令云……、上件二伝、棄而不取、是以、古来学者、未習其業。而以去宝亀七年、遣唐使明経請益直講博士正六位上伊与部連家守読習還来。仍以延暦三年、申官始令家守講授三伝。雖然、未有下符、難輙為例。自此厥後、二三学生、有受其業、即以彼伝、冀預出身。……窃検唐令、詩・書・易・三礼三伝、各為一経、広立学官。望請、上件二伝、各準小経、永聴講授、以弘学業。」

(e)（唐書）通二経者、大経・小経各一、若中経二。通三経者、大経・中経・小経各一。通五経者、大経皆通、余経各一。孝経・論語、皆兼通之。

（大宝令）通二経者、大経内通一経、小経内通一経、若中経即併通両経。其通三経者、大経・中経・小経各通一経。通五経者、大経並通。孝経・論語、須兼通。

(f)（唐書）旬給仮一日。前仮、博士考試。読者千言試一帖三言。講者二千言問大義一条。総三条通二為第、不及者有罰。歳終通一年之業口問、大義十条、通八為上、六為中、五為下。併三下与在学九歳、律生六歳不堪貢者、罷帰。

（大宝令）毎旬放《ユルセ》一日休仮。仮前一日、博士考試。其試読者、毎千言内試一帖三言。講者毎二千言内《ノ》問大義一条。揔試三条通二為第。通一、及全不通、斟量決罰。毎年終、大学頭・助、国司、藝業優長者試之、試者通計一年所授之業、問大義八条、得六以上為上、得四以上為中、得三以下為下。頻三下謂三年頻下也及在学九年不堪貢挙者、並解退。

以上の対比によつても明かである様に、『大宝令』の学制は、全く唐制の模倣である。而して唐の学制は、『唐書』百官志に、

国子監祭酒一人、司業二人、掌儒学訓導之政、総国子・太学・広文・四門・律・書・算、凡七学。（註）

とある如く、儒学訓導の政である。それ故に武徳二年（六一九）六月には周公孔子廟を国子監に立てたのであつた（『唐書』高祖本紀）。

（註）唐の『六典』《りくてん》巻二十一には「国子祭酒・司業之職、掌邦国儒学訓導之政令、有六学焉。一曰国子、二曰太学、三曰四門、四曰律学、五曰書学、六曰算学。凡春秋二分之月上丁、釈奠于先聖孔宣父、以先師顔回配、七十二弟子及先儒二十二賢従祀焉。」とあり。

我が大学・国学に釈奠あるは、これを受けついだものである。即ち『大宝令』によつて定められたる上代の学校教育は、官吏の子弟を儒学によつて教育するものであつた。尤《もつと》もこの外に陰陽寮《おんみようりよう》に陰陽博士・暦博士・天文博士・漏刻《ろこく》博士、学生三十人あり、典薬寮《てんやくりよう》に医博士等があるけれども、これらは特別の教

育であるから、こゝには省略する。

而してこの学制が最も緊張し、大学が最も隆盛になつて、その存在の価値を発揮したのは、平安朝の初期であつた。それは左に述ぶる諸項より之を察する事が出来る。

(イ)大学に分科多くなり、職員増加した事

『大宝令』には音博士・書博士・算博士の外は、博士一人・助教二人あるのみで、この博士は哲学・史学・文学・法制等を兼ね教へたもので、学科は未だ分れてゐなかつたが、その後次第に分科して、平安初期には明法・文章《もんじょう》等の学科独立し、之に対して従来のものは明経と特称せらるゝに至つた。その中、特に大切なるは文章であつて、神亀《じんき》五年（七二八）に始めて文章博士一人を置き、それは『類聚三代格』に、

勅　大学寮

律学博士二人　直講三人　文章博士一人　生廿人

以前、一事已上、同助博士。

神亀五年十月廿一日

とある如く、助博士即ち助教と同等の待遇、即ち正七位下であつて、正六位下である大学博士、即ち明経博士よりは二段低いものであつたが、弘仁《こうにん》十二年（八二一）二月には、改めて従五位下とし、承和元年（八三四）には、当時しばらく存在してゐた紀伝《きでん》博士を停めて、文章博士一人を加へ、次第に

これを重くし、遂に四道博士の首位を占め、大納言以上に昇り（日野俊光）或は大臣に登る人さへ出た（道真・在衡等）。而して此の文章博士を、後には紀伝の博士と称するに至つた。こゝに於て明経・紀伝・明法・音・書・算の六科並存したのである。この文章博士の昇格と、それが紀伝を併せて了つた事とは、『延喜式』に於いては『文選《もんぜん》』が三史（史記・漢書・後漢書）と共に大経に準ぜられた事と共に、経学より文学を重んじた風潮を語るものである。

(ロ)学生の増加

前にも述べた様に、大同《だいどう》元年（八〇六）六月には、勅して諸王及び五位以上の子孫、十歳以上、皆大学に入り、業を分つて教習せしめ、弘仁三年（八一二）五月には、一時それを弛めて随意としたが、天長《てんちょう》元年（八二四）八月には、再び五位已上の子孫、歳廿歳以下の者は皆入学すべきを令した。されば、皇子にして文章生に補せられたる人さへあつた。『三代実録』貞観《じょうがん》十八年（八七六）五月廿七日源寛の伝に曰く、「寛者、嵯峨太上天皇之子也。天皇……視㆓寛幼耽㆑学、欲㆑令㆘展㆓其才㆒勤㆗其博渉㆖、研精不㆑倦、始加㆓元服㆒叙㆓正六位上㆒、奉試及第、補㆓文章生㆒。」

(ハ)勧学田の増加

孝謙天皇の天平宝字《ほうじ》元年（七五七）に大学寮田三十町を置かれたが、桓武天皇の延暦十三年（七九四）十一月に詔して、従前の三十町のみにては「生徒稍衆不㆑足㆑供㆑費」として、更に「加㆓越前国水田一百二町㆒、通㆓前一百卅余町㆒、名曰㆓勧学田㆒。」その後、淳和《じゅんな》天皇の御代に至り、天長年間、更に山城・

河内等に於いて田地を寄せられた。

㈡別曹の勃興

普通に私学といふも、実は皆大学の別曹である。寄宿舎兼研究室である。私学といふは当らない。純粋なる私学は空海の綜藝種智院《しゆげいしゆちいん》だけである。これは天長五年（八二八）に立てられたが、空海の入寂と共に亡び、承和年間にはもう無かつたので、存在の間は十年に満たなかつた。

文章院《もんじよういん》　大学寮の内にあり、東曹を江家の学舎とし、西曹を菅家の学舎とし、各その門弟を教育した。大江音人《おとんど》・菅原清公《きよきみ》が奏請して建てたものである。『尊卑分脈《そんぴぶんみやく》』に「清公（弘仁十年文章博士）又建㆓文章院西曹司㆒始祖也」とあり、『朝野群載《ちようやぐんざい》』にのする康和二年（一一〇〇）七月廿三日菅原是綱《これつな》の奏状に、

「抑文章院者、始祖左京大夫清公卿、遣唐帰朝之後、申㆓請公家㆒、初立㆓東西之曹司㆒、各分㆓菅江之門徒㆒。」

とある。その東曹の始祖が大江音人である事は、『本朝文粋《ほんちようもんずい》』に収むる長徳三年（九九七）大江匡衡《まさひら》の奏状に見えてゐる。しかし大江・菅原両家の子弟のみを収容するところでなく、只この両氏が別当となつたのみであらう。『本朝文粋』に収むる都在中《みやこのありなか》の「八月十五夜、於㆓文章院㆒対㆑月、同賦㆓清光千里同㆒」の詩の序を見るに、諸氏の子弟こゝに入り学んだ様である。『神皇正統記』清和に、

「大学寮に東西の曹司あり。菅江の二家、是をつかさどりて、人をおしふる所なり。彼大学の南に此院を立てられしかば、南曹とぞ申める。」

とあるのも之を証するものである。

弘文院《こうぶんいん》　『西宮記《さいきゅうき》』に「和気氏諸生別曹」といひ、『日本後紀』延暦十八年（七九九）二月乙未の条に、

「和気広世……大学南辺以二私宅一置二弘文院一、蔵二内外経書数千巻一、墾田四十町永充二学料一、以終二父志一焉。」

と見えてゐる。（註）

（註）大学頭の上に別当を置くは和気の広世に始るとなすは通説であるが、しかし、この事は信用し難い。元来別当とは「他に本官本職があつて別に他の役に当る」と云ふ義であるが、普通の説では、大学別当は大学頭の上に居て、大学の事を取扱ふものであつて、平安朝初期から之を置かれ、式部少輔が之を兼任する例であつたが、後には親王・大臣・納言の中にて之を補し、重職であつたといふ。

しかしながら『大宝令』の「官位令」によれば、式部少輔は従五位下であり、大学頭は従五位上であるから、大学頭の方が位は上である。且又その大学別当が、平安初期よりありといふをしらべて見るに、『日本後紀』延暦十八年二月和気清麻呂薨去の条に、長子広世の事蹟を附載して「長子広世、起レ家、補二文章生一。延暦四年坐レ事被二禁錮一、特降二恩詔一除二少判事一、俄授二従五位下一、為二式部少輔一、便為二大学別当一。墾田廿町入レ寮為二勧学料一、請レ裁-闡明経四科之第一。又大学会二諸儒一、講-論陰陽書・新撰薬経大素等一。」とある。しかしながら『日本後紀』延暦廿四年十月条に「従五位上和気朝臣広世為二美作守一、式部少輔・大学頭如レ故。」又大同元年二月条に「従五位上和気朝臣広世為二式部大輔一、大学頭・美作守如レ故。」又同年五月条に「正五位下和気朝臣広世為二左中弁一、大学頭・美作守如レ故。」大同三年六月条に「従五位下大枝朝臣永山為二大学頭一。」同四年二月条に「従五位上安倍朝臣真勝為二大学頭一。」とあり。この後、他の諸氏が相代つて大学頭となる事が見え、大学別当の事は一向見えない。して見れば「大学別当」なる

名は清麻呂伝に一寸見えるばかりであつて、それも実は大学頭に外ならないか、もしくは大学頭より下の役で、後に大学頭になつたものと見る外はない。『西宮記』によれば、延喜四年（九〇四）式部卿（敦慶親王）を以て別当とし、承平七年（九三七）には右大臣（藤原仲平）を以て別当とし、『台記』によれば、久安（一一四五～五一）の頃、藤原頼長が別当となつてゐたが、それらは明かに大学頭の上に立つものである。この種の大学別当は延喜頃から後に出来たものであつて、和気広世の大学別当は全く別種のものと考へられる。

勧学院《かんがくいん》　弘仁十二年（八二一）、左大臣藤原冬嗣創立（西宮記・類聚三代格）、貞観年間に大学南曹となつた。

学館院《がつかんいん》　嵯峨の檀林《だんりん》皇后（橘氏）とその弟右大臣氏公《うじきみ》との創立（文徳実録）。康保《こうほう》元年（九六四）、参議橘好古の奏状により大学寮の別曹となつた。（西宮記・日本紀略）

奨学院《しょうがくいん》　元慶《がんぎょう》五年（八八一）、在原《ありはら》行平建立（西宮記）、昌泰《しょうたい》三年（九〇〇）大学寮の南曹となつた（日本紀略）。

行平、この院建立の時の奏状は『本朝文粋』に載せてある。

為在納言、建立奨学院状

右行平、幸逢泰運猥列崇班、愚心所企欲罷不能。昔閑院贈太政大臣、志深憂道、慮切求賢、開学舎於別館、貽善誘於一門。故藤氏之生、猶多才子、雞蹠已飽驎角不稀、学之為用、不其然乎。但見賢思斉、已有先式欽慕人跡、為日久矣。繇是置一卯宅、開以学亭。宗室苗緒、志道齢徳者、当得休舎、号曰奨学院。坊接大学寮、取求道之便也。門対勧学院、表択隣之意也。又聊設田園之業、以資簞瓢之費。其都県頃畝、具於別紙。又位封戸田、同以分入、豈謂久遠之輸、願有涓埃益㆒。凡厥一院行事、唯欲㆑准㆓勧学院之例㆒而已。夫懸米雖㆑微、造舟猶闊、不㆑有㆓衆川之添㆒、何成㆓一流之大㆒。若当時後代、有㆘裨㆓補此院㆒、扶㆗持此業㆖者、区々之志、千載不㆑朽矣。

年　月　日　　　　　在　原　行　平

尚、この外に淳和院《じゅんないん》がある。この淳和院は、常に奨学院と相並び、別当は多く両院を兼ね、保延六年（一一四〇）十二月、村上源氏中院《なかのいん》雅定、鳥羽上皇より両院別当に補せられてより、永くその一族に帰し（その後は久我‐中院両氏）、永徳三年（一三八三）正月に至つて、足利義満、源氏の長者として両院別当となり、徳川氏代々之を伝へた。而して江戸時代以来、之は王氏の学問所と解したのであるが、明治四十一年に八代《やしろ》（国治《くにはる》）博士の研究発表せられてより、その誤りであつた事に気付かれた。（『史学雑誌』第十九編第九号「誤られたる淳和院」）

即ち、それは淳和天皇の離宮であつて、皇后こゝに崩御せられた後、その遺命によつて、そのまゝ寺とし、自活する事の出来ない尼を収容し、庄園を多く伝領したものである。それが応永頃まで儼然存在した事は、『仁和寺諸院家記』に明かである。それ故に、これは寺であつて学校ではないのである。

さて、かくの如く文章院・弘文院・勧学院・学館院・奨学院等の相ついで立てられた事は、大学の隆盛を示すものであつて、大学頽廃《たいはい》して茂草となりし故に止むを得ず私学を立てたとなす八代氏の説（「誤られたる淳和院」）は誤りである。一体、これらは従来私学として知られてゐるけれども、実は大学以外に独立し、大学と対立する私学ではなく、只大学の学生を収容し、それを学習せしむる別館であり、いはゞ寄宿舎兼研究室であり、又図書館であつた。それは、これらが皆大学の別曹として公認せられたのによつて知られるのである。中にも文章院を連絡としてこの関係を了解し得る。従来、文章院は私学とは別に、大学寮附属のものとせられてゐた。しかも実は、弘文院・勧学院等も究竟《きゆうきよう》すれば、その性質はこれと大差なきものである。蓋《けだ》し当時、学生の自宅より通学する事は許されなかつた。延喜十四年（九一四）三善《みよしの》清行《きよゆき》の『意見封事《いけんふうじ》（十二箇条）』に、

又、式云、学生不㆑住㆓寮家㆒者、不㆑得㆓薦挙㆒者。比年雖㆑有㆓此式㆒、不㆑能㆓施行㆒者、依㆓学生之無㆒㆑食也。

とあるはそれを示す。こゝに、この学生を収容する寄宿舎の設立が必要となつてくる。別曹はこの必要に応じて立てられたのである。

和気広世が弘文院を立てた時にも、只建物と図書と食料とを備へたので（内外経書数千巻、墾田四十町）、そこに教官は置かなかつた。勧学院には別当・知院事《ちいんじ》・案主《あんじゆ》・鎰取《かぎとり》・雑色《ざつしき》・厨女《くりやめ》・仕丁《しちよう》あり、又学生中より学頭《がくとう》を選んだ。又文章院には堂監《どうげん》・厨女・雑色等があつた。しかも、どの院にも一人の教授なきは注意すべき点である。

又『うつほ（ぼ）ものかたり』の「祭の使」を見るに、

「こゝは勧学院のにしざうし、とうゐい（藤原東英）ふみつくゐにむかひて、文どもめぐりに山の如くつみて、むしふくろにいれて、ふみのうへにをきて、ふときぬのかたびらひとつをきてゐたり」

「かゝる（かくて）おとど源氏におはしませども、外戚藤氏におはします、うけ申しけるによりて、大学の勧

学院の別当し給。おほやけのしさく《（詩作）》きこしめさすとて、はかせ・文人八十余人、仁寿殿にまいるべきを……」

「とうゐいおどろき申、勧学院にしざうしのがく生藤原すゐふさと申、……あるしのおとど、とうゐいにとはせ給、たがのちとしてたがしきに侍し学生ぞととはせ給。すゐふさ、けたう《（遣唐）》の大弁なんかげの朝臣の一男として、れう（料）給はれるふみやわらはに侍。……七さいにて入学して、ことしは廿一《（余カ）》年、それよりいくまなこのぬけ、ざうのつきんをごにさだめて、大がくのまどにひかりほがらかなるあしたは、まなこもかはさずまもる、ひかりをとぢつるゆふべはくさむらのほたるをあつめ、冬はゆきをつどへてへやにつどへたること年かさなりぬ。しかあれど、たうじのはかせ、あはれあさく、どんよくふかくして、れう給はりて、ことし廿よねんになりぬるに、ひとつのしきあてず。つはものをげうとしてあくをむねとして、くまたかがり、すなどりにすゝめるものゝ、昨日今日入学してくろしあかしのさとりなきが、ぞくうたいまつるを、ついでをこして、すゐふさおほくのついでをすぐしつ（と）、そこばくのはかせの前にて、くれなゐのなみたをながして申。きこしめす人、涙をながし給はぬなし」

とあり、勧学院が大学とは別のものでなく、全く大学生の寄宿舎であつた事は、これによつて十分に察し得る。勧学院の学生が「大がくのまどに」学んで大学の試験をうけ、それから出世しようとしてゐるからである（これらの点については、近年、高橋俊乗氏の研究が色々発表されてゐる）。それ故に、別曹が続々建立せられた事は、大学の衰頽を語るものでなく、むしろその隆盛を示すものである。

以上述べた様に、平安初期に於いては、教育は大いに振つたのであるが、そこに注意すべき事が二つある。一つは文学を重んじた事と、一つは氏族制度の力の強かつた事と、これである。

平安朝初期に於いて、文学の特に重んぜられた事は、有名な事であつて、『凌雲《りよううん》集』『文《ぶん》華《か》秀麗《しゆうれい》集』『経国《けいこく》集』等を始めとして、多くの詩文集も撰ばれたのであるが、大学に於いても経学・史学の重んぜられずして、文章博士の頻《しきり》に重んぜられた事は、意味の深い事である。

当時、科学の方面に至つては、全然その萌芽、形跡すらも認められず、僅かに有する算道及び医学の如きも、一部特別の学生にのみ教授せられ、それも甚だ不振であつたらしい。

（註）算道は算博士僅かに従七位下であつて、文章博士の従五位下とは非常の相違である。その不振の状は『今昔《こんじやく》物語』二十四「俊平入道弟習算術語」に、唐人語として「汝は極く算置つべき者なり。日本に有ては何にかはせむと為る。日本は算の道不賢る所なめり。然れば我に具して宋に渡らむと云ば速に教へむ」とあるにて知られる。又算術の内容も妙なもので、妊婦に対し、子の男女を知る法とか、病人の死生を知る術といふものが、『孫子《そんし》算経《さんきよう》』（これは『令』に規定した教科書である）『算法統宗《さんぽうとうそう》』又は『口遊《くちずさみ》』などに見え、実際それを信じてゐたことが、『空穂《うつほ》物語』に見えて居り（さんきやうなどいふ文ども、とり出でならべて、女みこにてもこそあれとおもほして）、又病を医し、もしくは人を殺す法（今昔物語）や、石を飛ばし、風を起す法（吾妻鏡）もある奇妙不思議なる魔法であつて、今日の数学が科学の根底をなしてゐるのとは、よほど違つた性質のものであつた。医学も亦何等の権威を有せず、天皇御重態の時にすら、只僧侶の加持祈禱を専らとしたものであつた。

かくて大学の課程は、本科に於いては法文科の課程に限られて居り、しかも法律学・哲学は却《かえ》つて軽視せられ、又たとへ存在してもそれは支那のそれをとり来つて訓詁註釈するに止り、自由なる理智の活動は全々欠如し、自然と人生とに対し、深い研究の眼をそゝぐ事もなく、書籍に対しても、独創的な精神を以て反省し批判する事もなく、徒《いたずら》に文章の末節に泥《なず》んで、辞句の修飾に努めたのであつた。彼等の学問は、研究でなくして習読であり、理解でなくして暗記であり、精神の向上でなくして屈服であつた。それ故に、我々日本人の精神向上の道に於いて、これらの大学・国学が貢献した所は割合に少かつたといはなければならない。

元より『孝経』と『論語』とは必修課目であつたし、又『群書治要《ぐんしょちよう》』『貞観政要《じょうがんせいよう》』『顔子家訓《がんしかくん》』等も読まれた様であるが、しかもそれは十分に活きた働きを当時の縉紳の間に見出さなかつた。即ち彼等の日常生活はこれらの書の内容をなす、道義の精神によつて支配せられ、鍛錬せられたものではなかつた。上代に於いては、権勢を得んが為に他氏・他家を排斥し、同族を陥《おとしい》れ、恋を得んが為に様々の不倫をも敢てする者が多かつたのは周知の事である。これ、彼等の生活が、その読む所の書物の内容、その思想と遊離せる証拠であつて、当時の人々の精神は、哲学的開発、倫理的鍛錬、歴史的考察を欠如し（科学的研究を欠くは云ふまでもない）、只、情趣を重んじ、その情趣の中庸を得ん事を理想としたのである。文章博士が重んぜられ、『文選《もんぜん》』『白氏文集《はくしもんじゅう》』『遊仙窟《ゆうせんくつ》』などが愛誦せられたのはこの為である。

更に考察すれば、この学風はその先進であり模範となつた所の唐のそれと全くその揆《き》を一《いつ》にしてゐる。

漢唐の学と宋学とは著しいコントラストをなし、漢に於ては、学問は文学を主とし、訓詁に明かでなければ義理を知るべからずとなし、学者皆註解をこれ事とした。これを漢註といふ。唐に至つては、更に漢註に註し、註の疏《そ》を作つた。之を唐疏といふ。この漢註・唐疏の学を、註疏学又は訓詁学と云ふのである。即ち伊藤東厓《とうがい》がその著『古今学変序』に言つた様に、漢に於いて学問は治の道と岐《わか》れて二途と為り、以後章句訓詁の学となり、詞章記聞の学となつたのである。

それ故に、内容・精神には殆《ほと》んど触れず、儒教と道教とを混乱して平気であつた。『旧唐書《くとうじょ》』礼儀志に、「開元二十年正月己丑詔、両京及諸州各置元元皇帝廟一所、并置崇元学。其生徒令習道徳経及荘子・列子・文子等。毎年准明経例挙送両京崇元学、各置博士・助教、又置学生一百員。」とあり、その後天宝《てんぽう》十二年（七五三）に至り、道挙に『老子』を停めて『周易』を加へた事が『唐書』選挙志に見えてゐる。これ学問が訓詁に止り、詞章の末に泥《なず》んでゐる為である。章俊卿の『群書考索続集《ぐんしょこうさくぞくしゅう》』にも、

「劉嶢曰、国家以礼部為致試之門、考文章於甲乙。故天下駆馳於才藝、不務徳行、楊綰請因古制。県令挙孝廉於刺史、刺史升之。礼部柳冕言、文章之士不根教化、進士以詩賦取、不先道理。明経以墨義考試、不挙儒術。選人、以書考殿最、不専擬人物、各有旨義、著于史集。」

と見えて居る。この徳行を認めずして只文章の末藝《(オカ)》を採る唐選挙の弊は、そのまゝ我国に伝はつたのである。

当時の教育に於いて、今一つの注意すべき点は、氏族制度の力の頗《すこぶ》る強い事であつて、「学令」には、

「凡大学生、取㆓五位已上子《ノ》孫、及東西史部《ヤマトカフチフヒトベ》子㆒為之。若八位以上子情願者聴。国学生《ニハ》、取㆓郡司子弟㆒為之。」

と云ひ、「医疾令《いしつりよう》」には、

「医生・按摩《あんま》生・呪禁《じゆごん》生・薬園生、先取㆓薬部及世習㆒。〔（義解）謂薬部者《トハ》姓称㆓薬師㆒者《ヲ云フ》 即蜂田薬師・奈良薬師類也。世習者《トハ》三世習㆓医業㆒、相承為㆓名家㆒者也。〕 次取㆓庶人年十三已上十六已下聡令者㆒為之。」

と規定し、その学生をとるに当つて、一般の子弟を自由にとる方針でなく、原則として特殊の氏族の子弟に限つたのである。而して平安朝の初に至つては、前述の如く、和気氏・藤原氏・橘氏・在原氏等が、その一族の子弟を養成する為に、特別の設備をなし、それがやがて、皆大学の別曹となつたのである。この勢ひより云ふならば、教官も亦特殊の氏族を以て代々その職を襲ひ、その位置を独占するに至るは自然の事であつて、遂に左の如く世襲の家が定まつた。

紀伝道　菅原・大江両氏（これは文章博士なり、紀伝を併せてかく称す。）
明経道《みようぎよう》　清原・中原両氏
明法道　坂上《さかがみ》・中原両氏
算　道　三善・小槻《おづき》両氏
陰陽道　加茂（暦）・安倍（天文）両氏
医　道　和気・丹波《たんば》両氏

其の中、菅原氏は弘仁十年（八一九）清公文章博士となつてより、是善・道真・淳茂・存躬・輔正・雅規・資忠・致尚・定義等、相ついで文章博士となり、大江氏は維時（応和三薨）・朝綱（天徳元薨）・匡衡・挙周・有元・周房等、相ついで文章博士となり、清原氏は広澄（寛弘六卒）博士となりてより頼隆之をつぎ、その四世の孫頼業（文治五卒）に至り、以後連綿相承け、良業・頼尚・良季・良枝・宗尚と歴代之に任じ、中原氏は春宗博士となり、孫致時、その子貞清、致時の孫師平、その子師遠相ついで博士となり、師遠の子孫歴代之を襲うた。又師平の甥《おい》範政は明法博士となり、法家坂上一流の祖となり、和気氏が医博士たるは清麻呂の曾孫時雨（康保二卒）より起り、丹波氏は康頼（永観二年『医心方』を撰進す）に起つた。

即ち学問を世業とし、大学教官を世襲する風は、平安時代の中頃より起つてゐる。かくて、一度大化改新によつて、従来の氏族制度を刷新し、臣・連・伴造の官職を世襲する風を破り、新たに百官を設けて人材を登庸し、万民に自由に職業を撰択せしめ、就職の機会を均等ならしめたものが、平安時代に至つては再び旧態に復し、官職すべて氏族の世襲となつて、社会は固定するに至つた。藤氏摂関の世は、かくして到来し、かくして持続したのである。而して当時の学問は、その学風が既に訓詁暗誦をこれ事とした上に、今やその家定まり、職を世々にするに及んで、全く精神活動の自由を失ひ、固定し沈滞するに至つた。而して此の勢ひは何等改革せらるゝ事なくして、只王政の衰へと手を携へて、衰退の坂道を下りゆき、遂に上代の末、中世の始めに至つたのである。

この衰勢は延喜の代に於いて既に顕著であつたらしい。即ち延喜十四年（九一四）四月廿八日、式部大輔（それ故に当然大学寮を監督してゐた）なる三善清行の『意見封事』に「一、請加給大学生徒食料《じきりよう》事」の一条があつて、その中にいふ、

「（以前は）給罪人伴家持、越前国加賀郡没官田一百余町・山城国久世郡公田卅余町・河内国茨田渋川両郡田五十五町、以充生徒食料、号曰勧学田。亦毎日給大炊寮百度飯一石五斗 人別三升五十人料 以補照読之疲也。又有勅令常陸国毎年挙稲九万四千束、以其利稲、充寮中雑用料。又挙丹後国稲八百束、以其利稲、充学生口味料。而年代漸久、事皆睽違。承和年中、伴善男訴家持無罪、返給加賀郡勧学田。又有勅分山城国久世郡田卅町為四分、其三分給典薬・左右馬三寮、纔留其一分、充学生料。又河内国両郡治田頻遭洪水、皆成大河。又常陸・丹後両国出挙稲、依度々交替欠、本稲皆失、無有利稲。当今所遺者、唯大炊寮飯料米六斗、山城国久世郡遺田七町而已。以此小儲、充数百生徒、雖作薄粥、猶亦不周。然而学生等、成立之望猶深、飢寒之苦自忘、各勤鑽仰、共住学館。於是性有利鈍、才異愚智、或有捍格而難用者、或有穎脱而出嚢者。通計而論之、中才以上者、曾無十分之三四也。由是才子者、已超擢挙用。不才者、衰老空帰、亦其旧郷凋落、無所帰託者、頭戴白雪之堆、飢臥碧水之涘。於是後進者、偏見此輩成群、即以為、大学是迍邅坎壈之府、窮困凍餒之郷、遂至父母相誡勿令子孫歯学館者也。由是南北講書、鞠為茂草、東西曹局、闃而無人。於是博士等、毎至貢挙之時、唯以歴名薦士、曾不問才之高下、人之労逸。請託由是間起、濫吹為之繁生。潤権門之余唾者、生羽翼而入青雲、踏闕里之遺蹤者、詠子衿而

辞二黌舎一。如レ此陵遅無レ由二興復一。先王庠序、遂成二丘墟一。」

これによれば、延喜十四年には、大炊《おおい》寮《りよう》飯料米六斗と山城国久世郡田七町とのみが、大学生の食料であつたのである。尤もこの封事によつて考慮せられたものか、『延喜式』を見るに、大学寮田寮料・食料・薬料等にこれ以外のものも色々見える（『延喜式』は、延喜五年詔して撰輯に着手し、廿三年を経て、延長五年に功畢る。即ち『意見封事』より十三年後の編纂と見ていゝ）。しかも『延喜式』の学田は、熟田《じゆくでん》が僅かに廿五六町に止り、他は未開地又は荒田であり、其他は諸国出挙《すいこ》の稲であつて、これも大したものではない。大学の衰運は之が為に止まらなかつたのである。それ故に、その後約二百年を経て、保延《ほうえん》元年（一一三五）に至ると、その七月廿七日、式部大輔（即ち大学の監督長官なる）藤原敦光《あつみつ》は、変異・疾疫・飢饉・盗賊等の勘文の中に、去年風水の難あり、今年春夏飢饉《ききん》の事ある原因を考へて、

「六者依二学校廃一也。天下之所レ貴唯賢、所レ宝惟穀。仍我朝宮城之南、左則置二大学寮一、以崇二聖師一、右則置二穀倉院一、以蓄二米穀一。而黌舎頽弊、鞠為二茂草一、蘋蘩蘊藻之貲、有レ煩二于備一其供。搢紳青襟之徒、

無レ処三于容二其身一。」

と論じてゐる。弘文院の如きは、それ以前に於いて早く廃絶したと見え、醍醐天皇の皇子である源高明《たかあきら》（延喜十四年生――天元五薨〈九一四～九八二〉）の著『西宮記』には、

「弘文院　和気氏諸生別曹、今荒廃。」

とある。中央すらこの有様であるから、地方の国学の衰亡は察するに余りある。学校はかくて平安朝の

中頃より次第に衰へていつたのである。先にも説いた『宇津保物語《うつほ》』は、大学の内部乱れて学生衣食に窮し、無頼の徒多くはびこり、試験登用の法も乱れた事を示してゐる。『江談抄《ごうだんしょう》』を見るに「三史・文選、師説漸絶。詞華翰藻、人以不重之句、菅宣義見之云、文道宗匠足下一人歟。宣義ガ無ラム之時、可被書之句也ト云。匡衡答云、足下達令生レバ巨曾《こそ》、漸トハ書ト云々」とあり、学問の衰へは、当時識者の歎く所となつてゐたのである。（匡衡は長和元年〈延喜より百年後〉卒、年六十一。）

かくの如き、漢学の衰退は、一つは又遣唐使の廃止によつて著しく促された事であらう。遣唐使は寛平六年（八九四）道真の奏上によつて中止せられ、以後復活せられなかつたのである。

中世に於ける衰微　前述の如く、大学並びに之に附属する勧学院以下の別曹は、上代の末に於いて、既にその所領を減じて勢ひ甚だ振はず、弘文院の如きは早く荒廃に帰し、大学寮も「南北講堂、鞠為茂草、東西曹局、闃而無人。」と称せらるゝに至つたが、その内容はとにかく、形式の上から云へば儼然として存続し来つたのである。

しかるに、中世の初めに及んで、安元三年（即治承元年、一一七七）四月廿八日の大火に、大学寮も勧学院も相共に焼亡して了つた。この大火には、大極殿《だいごくでん》・式部省・民部省・神祇官・大膳職《だいぜんしき》・朱雀《すざく》門を始め、関白・内大臣等の公卿の家十六七軒、其の他民屋幾何と云ふ数を知らず、焼亡の区域すべて百何十町に及んだ稀代の火災であつて、当時之を「太郎焼亡」と云ひ、翌二年四月二十四日の「次郎焼亡」に対せしめたといふ。此の火事の原因に就いては、『源平盛衰記《げんぺいじようすいき》』（巻四、京中焼失の事）に妙な話が載つてゐる。
それによれば、四月十三日、日吉七社の神輿《みこし》振りの際に、十禅師《じゆうぜんじ》の御輿に矢を射立て奉つたと云ふ廉《かど》を以て、防禦の武士成田兵衛《ひようえ》為成と云ふ者、伊賀国に流罪に処せらるる事になつたので、その別れを悲んで、廿八日の夕に同僚共が樋口富小路《ひぐちとみのこうじ》に集合して送別会を開いた。しかるに、酔の廻るに従つて甲が、

「兵衛殿、田舎へ御下向に御肴《おさかな》に進《まいら》すべき物なし。便宜能《よ》くこれこそ候へ」

とて、もとゞりを切つて拋《な》げ出した、つゞいて、

「穴《あな》面白や、あれに劣《ま》くべきか。」

とて耳を切て投出す者が出、はては、

「大事の財惜しからず。大事の財には命に過ぎたる者有るまじ。之を肴に」

とて腹かき切て臥《ふ》した男さへあらはれた。そこで成田兵衛も、

「穴ゆゝしの肴どもや。帰り上つて又酒飲む事も有り難し。為成も肴出さん。」

とて自害した。こゝに家主の男、これを見て、我一人生き残らば六波羅《ろくはら》へ召出され、安穏なるまじと思ひ、家に火をかけ、炎の中に飛入つて自殺した。その火、折からの巽《たつみ》の風に扇がれて乾《いぬい》を指してもえ広がり、遂にこの大火事となつたのであるといふ。

この話をそのまま事実とは信じ難いが、かやうの話が出てゐる事は注意すべきであると思ふ。ともかくも世の衰へ、紀綱の乱れは、この話の中にも明かに看取せらるるのである。それ故に『方丈記《ほうじようき》』の

著者は、自ら経験したる四十余年の「世の不思議」即ち転変乱離を説くに当つて、この大焼亡に筆を起し「すべて都の中、三分が一に及」び、「七珍万宝さながら灰燼《かいじん》となり」しを歎き、

「男女死ぬる者数千人、馬牛の類辺際を知らず。人の営みな愚なる中に、さしも危き京中の家を作るとて、宝を費し心をなやますことは、勝《すぐ》れてあぢきなくぞ侍るべき。」

と無常をかこつてゐる。この大火は、従来既に朽ちて居つた上代文明の残骸に対し、非常な打撃を与へたものであつて、幾万巻の文書の焼失、諸官庁の類焼、それらは実にこの火災の原因についての奇怪なる風評と共に、世の乱れを痛感させるものである。それ故に兼実《かねざね》の如きは「凡余焔之為体非直也事歟。」として「我朝衰滅、其期已至歟。可悲可悲。」とその日記に記してゐる。

而して教育の方面に於いても、大学寮・勧学院（玉葉・源平盛衰記・方丈記）并に奨学院（源平盛衰記）等が同時に焼失したのであるが、これは未曾有の事であつて、『玉葉《ぎよくよう》』四月三十日の条に、

「余検例、真言院・大学寮・勧学院、此三ケ所、未遭此災歟。」

とあり、又五月一日条に勧学院の事を記して、

「件院、閑院贈太相国冬嗣、弘仁十二年建立。其後未有火災、及三百四十余歳歟。物天下之滅亡、別我氏之衰微、悲涙数行、悲哉。」

と云ひ、大学寮・勧学院共に曾《か》つて火災の難に遭《あ》つた事無くして、存続三四百年に亘り、今始めて回禄の悲運に際会した事を述べてゐる。元よりその一部分の火災は、以前にも時々あつたらしく、村上天皇

の天徳《てんとく》四年（九六〇）九月廿九日に、勧学院庁が焼亡し、同年十月五日には、大学寮南堂・東西曹司并算堂東三間焼亡の事が『日本紀略』に見えてゐるが、それは一部分の火災であつたし、又後一条天皇の長元《ちょうげん》七年（一〇三四）八月九日に大風があつて、内裏の諸門、八省院・穀倉院等が顚倒した時、『日本紀略』翌十日の条に、

「釈奠《せきてん》、依二大学顚倒一延引、可レ用二中丁一之由、被レ議了。」

とあり、大学寮も風の害を受けた様であるが、釈奠を僅かに十日遅らすのみで、すんだのを思へば、大した損害もなかつたのであらう。（註一）しかるに治承《ぢしょう》元年（一一七七）の今は、大学寮・勧学院、すべて焼失し、只大学の庁堂と門とのみが僅かに残つたのである。（註二）即ち中世は、上代より受けついだ遺産として、教育機関に於いては、只形ばかりの大学と勧学院及び奨学院——勧学院と奨学院とは即ち大学の別曹であるから、実に形ばかりの大学、その残骸を継承し、而して直ちに之を火事に失つたのである。

（註一）『玉葉』治承元・七・十八条「余申云、天徳四年南堂・笇堂許焼失、是不レ能レ妨二礼（釈カ）奠一。長元七年悉以為二風顚倒。然而月内（即、八月也）修覆、被レ遂二行一已了。此外無レ例歟。」

（註二）庁堂と『清獬眼抄《せいかいがんしょう》』にあり。『玉葉』には倉屋とあり。『百練抄』嘉禄二年十二月十二日条に「盗人切二開大学寮廟倉一、放二取御影裏絹一、一年盗人之後、新調絹裏等也。」その前元仁元年三月廿六日にも「窃盗等打二破大学寮廟倉一、放二取御影裏絹一、云々。御影等多破。」とあり。

その後、是等の教育機関は再興せられたか、又は再興せられずして、そのま丶永久に亡びて了つたか。

しばらく之を記録によつて辿つて見よう。

先づ勧学院について見るに、焼失後、関白藤原基房は大いに憂慮し、善後策を右大臣藤原兼実に諮問《しもん》したので、兼実は五月一日に返事を送つて、先づ氏の社（春日）及び本願の墓（冬嗣）に祈禱し、又火災の事、占卜《せんぼく》に及ぶべきを言ひ、次に、

「又造営之事、可被立庁堂之内、子細早可被尋問。件廟堂建立以後未開云々。又彼院生徒、殆可及逃脱歟、可有安堵之沙汰歟。此等之外、短慮難及。」

云々と云ひ、その後、庁堂の制について、学者に色々尋ね計《はか》り、又造営を従来修復の時の例によつて、院家の沙汰となすべき歟、或は長者の沙汰となすべき歟の問題を考究した。この問題に対する兼実の意見は、

「今度已為非常之大事、今之新造已同昔之草創、為長者御沙汰、頗可宜歟。」

と云ふにあつた（『玉葉』五月十二・十六・廿八日条参照）。やがて七月十一日には、関白家より勧学院の火災について、春日・大原野・吉田の三社へ奉幣使《ほうべいし》を発遣し、同十六日には、多武峰《とうのみね》及び深草（註）へ使を立て、告文《こうもん》を進めた。

（註）　深草は冬嗣の墓なり。『日本紀略』天長三年七月条云、「己丑、左大臣正二位兼行左近衛大将藤原朝臣冬嗣薨、年五十二。○辛卯、遣使就大臣深草別業、詔曰云々、贈正一位、葬于山城国愛宕郡深草山。」

同廿二日に兼実が季長《すえなが》を使として勧学院造営の事を催促した所、その返事に、

「美作守基輔、募重任之功、可修造之由、所被仰下也。」

とあつた。ついで九月六日の『玉葉』には、

「今朝、大夫史隆職、送㆘美作国、造㆓営勧学院㆒可㆑被㆓重任㆒之由、宜旨於国司之許㆖云々。去月拝任之吏、忽被㆑宣㆓下重任㆒、頗可㆑謂㆓早速㆒歟。然而近代賜㆓成功㆒之時、同時申㆓下之㆒、定例云々。仍国司上㆓請文㆒歟。」

とある。かやうにして美作守基輔、重任の功によつて勧学院を造営する事となり、八月廿二日には勧学院の上棟があつた事が『百練抄《ひやくれんしょう》』に見えてゐる。即ち勧学院はともかくも再興せられたのである。

しかるに、勧学院の逸《いち》早く再興せられたのに対し、著しい対照をなすものは大学寮である。当時、関白は藤原基房、太政大臣は藤原師長、左大臣は藤原経宗、右大臣は藤原兼実であつたが、これらの人々は勧学院（之を氏院と称す）の焼失を深く歎き、春日《かすが》以下の三社へ奉幣使を立て、多武峰・深草へ告文を奉り、頻《しき》りに学者を集めて調査を進め、焼失の後四ヶ月、約百日にして再び勧学院の上棟を見るに至つたに拘はらず、公《おおやけ》の大学寮に対しては、極めて冷淡なる態度を示し、その再興に就いて何等尽力する所が無かつた。而して朝廷の枢機を握れる彼等が、この冷淡無関心なる態度をとれる以上、従来も既に形ばかりに衰へはてたる大学の、遂に再興の機会を見出さなかつた事は当然である。

大学寮が立てられたか否かを知るべき目標は、釈奠がどこに於いて行はれたかと云ふ事である。釈奠は非常に重んぜられて、長く断絶せずして行はれた儀式であるが、『令』の規定によれば、毎年春秋二仲之月上丁の日に、大学・国学に於いて釈奠の礼を行ふべきであつた。しかるに、治承元年（一一七七）には大学寮既に焼失して、未だ再興に及ばざるを以て、七月に至り、朝廷に於いては、何処にこの儀式

を行ふべきかについて苦心せられ、「大学寮焼亡之後、未及事始。釈奠於何処可被行哉。立仮屋可被行歟、将移官庁可被行歟。」を大臣・大納言等に尋ねてその意見を徴せられたが、（『玉葉』七・十八）遂に儒者の、官庁を非とし、本寮の跡に幄《あく》を立て都堂《とどう》を用ひ、聖像を倉屋にかくべしとなす説を排し、官庁を用ふる事となつた。（孔子の御影は取出して当時倉屋に安置してあつた。『玉葉』四月廿八日条七月八日条による。）

この年八月上丁の日は十日であつた。『玉葉』その日の条には「此日釈奠也、於官庁被行之。」とあり、『百練抄』には、「釈奠、大学寮炎上之間、於官庁被行之。」とある。官庁と云ふのは太政官庁である。

しかるに、釈奠を官庁に於いて行つたのは、この時ばかりではない。此後、治承三年二月九日にも、官庁に於いて行はれ（『玉葉』）、寿永《じゆえい》二年（一一八三）二月二日にもさうであつた。『玉葉』その日の条に「此日釈奠也、……申刻着束帯参官庁。」と云ひ、その註に「安元火災之時、大学寮為灰燼。其後所被移行官庁也。往古以来無此例。」とあり、新たに官庁を用ふるについて、式を改めた条々を詳かに記して居る。大学寮再興の望みの無くなつた事は、これによつても分る。又文治二年（一一八六）二月には、釈奠料にさへ窮したのであつて、『玉葉』二月八日の条に、

「蔵人次官定経来云、明日釈奠用途、大蔵省納物之内、美作・因幡等之勤也。而雖催省、雖催国、共対捍、為之如何。余（云）早申院申摂政可成敗者。」

とある。釈奠の費用にすら窮する勢ひである以上、大学そのもの、再興の如きは愈々《いよいよ》むつかしい事となつたのである。又釈奠の翌日は学生の見参《げんざん》・給禄といふ事があつたのであるが、鎌倉後期には給禄も絶

え、『勘仲記《かんちゆうき》』弘安《こうあん》七年（一二八四）八月三日の条に、

「蔵人於敷政門前給禄於博士・学生等。上卿已下退出。但近年給禄事、中絶了。只被奏許也。

……給禄事中絶了、為之如何。」

とあり。博士・学生の給禄すら絶えた以上、大学の再興は全く以て望みなき事と云はなければならない。

かくて大学寮は遂に再興を見ず、年々二回の釈奠は太政官庁を借りて行ひ来つたのである。即ち鎌倉の後期に例をとるならば、『吉続記《きつぞくき》』文永《ぶんえい》七年（一二七〇）八月十日条に「今日釈奠也。……秉燭《へいしよく》之間、相具靴、参太政官。」とあり、南北朝時代に例をとれば、『園太暦《えんたいりやく》』康永《こうえい》三年（一三四四）八月、釈奠を官庁に行ひたる後、影像を仙洞《せんどう》西小御堂《こみどう》に移す事あり。（大学寮はなく、その庁倉もあれ、太政官もあれたるにより、従来御影《みえい》を仙洞〇花園の念誦堂《ねんじゆどう》に納め置かれたが、その念誦堂修理につき、今釈奠に官庁へ出したのを機として、西小御堂にうつしたのである。）康永三年の後八年にして文和《ぶんな》元年（一三五二）には、従来仙洞念誦堂にあつた先聖・先師の御影を、二月釈奠の次に、当時大学頭《かみ》であつた菅原氏の文庫に移した。八月に至り、之を再び持明院に置くか、又時の大学頭有範朝臣の亭に移すかが問題となり、有範亭は「当時経廻之宿所、門壁不全歟。」又持明院も「当時御所体、四方門築垣破壊、大略如荒野。」とて、「朝家随分重宝」たるこの御影を預くべき場所に窮した事が『園太暦』に詳しく見えてゐる。室町時代には『薩戒記《さつかいき》』応永《おうえい》卅二年（一四二五）八月十一日の条に、

「今夜釈奠也。……秉燭之程、着束帯乗八葉車参官庁。……今日以正庁為庁堂。」

とあり、かやうにして応仁の大乱に及んで居る。応仁大乱以後は、大小の公事《くじ》、悉《ことごと》く停止せられたので、四方拝《しほうはい》の如きも文明七年（一四七五）に一度行ひ、同十二年復興するまで中絶し、除目《じもく》などに至つても、同じく文明七年に一度行ひたるまゝ、同十二年まで行はれなかつたのであるから、釈奠の如きも無論中絶したのである（長興宿禰記）。

それ故に『万葉緯《まんようい》』頭書に、

「釈奠始于文武天皇大宝元年二月。……迨（迄）于後土御門帝応仁元年大乱、逢洛中之兵燹、其礼絶矣。自大宝至応仁、凡七百六十七年。」

といふは信用してい丶（標註職原抄校本）。尤も他の色々の制度と同じ様に、大学寮の儀式の中には、その形式のみは、この後にも残つたものがあり、『二水記《にすいき》』永正《えいしよう》十八年（一五二一）三月廿八日の条を見るに、

「巳剋有献策事。為見物近辺衆令同道出行了。頃而各被来。（新大納言、式部大輔、菅宰相、大内記為康、新冠長淳——丸長雅）路次、皆乗輿也。於大学寮（神泉苑之池乾角也。旧於官庁有此事、当時田畠依無其便用此所云々。）有此儀……其後於西仮屋有条々事、可尋記。」

とあるが、これは官庁にて行ひ来つたものを、当時官庁も亦荒廃して田畠となつたにより、大学寮の旧趾に仮屋を立て儀式を行つたのであつて、同書その次にのする図を見れば、その戸外に座を設けて仮屋を立て、幕を張つて行つたものである事は明かである。この永正十八年は改元して大永《たいえい》元年となつた年であるが、この年は後柏原《ごかしわばら》天皇が明応《めいおう》九年（一五〇〇）御踐祚《せんそ》の後、二十一年を経て始めて即位の礼を行はれた年として注意すべき年である。かゝる乱離困窮に際して、又太政官が既に田畠と化してゐる時

に、大学寮の再興される筈はなく、『二水記』に「大学寮に於いて此儀有り」と云ふは、大学寮の旧址に於いての義に過ぎない。

かくて大学寮は、中世の初め治承元年（一一七七）四月廿八日の大火に焼失したるまゝ、長く、否《いな》永久に再興せられなかつたのである。而して治承大火の当時、要路を占むる大官が、公の大学寮再興には何等の努力も示さずして、氏の院と称する勧学院の再興にのみ奔走した事は、紀綱の頽廃して、朝臣只私利を営む一端を示したものである。

しかも、その勧学院と雖《いえど》も、存続の期間は幾程でもなかつたらしい。『花園院宸記《はなぞのいんしんき》』文保《ぶんぽう》三年（一三一九）正月廿一日の条に、

「神木、勧学院顚倒《てんとう》以後、毎度奉㆑入㆓法城（マヽ）寺金堂㆒也。」

とあり、これによれば当時勧学院は既に亡びてゐたのであるが、この春日神木入洛の際の在所を目標として、勧学院顚倒の年代を推究すれば、同宸記正和三年（一三一四）三月十七日に、

「西剋許、神木已入洛之由風聞。……神木着㆓御法城寺㆒後、朕入㆑内。自㆓去八日㆒法城寺有㆓死人穢㆒。仍南大門前立㆓仮屋一宇㆒、為㆓神木之御在所㆒云々。是関白沙汰云々。」

とあり、又『康富記《やすとみき》』宝徳《ほうとく》三年（一四五一）九月七日の条に記す所によれば、春日神木入洛の時の在所は、

寛治七年（一〇九三）八月　勧学院

康和五年（一一〇三）三月　同

永久元年（一一一三）閏三月　同
保安元年（一一二〇）八月　同
保延三年（一一三七）二月　同
久安六年（一一五〇）八月　同
弘安四年（一二八一）十月（久安六年より百三十年後）　法成寺金堂
正和元年（一三一二）八月　同
同　三年（一三一四）三月　同南大門（後、金堂に入る）
暦応三年（一三三八）十二月　六条殿
貞治三年（一三六四）十二月　六条殿

といふ有様であつた。これによつて弘安四年（一二八一）には既に勧学院の顚倒して居た事を知り得る。けれども、しかも久安六年（一一五〇）と弘安四年とは百三十年を隔て、その顚倒の年時を推すに困難である。前に述べた如く、治承元年（一一七七）焼亡の時は、大官達が熱心にその再興に努め、美作《みまさか》国守重任《ちようにん》の功によつて、八月中既に上棟を了つたのであるから、再興は無論完了した事と思はれる。『玉葉』建久元年（治承元年より十三年後）四月廿八日の条に、立后について氏院参賀ある事を記し、

「次有官別当已下、秀才・学頭・学生等、列二立前庭一。」

とあり（有官別当とは七弁（左右大中小・権小）の中より任ずるを云ふ）、盛なる有様が察せられるのであるし、又「勧学院

の雀、蒙求《もうぎゆう》を囀《さえず》る」といふ諺《ことわざ》が、『宝物集』『八幡愚童訓《はちまんぐどうくん》』『曾我《そが》物語』等に見えてゐるが、その諺は勧学院のみが、他の文章院・学館院・奨学院等の廃絶の後にも、依然として学生を収容し、ひとり読誦《どくじゆ》の声が聞えた事を示すものであつて、是等の点を綜合して考ふれば、勧学院は治承元年（一一七七）に再興せられ、其後相当に永く存続したのであらう。しかし、それも長くとも百年ばかりであつて、弘安年間（一二七八―八八）には既に顚倒して居たのである。

　勧学院が既にかくの如き有様であるから、まして其他の諸院は全く廃絶して了つたにちがひない。今少しくそれを点検しよう。

文章院　大学寮と共に焼亡して再興せられなかつた。菅原為学卿の『拾芥記《しゆうかいき》』長享《ちようきよう》三年（一四八九）二月十六日の条に、

「一、文章院初参事
家記云、本院顚倒之後者、以二大学寮廟倉之盛殿一、擬二彼院一也矣。近代、是モ亦無之。」

と云ひ、又同和長（文博、大学頭、享禄二薨）の『桂林遺芳抄《けいりんいほうしよう》』には、学生の文章院入学の事を記して、

「近代、大学寮並東曹・西曹、依二退転一、無二入学之儀一間、自然無二沙汰一。」

とある。

奨学院　治承元年（一一七七）焼失の事は前に述べた。その後、再興された形跡はない。

学館院　これはかの大火に焼けたか否か未だ之を詳《つまびら》かにしないが、中世には荒廃して只院領のみが伝

つたと見え、『職原抄《しよくげんしよう》』に、

「学館院別当　橘氏之中補レ之。此号二長者一……而其一家衰微之後、雖レ有二長者号一、只知二学館院領一許也。」

とあり、二条良基が足利義満の為に編纂した『百寮訓要抄《ひやくりようくんようしよう》』には、

「学館院、橘氏の管領の寺也。」

と記し、学校たる本義は忘却せられて、寺と考へられてゐる。

大学並にその別曹諸院の衰頽は、実にかくの如き有様であつた。それはもはや教育の機関としての形も内容もなく、只徒《いたずら》に空《むな》しき名を存してゐるに過ぎなかつた。されば、二条良基はこれを歎じて、

「（大学寮は）諸国より選び奉れる学者共、参住して昼夜学文をする也。寮の試など可レ有。灯燭料とて学窓の灯を給ふて、稽古昼夜怠らず。さてこそいみじき学生とり〴〵出来する事なれ。今は箇様の事、あともなきあさましき事也。」（百寮訓要抄）

と記してゐる。

元より大学寮の職員、大学頭、諸道の博士を始め、学生も、別曹諸院の役員も、中世を通じて、否あるものは、近世に至るまでも、存続して居つた。しかし、それは武家政府確立の後に於ける、すべての朝廷の官職がそうであつたと同じ様に、否《いな》遥かそれ以上に、空しき官名の誇りに止まるか、さなくば、それに伴ふ収入を得んが為であつて、その実質はもはや上代のそれと比較すべくもない。

大学の職員が実際大学の管理又は教授に当つたものでなく、単に名誉の徽号《きごう》となつて了つた事は、大

学の職員が鎌倉に住居して、幕府に勤仕してゐる事に於いて、最も鮮《あざや》かに了解せられる。たとへば大江広元は早くより頼朝に従ひ、寿永中既に公文所《くもんじょ》別当となり、文治元年（一一八五）十一月には守護・地頭設置を建言し、建久元年（一一九〇）には政所《まんどころ》の別当となり、実に幕府の柱石の臣であるが、建久二年の四月に明法《みょうぼう》博士に任ぜられてゐる。これは元より大学に赴《おもむ》いて法律を講義したのではない。往くべき大学は茶園になつてゐるし、又彼は明法博士と同時に左衛門大尉《さえもんのたいじょう》・検非違使《けびいし》に兼任してゐるのであるし、又幕府は彼を欠く事は出来ないのである。これ明法博士の官職が空名となつた一つの証拠である。しかし頼朝は幕臣が顕官を兼ぬる事を悦《よろこ》ばなかつたから、まもなく広元をして、明法博士を辞せしめた。『吾妻鏡《あづまかがみ》』建久二年十月廿日の条に、

「広元朝臣可解明法博士之由、申送之。祇候関東之輩、以顕要之官職、恣《ほしいまま》兼帯不可然、可令辞之旨、被仰下云々。」

とある。頼朝は常に家人《けにん》の朝官を望むを戒めて、自分も権《ごん》大納言・右近衛《うこのえ》大将に任ぜられて、直ちに之を辞してゐるのであるから、頼朝の時には、かやうの例は少いが、実朝《さねとも》の時には、実朝自ら右大臣・左近衛大将たる程あつて、幕臣にして顕要の官職を兼ぬるもの多く、大学の職員兼任の輩も亦多かつた。例へば『萩藩閥閲録《はぎはんばつえつろく》』に見ゆる建保四年（一二一六）七月十六日の「将軍家政所下文《まんどころくだしぶみ》」には、

別当陸奥守大江朝臣（広元）
大学頭《かみ》　源　朝臣（仲章）

相模守　平　朝臣（義時）
右馬権頭　源　朝臣（頼茂）
左衛門権少尉源朝臣（惟信）
民部権少輔大江朝臣（親広）
武蔵守　平　朝臣（時房）
書博士　中原朝臣（師俊）
信濃守　藤原朝臣（行光）

等が連署《れんじょ》してゐる。大学頭源仲章《なかあき》（註）や書博士中原師俊《もろとし》等が、大江広元や北条義時と共に幕府の下文に連署してゐる例は、この前後に数多く見える。

（註）『吾妻鏡』によれば、建保四年七月廿九日、実朝、相模河へゆく時の御供に大学頭仲章朝臣あり、建保六年三月十六日には「又去月十八日、源文章博士仲章朝臣侍読昇殿事、勅許。翌日十九日宣下。是雖ㇾ依ㇾ関東之御挙ㇾ、為ㇾ希代朝恩歟。」とあり、その後も常に将軍に随従し、同年十二月廿日、実朝の政所始に家司文章博士仲章朝臣等列座し、承久元年（一二一九）正月廿七日、実朝鶴岡に拝賀して公暁に殺さるゝ時、義時に代り剣をもつてゐたのは、文章博士仲章朝臣であつた。

大学の職員はかくの如き空名か、でなくば単にその官職に伴ふ収入を目的とする世襲の株であつた。これはひとり学問の方面のみでなく、すべての官職がそうなつたのである。かくて明経博士は清原氏及び中原氏（註）（その清原氏は後世、舟橋《ふなはし》又は伏原《ふしはら》と称した）、文章博士は菅原・大江両氏（その菅原氏は後世、高辻《たかつじ》・東坊城《ぼうじょう》・五条の三家に分れた）、明法博士は坂上・中原両氏、算道は三善・小槻《おづき》両氏、書・音の博士も、中原・清原両氏、陰陽道は暦が加茂（後世、幸徳井《こうとくい》と云ふ）、天文が安倍（後に土御門《つちみかど》と称す）両氏、医道は和気（後に半井《なからい》と云ふ）・丹波（後に小森と云ふ）諸氏の世襲となつた。

（註）上代の末中世の初には、中原氏は諸道に発展して居り、その勢ひは甚だ盛んであつたらしい。寛喜二年（一二三〇）閏正月、助教に欠員があつたので、関白藤原道家が内々清原頼尚に告げて云ふには、「雖非可披露事、於汝異他之由仰之。助教可有闕歟。而業綱申之云々。汝為直講、世々所推、転任為例事、若可訴申乎。又若優一門、不可競乎。」よつて頼尚答へて云ふ「為直講者、助教闕、転任為恒例事。然而頼尚年少候、必不可限今度、一門者已如滅亡。業綱所残遺老、有稽古之勤、沈淪尤可有哀憐候。於彼拝任者、偏可為身上之慶。中家逐日繁昌、清家已如亡。於被任他人者、尤可為愁訴。」藤原定家座にあり、その日記に記して、「予聞此事、老後之頑愚忽落涙。於今世者、無存此心人歟。感歎而有余之由申之。始今度大府卿競望、雖有子弟之好、甚忘仁義事歟。今世人老少貴賤更無此心、尤可貴事也。」（『明月記』寛喜二・閏正・五）。いかにも美談であるが、中原・清原両家が明経道を独占してゐる様もよくわかる、清原氏は前に頼業あり、中頃に亀山天皇以下七代の侍読たる良枝あり、終に宣賢あり、人物も決して少くなく、後には舟橋・伏原・沢の三家に分れて明経道を掌つたが、こゝにも「中原逐日繁昌、清原家已如亡。」と云ひ、又建保四年六月十日に、広元が大江維光の子であり乍ら、中原広秀の養子となつた為に、従来中原氏を称し来つたのを、再び大江氏に復せんとして、勅許を奏請した時の奏状に「頃年以来、中原成林、梓材之学校惟多、大江楽水、詞浪之知淵漸少、早復本姓可継絶氏。」（『吾妻鏡』）とあるによつて、中

原氏一門の繁栄を知られる。その一家が明経・明法・書・算の諸道に発展してゐるのは偶然ではない。

職員がそうであつた様に、学生も亦世襲の株となつて、只それに伴随する収入を目的とするものになつて了つた。学生としての収入は、第一に学問料である。これは一に灯燭料《ともしびのりよう》といひ又給料とも云ふ。後には給料は転じて学問料を給与せらる丶学生を称することともなつた。或は父祖の功により、或は試験によつて給はつたので、並びに穀倉院《こくそういん》より支出した。村上天皇の応和二年（九六二）六月十七日に学生藤原公方・菅原資忠等を射場殿《いばどの》に集めて題を与へて詩を作らしめ、及第せるものに学問料を賜はつた事が『日本紀略《にほんきりやく》』に見えてゐる。これ即ち学問料試（玉葉）であつて、元来は厳重なものであつたが、中世には全く乱れて了ひ、多くは親が子を推挙し、しかも二三歳の子を推薦する事となつてゐる。世襲の風と、形式ばかりである事とは、これによつて察せられる。『桂林遺芳抄《けいりんいほうしよう》』（文章博士、大学頭菅原和長著、亨禄二・十二・廿甍、）に曰く、

「一、給学問料事

号給料、々々後号学生也。位署等書学生也。此事、儒門継塵之初道也。学黌之灯燭料申賜宣旨、自穀倉院配分也。故云給料也。今則雖為告朔餼羊、必先申請也。此後当氏幷江家学生等者（等の字、注意すべし。予は之を以て向内等にあらずして、etc.の義と解す。）在文章院稽古積功也。藤氏人者、給料之後在勧学院成稽古也。両院各有二人宣旨。……所望之欵状云之内挙、或父或祖父挙申也。無父祖時、自身申賜、云之自解云々。儒卿又挙奏、古来之義也。……上古者、年齢闌申之、近代者、幼年二三才之時、即申之。二歳之時、号三歳也。雖然七八歳許之時申給宣也。堅固幼少者、無冥加歟、可得

意事也。若又年齢馳過之人者、三年以上付上（下カ）申給也。仮令十五歳之人者、十二歳、計書上年紀也。此事非曾自由之義、古来如此。故二歳之時号三歳、一歳付上也。省試献詩計之人、二三歳之時、又如此之例也。」

これを上代には、十六歳・廿歳等にて学問料を賜り（類聚符宣抄）、大江匡房《まさふさ》が歳十一にて詩を作り、源師《もろ》房《ふさ》（土御門《つちみかど》大臣）の驚歎するところとなり（師房は十一歳の少年が詩を作り得る事を疑つて、題を出して即席に作らせたのである）、之を奏上して叡感に預り学問料を賜はつたといふが（続古事談）、それに比較して今中世には、二三歳の赤児が学問料を賜はると云ふは驚くべきことである。これ只その僅かなる収入を意味するの外、何物でもあり得ない。而して之に世襲の傾向の鮮かなることは、文安三年（一四四六）十月廿一日、菅原益長が当時八歳になる一子長清を挙げて学問料を請ひ、

「請殊蒙天恩、因准先例、以男正六位上長清、給穀倉院学問料、令継門業状
右、益長、謹検案内、受菅氏門業、給穀倉院料者、聖朝之嘉猷、吾道之故実也。何況徒有両闕、既送多年。爰益長雖登三品之班、未及一子之挙。夜鶴之思尤切、夏螢之学不荒。望請、天恩因准先例、以件長清、被賜学問料者、弥仰淳朴之聖日、将継累葉之儒風矣。……
文安三年十月二十一日　従三位行左大弁兼山城権守　菅原朝臣益長」

と云つてゐるので知られる（桂林遺芳抄）。

殊に驚くべきは文章生《もんじようしよう》・文章得業生《とくごうしよう》の昇進である。これは文章紀伝の学を修むる学生の中、大学

頭《かみ》の試験（寮試）に及第した者が擬《ぎ》文章生に補せられ、これが式部大輔の試験（省試）に通れば文章生（文人《モンジン》とも進士とも云ふ）に補せられ、文章生が更に詩を作つて及第すれば文章得業生（秀才）と云ふのである。文章生二十人・文章得業生二人の定員であつて、その試験は頗《すこぶ》る厳重（註）で、従つてその登第は甚だ名誉の事となつてゐた。

（註）長徳三年（九九七）文章生の試をうけた大江時棟の詩は、下句に蜂腰病があるとて、大内記紀斉名の為に抑留落第せられたので、文章博士大江匡衡が之に抗議を申込み、双方論を尽して天裁を仰いだ、その奏状は『本朝文粋』に載つてゐる。

しかるに、中世には只之によつて賜はる時服《じふく》・食料《じきりよう》をのみ目的とし、応永年間に菅原益長が省試をうけたのは、即ち作詩によつて文章生に補せられたのは、その二歳の時であつた。『桂林遺芳抄』に、

「祖父亜相、二歳時号㆓三歳㆒、遂㆓省試㆒。（応永十四年誕生、文明六年卒、春秋六十八歳也。）　此外例多分也。」

とあり、又前にもいつた様に、同書学問料の条にも、

「省試献詩許之人、二三歳之時、又如㆑此之例也。」

とあるのを見れば、か丶る事は当時少い例ではなかつたらう。

この文章生（進士）が文章得業生（秀才）になるのも、只欠員あれば進んだので、同書に、

「瑞雲院贈左府記云、給料後四ケ年ヲ経テ秀才ニ登ベキ式法ナレドモ、只闕ニ随テ申任ス。随テ承久元年例ハ翌年ニ転任シキ。……」と見えてゐる。

元より位階官職の濫授《らんじゆ》は、上代の末、王朝の衰へた頃から著しい事であつて、九条兼実の如きも、

保元三年（一一五八）十　歳　従四位下左権中将
応保元年（一一六一）十三歳　従二位権大納言
長寛二年（一一六四）十六歳　正二位内大臣
仁安元年（一一六六）十八歳　右　大　臣

と云ふ様に、少年の日に高き位に上り、重き官に就いてゐるのを見るのである。九条家などは暫《しばら》く別とするも、藤原定家は仁安二年、六歳にして紀伊守となり、藤原為綱は十七歳にして少納言となつた（明月記嘉禄元・正・廿八）。かくの如き例は決して稀ではなく、滔々《とうとう》として上下風をなしてゐた。而して今や学問の道も亦その例に洩《も》れず、殊に呱々《ここ》の声を挙げて未だ一回の春秋をも経ざるに、早く学問料を賜り、又同じく二歳にして式部省の試験を受けて文章生になり、以後欠員あるに従つて文章得業生に進む、といふ驚くべき有様であつた。

朝臣《ちようしん》の無学　学校は焼亡して校庭は茶園となり、教官は遠く鎌倉に去つて幕府の重職につき、学生は世襲によつて二三歳の嬰児《えいじ》を補した。『大宝令』に規定せる教育機関は、今や全然壊敗してその本分を忘れ、その機能を失ふに至つたのである。当時の貴族階級に於いて、又当時の官吏社会に於いて、教育機関がかくの如く壊敗した事の必然の結果として現れたものは「無学」「無知」である。

『明月記』建保元年（一二一三）五月十六日の条に曰く、

「少将為家（註一）、近日日夜蹴鞠云々。遇両主好鞠之日、愁為近臣、依天気之宜、頗有得骨之沙汰、聞之弥為幸。……不見一巻之書、七八歳之時、僅所読蒙求、百詠猶以廃忘。……予元来胤子少、僅二人之男、已不書仮名之字、家之滅亡兼以存眼。非分之近臣、即悪縁也。悲泣之余注此事、為後鑑也。」

同月廿二日の条に曰く、

「少将毎日蹴鞠無闕怠、擢心肝好之云々。……往年光家（註二）・為家誕生之時、至愚不覚之心、悦其為男子、心中願求古来賢才。……自漸及五六歳、且暮（日カ）泣含此意趣。兄先逆父命、齢及三十、未書仮名之字。弟又同前、寄事於近臣之忽劇。不随愚父之教訓。不孝不善者、二人悉成人、触視聴、心府如摧。悲哉。」

（註一）　為家は『公卿補任《くぎょうぶにん》』によれば、承元三年（十二歳）侍従となり、承元四年（十三歳）左少将となり、この建保元年には十六歳であつた。その後、嘉禄二年（一二二六）廿九歳にて参議となり、中納言より権大納言に進んだ。

（註二）　光家は『尊卑分脈《そんぴぶんみやく》』を見るに、三男の様にて、為家が長男と見えるけれども、『公卿補任』に為家は二男とあり、又この文によりて考ふれば、光家こそ長男であつて、当時三十近かつたと思はれる。

又藤原公清は、承元四年（四十五歳）冬参議に任じ、建暦元年（一二一一）十月十三日には従二位に叙せられたのであるが、『玉蘂《ぎよくずい》』によれば、この人は漢字を知らなかつたのであるし（註一）、又建暦元年十月十三日に参議に任ぜられた藤原隆清も、当時四十三歳にて一文字を知らなかつた。(註二)参議は朝政を参議する重き官職であるのに、かく学問なき人を登用したのは驚くべきことである。

（註一）『玉蘂』承元四・十・二五、読経日時勘申に当り、藤原宰相公清のことを記し、「五六行許書了、自懐中取替之」と云ひ、その註に、「此人不知漢字之由風聞。而今書儲取替之。不似普通人之所為、頗顕然歟。」とある。

（註二）『玉蘂』建暦元・十・十三、除目聞書を記し、「以外任人多」を歎き、参議隆清の註に、「兼左兵衛督、不知一文字人也。但上皇御外舅、内大臣弟也。」とある。

しかも、かゝる無学の輩が、或は少将に任じ、或は参議に進むが故に、遂に学問は大に廃退して、その生命なき学風と、学問が任官に無関係なるとの為に、「学道無益」の感を深くした。『花園院宸記《しんき》』元亨二年（一三二二）二月廿七日談義《だんぎ》の条の裏書《うらがき》に、

「国房問云、稽古人未必悉賢、不学者或有正直之士云々。……予倩案之、不学之士或有正直者、是非正直、只愚人也。……而俗人称正直者皆誤也。不知所以正直、豈為正直之士乎。不学者豈知正直之所在哉。世俗之所謂正直、比聖人之正直有所異、不学道而不可知者也。……近日凡愚之輩、学道無益之由陳之。」

と歎じて居られる。中世の終り頃に於いては、かの『老人雑話《ろうじんざつわ》』に、

「老人少年の時、洛中に四書の素読《そどく》教る人無之。公家の中、山科《やましな》殿知れりとて、三部を習ひ、孟子に至て、本を人に借し置たりとて、終《つい》に教へず。実は知ざる也。」とあるは有名な話である。

保元の乱の前年（一一五五）に生れ出で、、廿六歳の春に源氏の旗上を聞き、二十九歳の秋に平家の都落を見、四十五歳の時頼朝の死をき、、六十五歳の時実朝の死に遭ひ、「さても〳〵此の世のかはりの継目に生れあひて、世の中の目の前にかはりぬる事をかくけさ〴〵と見侍る事こそ、世にあはれにもあさましくもをぼゆれ」と、世運の変転極りなく、人事の流転のあはたゞしきに多感の胸を轟《とどろ》かせた慈鎮和尚《じちんかしょう》は、早く中世を以て無学の時代と観じて、承久二年（一二二〇）『愚管抄《ぐかんしょう》』撰述に当つて特に仮名を用ひたる事を弁じて、

「今カナニテ書事、タカキ様ナレド、世ノウツリユク次第トヲ心ウベキヤウヲ、カキツケ侍意趣ハ、物ジテ僧モ俗モ今ノ世ヲ見ルニ、智解ノムゲニウセテ、学問トイフコトヲセヌ也。学問ハ僧ノ顕密ヲマナブモ、俗ノ紀伝・明経ヲナラフモ、是ヲ学スルニシタガイテ、智解ニテソノ心ヲウレバコソ、ヲモシロクナリテセラルコトナレ。スベテ末代ニハ、犬ノ星ヲマモルナンド云ヤウナルコトニテ、ヱ心得ヌ也。ソレハ又学シトカクスル文ハ、梵文ヨリ起リテ漢字ニテアレバ、此日本国ノ人ハ、是ヲヤハラゲテ和詞《ヤマトコトバ》ニナシテ心ウルモ、猶ウルサクテ智解ノイルナル。……スベテサスガニ内典・外典ノ文籍ハ、一切経ナドモキラキラトアムメレド、ヒハノクルミヲカ、へ、隣ノ宝ヲカゾフルト申事ニテ、学スル人モナシ。サスガニコトニ其家ニ生レタル者ハタシナムト思ヒタレド、ソノ義理ヲサトル事ハナシ。イヨ〳〵是ヨリ後、当時アル人ノ子孫ヲ見ルニ、イサ、カモ親ノアトニイルベシト見ユル人モナシ。是ヲ思フニ、中々カヤウノ戯言ニテ書置タランハ、イミ

ジガホナラン学生タチモ、心ノ中ニハ心得ヤスクテ、独ヱミシテ才学ニモシテンモノヲトヲモイヨリテ、中々本文ナド、シキリニヒキテ、才学気色モヨシナシ、誠ニモツヤ〳〵ト知ラヌ上ニ、ワレニテ人ヲシルニ物ノ道理ヲワキマヘシラン事トハカヤウニテヤ。少シモ其アト世ニ残ルベキト思テ、コレハ書ツケ侍也。……

愚痴无智ノ人ニモ物ノ道理ヲ心ノソコニシラセントテ、仮名ニカキツクルヲ法ノコトニハタヾ心ヲヱンカタノ真実ノ要ヲ一トルバカリ也。」（巻七）

と云ひ、「偏《ひとえ》に仮名に書つくる事は」「物知れる事なき人の料」であつて、「此末代ざまの事を知るに、文簿にたづさはれる人は、貴きも卑も僧にも俗にも有難く、」其の為に特に仮名を以て著すのだと断つて居る。定家の二子が仮名をも書く能《あた》はず、参議公清が漢字を知らなかつた事を思へば、慈鎮和尚が、「愚痴无智《ぐちむち》の人にも物の道理を心の底にしらせんとて」と痛言したのは、無学文盲の時代に対する深き慨歎に出づるものなるを知るのである。

慈鎮和尚は、こゝに僧も「智解のむげにうせて、学問と云ふことをせぬ也」と云つてゐるが、僧侶に無学なる者の多かつたことは、鎌倉の末に成つた『沙石集《しやせきしゆう》』巻七「愚痴之僧、文字不レ知事」の一条によつても知られる。この僧侶の無学は又別の原因より来るのであるが、それは後に述べる事とする。

公卿・僧侶すでにかくの如き状態であるから、まして其の他は言ふまでもない事であつて、武士に学問の無いのは殆んど当然と言はねばならない（註）。

（註）この事については、『東鑑《あづまかがみ》』に見ゆる承久の院宣の一件が常に例として引かれるのであるが、この頃、高橋俊乗氏はこれを読違なりとして、別の解釈を下した（『歴史と地理』大正十二年一月一日号）。しかし、これは「勅使河原小三郎」を勅使なる河原小三郎とよんだので、当時の勅使が大夫史国宗宿禰なることを知らず、勅使河原が「てしがはら」と云ふ姓なるを知らなかつた為の誤解である。しかし、氏が藤田三郎は文の博士なる者なりとの句を重大視されたのは意味のある事と思ふ。全然武士の間に文字がなかつたのではなくて、藤田三郎は学者だといふに止る。しかし、たとへそう解しても、一般に武士に学問のなかつた事は蓋《おお》ふべからざる事実である。

要するに中世は、無学の時代である、教育なき時代である。予が上代の教育を仔細に説き、その中世に入りての変遷を縷述《るいじゅつ》したのは、一《いつ》にこの無教養の時代なる事を明かにせんが為であつた。これはこの時代の精神生活を考ふる上に於いて、頗《すこぶ》る重大な事と思惟《しい》するからである。即ち中世人は無学であつた。その結果は、儒学に対し、仏教に対し、神道に対し、歴史に対し、文学に対し、其の他何に対しても、無知・無理解・無批判であつた。その結果は、不徹底・雑糅《ざつじゅう》・混濁《こんだく》を来す。当時の思想は頗る溷濁《こんだく》して居つた。天台宗も、伊勢神道も、吉田神道も、真言宗も、国文学も、皆雑駁《ざつぱく》、混濁である。これ畢竟《ひつきょう》、彼等の無知無学にして真の理解なく、高き批判を欠如せる結果である。「下手《へた》の料理はよごれ味」と云ふが、中世の思想にはよごれ味が多い。これその無学に基くものである。朗かな秋の空を仰ぐやうな心持は、此の時代の思想にはない。雲低くたれて鬱陶《うつとう》しい五月雨《さつき》のわびしさに満ちてゐる。一方には正宗《まさむね》や村正《むらまさ》の銘刀が現れながら、思想界に於いては溷濁を切り放つ秋水は容易に見られなかつた。

三　上代に対する憧憬

公家を中心とする文化階級にとつては、上代より中世への遷移は、すべてに於いて、悲しむべき衰微没落であつた。政治の実権は、曾て彼等が頤使《いし》に甘んじ彼等の為に東夷として蔑視せられたる武士の手に移り、それと共に経済上にも衰退の日が来た。学問の上から云へば、前述の如く学校は焼失して校庭は茶園となり、教育の機能は失はれて、無学の人が著しく増加していつた。而して彼等にとつて代つた武士も、未だ独自の文化を開展するに暇がない。

それ故に、すべて当時の人に懐かれた感情は、「世の衰へ」と云ふことである。就中、公家を中心とする文化階級に於いて、それは特に切実であつた。曾ては、権力があつた。今はない。前には富があつた。今は失はれた。昔は光があつた。今は暗黒である。王朝の盛時を回想する時は、うららかな春の真昼の花の下の舞を思ふ。今の淪落《りんらく》を痛感すれば、つるべ落しの秋の日暮れの侘びしさが身に沁む。「なくてぞ人の今は恋しき」理《ことわ》り、すべて幸福は失はれて初めてそれの存在に気がつくもので、メーテルリンクの「青い鳥」もその飛び去つた後に、初めて気がつかれた様に、又先年（大正十二年）の震災にすべての文明の利器を奪はれて、初めてありし日の幸福を痛感すると同じ様に、中世のうすらあかりに、さまよつた人々は、初めて上代の光を仰ぎ、それを慕景し、あこがれる様になつたのである。

日記、学問の対象となる　是に於いて上代の先例古格は甚だ尊重せられ、それを記したる日記は、金科玉条とされた。日記は宇多天皇よりこのかた、盛んになつたもので、宇多天皇の『寛平御記《かんぴようぎよき》』、醍醐天皇の『延喜御記《えんぎぎよき》』、村上天皇の『天暦御記《てんりやくぎよき》』を始め、関白道長の『御堂関白記《みどうかんぱくき》』、右大臣小野宮実資《おののみやさねすけ》の『小右記《しようゆうき》』、左大臣源俊房《みなもとのとしふさ》の『水左記《すいさき》』、右大臣中御門宗忠《なかみかどむねただ》の『中右記《ちゆうゆうき》』、内大臣中山忠親《なかやまただちか》の『山槐記《さんかいき》』、左大臣藤原頼長《よりなが》の『台記《だいき》』等有名であるが、中世に入つては、儀式典礼の旧慣を墨守せんが為に、古き日記の調査には頗る力を致したものであつて、左大臣頼長の如き漢籍を主とした人すらも、時には日記を調査して先例を考へ、子孫にはこの方面の研究を勧めた。即ち『台記』康治元年（一一四二、時に生年廿三）十二月卅日の条に、

「去年固関《こげんじよう》譲位、並今年御禊大嘗会《ごけいだいじようえ》等事、引勘旧記並諸家日記代々記文等、管窺所及、聊以類聚、抜要省繁、尚成巻軸、一抄不再治、享帚《（ママ》緘《ママ）》石恥有後嘲。但可禁披閲於閫外、将遺誡訓於家中焉。子孫之中、若有奉公之者、見此愚抄、可加琢磨。雖無荊璞《けいはく》之明、欲待越砥《えつし》之力。予聊遊心於漢家之経史、不停思於我朝之書記。仍所抄出、殊不委曲。子孫又好金経旧史者、非此限。不然者早習倭国旧事、可慕蔡霍《さいかく》忠節。」

と述べてゐる。その後、日記は漸く学問の対象となり、鎌倉時代の初めに至つては、朝廷に於いて屢々《しばしば》典礼儀式の論義・竪義《りゆうぎ》行はれ、それに刺激せられて公卿は専心日記の調査に没頭し、旧慣古例に通ぜん

と努めた。『明月記《めいげつき》』建暦元年（一二一一）七月十日の条に、

「此間自他忘二他事一、於レ今は無下借二日記一人上。或驚二此事一各勤学、或成二嫉妬一取二隠文書一。孤独之身、無二尋見方一、可レ謂二道理一。(註一)」

とあるはこの風潮を語るものである。その結果は藤原高通《たかみち》の如き人が現れた。(註二)この人は自ら日記を書写して先例を調査してゐたので、世に「学問之人」と称せられ（『明月記』承元元、十二、六）その稽古の労によって蔵人頭をかち得た。しかも彼は活眼以て世運の移りゆきを察せず、一に只先例に重きを置いたので、この頭中将高通について定家《ていか》は、

「此人本自全無二時代了見之心一、以二見及事一為二先例一、是本性也。世以為、稽古之器、誰人弁二其浅深一哉。時之相将又以不レ異レ彼歟。」

と評してゐる（同上承元元、十一、八）。

（註一）『玉蘂《ぎょくずい》』建暦元年七月十六日条にも、宰相中将実氏《さねうじ》の談として「諸人皆秘二家記一」と見え、『玉蘂』の著者道家《みちいえ》も後鳥羽上皇に兼実《かねざね》の日記借覧を命ぜられ、「如二氏秘記一、常有二御尋一、難レ治不レ可レ説事也。為レ之如何、莫言々々」と歎じて居る。（建暦元年五月十五日条）

（註二）『公卿補任《くぎょうぶにん》』によるに、藤原高通は入道在京大夫清通《きよみち》卿男、正治元年（一一九九）中将となり、承元々年（一二〇七）十月廿九日蔵人頭に補す、時に年三十九歳。

南北朝時代の例を挙ぐれば、吉田兼煕《かねひろ》の日記応安四年（一三七一、生年廿四歳）七月四日の条に、

「今日大嘗会文書代々記録行列次第並供進次第当家之秘本也。家督一人之外、不可免一見也。入道殿始而御新写（註）数十巻、終部類新写之功。末代之重宝、筆者北小路大副《きたおおじたいふ》、予、兼雄《かねお》宿禰兼有也。」（『吉田家《よしだけ》日次記《ひなみき》』）

と云ひ、同年十二月廿五日の条には

「予以短慮愚昧、於当家者当時只一身、公家武家預顧問。氏之面目、雖為勿論、猶有其恐。雖然所憑者専神之冥恩、所仰者累祖之書籍也。」

と見えて居る。

（註）入道殿は兼熙《かねひろ》の父、兼豊《かねとよ》であらう。兼熙に至り家号を室町と称し、後吉田家に改めた。本姓は卜部《うらべ》である。

室町時代に於いて例示すれば、『薩戒記《さつかいき》』応永卅三年（一四二六）八月九日の条に、

「今日返遣江記《ごうき》（大江匡房の日記）於花山院。自去五月借請、書写了。」

とある。『薩戒記』は中山大納言定親《さだちか》卿の日記である。又『建内記《けんないき》』（万里小路《までのこうじ》内大臣時房《ときふさ》公の日記）嘉吉元年（一四四一）三月十一日の条には、

「写遣建仁元年資実《すけざね》卿記了、号都玉記《とぎょくき》也。」

とある。（資実は権中納言、日野氏である。）殊に『実隆公記《さねたかこうき》』文亀三年（一五〇三）四月廿九日の条の如きは、日記がいかに尊重されたかを、最も明瞭に示すものである。

「抑中園太相国記《なかぞのだいそうこくき》自康永二至延文四年百廿三巻、十四帙歟先年故中院入道内府《なかのいんにゅうどうないふ》買得千疋之処、当時彼家門窮困失術計間、

減員数可沽却云々。予無力間、内々申入禁裏之処、可被召置云々。仍今朝悉進上之、代物八百疋可被下之由申入之了。不散失之条、先以珍重〳〵、併報国之忠也。」

而して卅日の条には、「今日園太暦《えんたいりやく》代物、且五千疋遣之」と見え、五月三日の条には、「今日園太記代物、皆被遣之了」とある。中園太相国は即ち太政大臣洞院公賢《とういんきんかた》であつて、康永二年（一三四三）四月左大臣に任ぜられ、貞和四年（一三四八）十月太政大臣に任じ、観応元年（一三五〇）三月辞し、延文四年（一三五九）四月出家し、五年四月に年七十歳を以て薨じた人であるが、その日記は、これによれば、任左大臣より出家に至る十七年間に、百廿三巻十四帙あり、頗る礼典に通じたといふことであるから、見事な日記であつたらう。（今日の『園太暦』は長享二年頃甘露寺《かんろじ》大納言親長《ちかなが》が抄出したものである）中院内大臣がこれを買つた時は、千疋といふから、即ち十貫に当り、之を禁裏に進上した時には、代物八百疋即ち八貫を戴いたといふから、大体一石一貫に当るとし、現今米一石三十五円とすれば十貫は三百五十円、八貫は二百八十円に当る。文亀三年と云へば応仁乱後三十余年、後柏原天皇御践祚の第四年目である。後柏原天皇は、明応九年（一五〇〇）後土御門天皇崩御の後を承けて（註一）大統を継がせ給ふたが、其後、文亀・永正を通じて二十二年の間、御即位式を挙げ給ふべき資金なく、漸く大永元年（一五二一）に至つて、本願寺の献金によつて即位式を挙げさせられたのであつた。殊に我等の胸を痛ましめるものは、明応九年九月廿八日、後土御門院の崩御せられた時に、大葬の資なくして、御遺骸を宮中に止め給ふこと四十余日であつたことだ。（註二）しかも其窮乏の中にあつて、朝廷の故実を保存せんが為に、八貫の大金を投じて、古き日記を求め給ふたことは、哀痛と感激の涙なくして説く能はざる所である。

（註一）『和長卿記《かずながきょうき》』明応九年九月廿八日、天皇崩御の条にいふ、「抑当代就武家無道之政務、国々用途、民之力無之間、今度不及御譲位之沙汰。於今者可為践祚之間、尤無念之事也。」

（註二）『後法興院記《ごほうこういんき》』明応九年十一月十一日の条「今夜、旧主御葬送云々……至今日崩御以後四十三日也。如此遅々、更不可有先規歟」同十一月十四日の条「今度吉凶両条、惣用七万疋計致沙汰云々。此外亮陰方可為三万疋計歟云々。依未到来及沙汰云々。」

『和長卿記』同年十一月八日の条「武家用脚（泉涌寺に附する葬儀費用也）只一万疋下行云々。」

かくの如き日記の尊重は、中世の一つの特色であつて、その根本の思想は、上代への憧憬にある。上代の文物典章を顧み、その燦然たる光輝を仰いで、こゝに先例古実の模倣の為に、それを記載せる日記が尊重せられ、学問の一つの対象となり、或は学問の主要なる内容をなすに至つたのである。

公事論義及び習礼　中世に入つて後、ひた衰へに衰へていつた朝廷に於いては、心ある英主のあらはれて、再び王朝の隆盛に復さうと企画さるゝや、屢《しばしば》公事の論義や習礼《しゅらい》が行はれた。これ亦上代憧憬の一つの現れである。後鳥羽天皇の御時、論義・習礼に御熱心であつて、公卿頗る難儀した趣が『玉蘂』（道家の日記）や『明月記』に見えてゐる。

習礼では、

建暦元、五、一、後鳥羽上皇、旬習礼を行はせらる（『玉蘂』）
同　九、二、後鳥羽上皇、太政官庁に於て大嘗会習礼を行ひ給ふ（同上）
同　同、四、又習礼あり（同上）
同　九、二四、後鳥羽上皇、三条殿に於いて任大臣大饗習礼を行はせらる（『玉蘂』・『明月記』）
建暦二、三、十二、後鳥羽上皇、大内に於いて臨時祭習礼を行はせらる（『玉蘂』）

等をその例とする。

論義は元来仏数に於ける勧学の一法式であつて、探題《たんだい》より論題を提出し、竪義《りゅうぎ》之に就いて義を立て、問者《もんじゃ》、精義互に論弁して研究するのであるが、これが儒学にも適用せられ、有職故実にも応用せられ、又国文学にも適用せられた。

儒学の論義は、例をあぐれば、頼長の発起で『左伝』『穀梁伝《こくりょうでん》』の竪義が行はれたなど、それであつて、頼長は久安二年（一一四六）八月十九日、興福寺別当覚晴僧都《かくせいそうず》を招いて竪義の作法を問ひ、翌々日自宅に於いて儒学の竪義を行つた。その人々は、

竪者　清原頼業《きよはらのよりなり》
探題　蔵人式部丞成佐《なりすけ》
問者　一、頼長《よりなが》　二、前少納言俊通《としみち》　三、菅原登宣《すがわらののりよし》　四、修理大夫敦任《あつとう》　五、能登権守孝善《たかよし》

題目は『左伝』『穀梁伝』の一節であつた（『台記』）。国文学の例としては、弘安源氏論義など有名である

が、それは後に説かう。公事の論義は後鳥羽上皇の甚だ好ませ給ふたところであつて、

建暦元年七月二十日より五日間、公事竪義（『玉蘂』・『明月記』）
同　九月廿五日　大嘗会論義（同上）
建暦二年三月五日　系図論義（『玉蘂』）

等が行はれ、就中建暦元年七月の竪義は、二十日より五日間に亘り、その題目は左の通りであつた。

七月二十日　行幸の事
二十一日　節会の事
二十二日　雑　事
二十三日　旬の事
二十四日　臨時祭の事

九月の論義は、一番より十番に至り、二人宛出でて互に問答した。詳しく『明月記』に見えてゐる。かやうに仏教のそれに模倣して色々の論義が行はれたので、道家の如きは「近代諸事被レ行二論義一、難治事歟」と歎じてゐる（『玉蘂』建暦二、三、五）。

有職書の編著　この風潮は自然に有職故実に関する著書の続出を誘致した。その重なるものを云へば

○『世俗浅深秘抄《せぞくせんしんひしょう》』

朝廷の有職故実を記す、すべて二百八十五条。続群書一覧に一条兼良《かねら》の著となすは誤であつて野宮定基《ののみやさだとも》の跋に後鳥羽上皇の御製としてゐるのに従つて宜しからう（『群書類従』略解題）。

○『禁秘抄《きんぴしょう》』　順徳天皇御撰

屢々近代と上古とを比較し、近代の「不可然」を説かる。上巻末、女孺《にょじゅ》（掃部《かもん》寮の女官なり）の条に、

「女孺

近代不着衣、只小袖唐衣也、以左道姿御殿御調度解手、上下格子奉仕。是蔵人等如在不当故也。」

などあるがその一例で、その故実研究は実に当代衰頽の慨歎と上代整備の憧憬より起つてゐる。

○『弘安礼節《こうあんれいせつ》』

弘安八年（一二八五）十二月定められたる書札礼《しょさつれい》、及び院中路頭の礼の事、僮僕《どうぼく》の員数等をのせてある。亀山上皇が仙洞御所の礼式として定め給ふたものであらう（『群書類従』略解題）。

○『建武年中行事《けんむねんじゅうぎょうじ》』　後醍醐天皇御撰

○『日中行事《にっちゅうぎょうじ》』　同上

共に建武中興の際の御撰述にかゝる。正本は日野家に伝へたが、『年中行事』は明応年間に近辺の火災に類焼し、『日中行事』のみは残つたと云ふ事であるが（『年中行事』奥書）、それもどうなつたか、今は転写本が残つてゐる。

○『職原抄《しょくげんしょう》』　北畠親房撰

東京帝国大学図書館に、元亀三年（一五七二）の古写本と慶長十三年（一六〇八）の刊本と『職原抄解』と題する古写本とがあつた。元亀三年本には奥書に、

「寛政五年甲申五月上旬之候、以二権大外記隼人正家ノ本一書写読合畢。

元亀三年壬申二月中旬、書写畢」

とあつた。かゝる古写本は、『職原抄』の本来の形を見る上に頗る貴重なものである。蓋し『職原抄』は余りに広く行はれた為に、種々後人の攙入《ざんにゆう》があつて、元のまゝではない所から、塙保己一《はなわほきいち》、藤原貞幹《ふじわらさだもと》、近藤芳樹《よしき》等の学者が苦心して考証して復旧しようと努めて来たが、猶十分でない様に思はれる。

たとへば親房自身の奥書の如きも、近藤芳樹氏の『標註職原抄校本』に記する所が普通であるが、ある戦国時代の古写本には、その前にまだ四行ばかり存し、「或人請聞、官位昇進之次第云々」はその中頃に当る。かやうな点の研究は古本の調査に待つべきであつたのに、震災に幾部か失つたことは惜しい。殊に『職原抄』一冊（東大本）は頗る面白いものであつて、年代も戦国時代のものであつた。しかしかゝる古写本は猶世に多く存してゐるのであらう。而して古写本の多い事は、『職原抄』がいかに中世に行はれたかを示し、やがて有職の学の盛行を示す。奥書によるに、興国元年（一三四〇）二月、恐らくは常陸小田城に在つて作つたものらしい。（註一）『禁

秘抄』と共に最も注意すべき著述である。これ恐らくは『正統記』と共に後村上天皇に進めたものであらう。(註二)

(註一) 親房の奥書に、「予従出俗塵、已移十年之寒暑。況在逆旅、不蓄一巻之文書。」とある。その出家は元徳二年(一三三〇)九月歳三十八歳の時であつて、十年後は興国元年に当る。逆旅《げきりよ》は中世末期の古写本に、「社参仏詣ナドコソ順路也。吉野ノ奥ニ引籠リ年ヲ送ルハ逆路也」と註してゐるのは、以の外の無学であつて、(しかしまたこの誤つた解釈は、いかにも中世の特色を示してゐる。なほ第七章末を参照せられたい)只旅の宿と云ふ事で、李泰伯《りたいはく》の所謂《いわゆる》「天地者万物之逆旅」の逆旅、即ち客舎である。親房は延元三年(一三三八)以後常陸に在り、興国四年関城陥り吉野へ帰つた。それ故に興国元年常陸にて選び、後村上帝に進めたものであらう。通説には興国二年の作と云つて居るが、これは元徳二年より十一年に当り、彼《かの》奥書に十年と云ふと合はない。且《かつ》奥書に「上章執徐之春、来鐘候予之日」とあり、太歳在庚を上章と云ひ、在辰を執徐と云ふと云へば、庚辰の年でなければならない。しかるに興国二年は辛巳にして庚辰は興国元年である。即ち本書は興国元年二月二十八九日の作である。

(註二)『神皇正統記』は、白山本及び青蓮院本の奥書によれば、延元四年秋の著であり、その翌年が興国元年であるから、『神皇正統記』と『職原抄』とは相ついで撰ばれたのである。この時はいかなる時といへば、後醍醐天皇は延元四年八月十六日崩御せられ、義良《のりよし》親王後を承けて即位し給うた。この時のこの著述、意義まことに深重である。『正統記』の奥書には「此記者去延元四年秋為示或童蒙所馳老筆也。旅宿之間不蓄一巻之文書、纔尋得最略皇代記、……」とあるけれども、これは全く踏晦《とうかい》の語であつて、青蓮院本応永四年(一三九七)の奥書に、「此記者、北畠大納言親房卿於南方書進後村上院云々」とあるに従ふべきである。それは一つは年代の上より考察して、左様に推断せざるを得ないのである。

○『百寮訓要抄《ひやくりようくんようしよう》』　二条良基《にじようよしもと》撰

著者は貞和二年（一三四六）関白となつた人である。

○『名目鈔《みようもくしよう》』　洞院実熈《とういんさねひろ》撰

著者は享徳二年（一四五三）右大臣、康正元年（一四五五）左大臣に任ぜられた人である。

○『公事根源《くじこんげん》』　一条兼良《いちじようかねら》撰

応永廿九年（一四二二）二十一歳の時の撰である。

○『代始和抄《だいはじめわしよう》』　一条兼良撰

文明十年（一四七八）宗祇《そうぎ》の希望により、御譲位・御即位・御禊行幸・大嘗会等、代始《だいはじめ》に関する事を和文にて記したもの。

○『二判問答《にはんもんどう》』　一条兼良撰

二階堂判官政行《にかいどうほうがんまさゆき》の質問に答へて、兼良が典礼故実を説いた時の聞書《ききがき》である。

○『三内口決《さんないくけつ》』　三条西実枝《さんじようにしさねき》撰

実枝は内大臣となり、天正七年（一五七九）に薨じた。この書は綸旨・勅書以下有職故実の事を載せ、北畠具房に与へたものである。実枝、後実澄《さねずみ》と改め、剃髪して三光院豪空《さんこういんごうくう》と言つた。

当時『延喜式』『江家次第』等の研究（談義《だんぎ》、書写等）の盛んであつたことは云ふ迄もないが（『親長卿記』『実隆公記』）それのみならず、かやうに数多くの有職書類の撰述せられた事は、一般に学問の衰へた中世に於いては、頗る目ざましい事である。それは決して単純なる動機、気まぐれの発心によつて編纂されたるものでなくして、曾《かつ》て整備して居つてしかも今は既に崩れていつた礼式を、その当《まさ》にあるべき形、曾《かつ》てありし姿に復さんとする慨歎追慕の心、もしくは辛くも自分まで伝へて来た古の典礼故実を、失ふことなく後世に伝へたいといふ憂慮の念に馳《か》られ、一言にして云へば、上代の典礼をそのまゝ保存したいといふ熱情に駆られて著述せられたものである。前述の如く『禁秘抄』が屢々上古、近代の比較を試み、常に近代の左道であり、如在であり、不当であることを歎かれたのも、『職原抄』左右衛門尉の条に、

「顕官也。仍チ六位ノ諸大夫並ニ侍、尤可レ択二其仁一也。近代不レ及二是非ノ沙汰一、可レ謂二無念一。」

とあるも、洞院実煕の『名目抄《みようもくしよう》』に、「今世諸人」の読み誤りを指摘し、その元日《がんじつ》を「げんにち」とよみ、乞巧奠《きこうてん》を「きつかうてん」とよむを非難して「不レ足レ言」と云つてゐるのも、すべて古を慕ふ心の発露と見られる。有職は本来「有識」とかいた。故実旧慣を知る者、即ち智識を有つ者、換言すれば故実即知識と考へられてゐたのである。

王政復古の運動　かくの如き上代思慕の情は、このまゝに終るべきものではない。日記を探つて古例を考へ、習礼を行つて古き儀式を練習し、論議を試みて故事を研究し、更に幾多の有職書類を撰述する精神は、もしそれに現実的な力が加はれば、やがて王政復古の政治運動となり、幕府討伐の軍事計画とならざるを得ない。否《いな》前段に述べ来つたそれらの調査の多くは、実にこの政治運動と密接なる関係があり、

その心理に於いて離すべからざる連鎖を有してゐる。

　後鳥羽上皇が公卿に命じて古き日記を調査せしめ、習礼を屢々し、論義を頻繁にせられ、又恐らくは御自ら『世俗浅深秘抄《せぞくせんしんひしょう》』を著はされたことは、順徳天皇が『禁秘抄』を撰述せられたのと共に、承久討幕の御企と密接なる関係あり、承久の御企の動機その目的を語るものである。

　北畠親房の『職原抄』が、『神皇正統記』と姉妹篇をなすものであつて、後醍醐天皇の政治上の御努力と密接なる関係あることは云ふまでもない。後醍醐天皇の政治上の御理想は、王政復古、しかも延喜天暦の御代に復さうといふにあつたので、『太平記』にも、

「元弘三年の今は、天下一統になりしこそ珍らしけれ、君の御聖断は、延喜・天暦の昔に立帰りて、
　武家安寧に比屋謳歌し……」

と云ひ、それのみならず後醍醐天皇御自ら「後醍醐院」と号せられたことは、その御理想が、醍醐・村上の御代にあつたことを示すものである。延元元年（一三三六）六月晦日の日光銅鋺銘《どうわんのめい》に、

「当今皇帝還城再位、預聞㆘以㆓後醍醐院㆒自号㆖焉、」

とあるのはその一つの証拠である。中世に於いて、王朝の盛時を云へば、必ず延喜・天暦を指したもので、(註)『神皇正統記』にも、醍醐天皇の条に、

「この君久しく世を保たせ給ひて、徳政を好み行なはせ給ひけること、上代にこえたり。天下泰平民間安穏にて、本朝、仁徳のふるき跡にもなぞらへ、異域、堯舜の賢き道にもたぐへ申しき。」

と云ひ、村上天皇の条にも、その御治政を称して、

この天皇、賢明の御ほまれ、先皇の跡をつぎ申させ給ひければ、天下安寧なる事も、延喜・延長の昔（延長はやはり醍醐天皇の年号）に異ならず。文筆諸芸を好み給ふことも、かはりまさゞりけり。万のためしには、延喜・天暦の二代とぞ申し侍る。」

とある。

（註）『無名草子《むみようぞうし》』に「扨も〳〵何事かこのよにとりて第一にすてがたきふしある」それをあげよと云ふに、月、文、夢、涙、念仏、法花経、などをあげたる中に、文を主張した人の言に、

「いみじかりける延喜・天暦の御ときのふることも、唐土《もろこし》・天竺《てんじく》のしらぬ事も、此文字と云ふものなからしかば、今の世の我らが、かたはしもいかでか書き伝へまじ。」

などあり、延喜・天暦を golden age としてゐたことがよくわかる。本書は、黒川春村《くろかわはるむら》は応永頃の著作であらうといつてゐるけれども、吉沢博士の説かれた如く、明かに鎌倉時代の作である（『鎌倉時代の文化』）。

かくて王政復古といへば即ち、延喜・天暦の昔に復《かえ》さうと云ふことであつた。後醍醐天皇が御自ら『年中行事』及び『日中行事』二巻を撰述せられたのは、王朝以来の古儀を行末遠く伝へたいとの御思召《おぼしめし》に出たもので、『建武年中行事』の劈頭《へきとう》に、

「行末のかゞみまではなくとも、おのづから、またその世にはかくこそありけれ、などやうの物語のたよりにはなりなんかし。」

とあるのはその御志を語るものである。しかるに後醍醐天皇の御努力も空しく、北畠親房の苦心も徒《いたずら》になつて、朝廷はこの後、ひた衰へに衰へてゆき、それと共に朝儀も廃して、寛正五年（一四六四）に、後花園天皇が調査せられたところによれば、『建武年中行事』のうち、当時既に已に中絶して了つたものが二十余条あつたといふ。

寛正五年と云へば、応仁乱に先つこと三年であるが、当時既にかゝる有様であつたからして、応仁乱後の衰頽廃絶は察するに余りがある。『長興宿禰記《ながおきすくねき》』によれば、応仁二年（一四六八）以後大小公事悉く停止せられ、文明七年（一四七五）に至つて漸く元日の四方拝《しほうはい》、平座《ひらざ》が再興せられ、県召除目《あがためしじもく》其他の公事もついで行はれたが、翌年より又廃し、十二年に再興の運に向つた様である。即ち同書に、

文明十二年正月一日、「禁裏四方拝、被行之。乱中無沙汰。……」

同年三月廿九日「今夜、除目竟夜也。……抑被行県召除目事、〔去文明七年三日被行之〕一乱中之後無沙汰、……」

同年八月一日「今日、八朔《はつさく》礼。一乱以後興行。……」

等と見え、即ち文明十二年は朝儀再興の秋である。後土御門天皇はこの時に当つて鋭意、故実の調査、典礼の復旧につとめ給ふたので、当時博識ならびなき一条兼良を引い（招カ）て、屢々故実を講ぜしめられた。

『長興宿禰記』文明十二年十月三日の条に、

「是日、一条准后禅閤《いちじようじゆごうぜんこう》御参内、被始江次第《ごうしだい》御談義《ごだんぎ》。御所望為勅定。」

とあり、又同月廿一日の条に、

「此間、一条禅閤細々御参内、江次第御談義在レ之。各（この前に吉田兼倶の参内して『日本紀神代巻』を講ずるをさす）依二勅定一也。」

とある、即ちそれである。従つて一条兼良の有職研究は、政治と没交渉なものではないのである。

この後土御門《ごつちみかど》天皇崩御の時には、資金なくして四十三日の間大喪の式を行はせられず、ついで立たれた後柏原《ごかしわばら》天皇も二十二年の間御即位の式を行はせ給ふ事能はざる御困窮であつたに拘はらず、文亀三年（一五〇三）に八百疋を投じて『中園太相国記《なかぞのだいそうこくき》』を買求められた事は、決して好奇心又は其他何等かの情実によるものではなく、実に朝儀再興、王政復古の大理想実現の上の、参考資料として之を求められたのであつて、それは前の後土御門天皇の文明の御講学や、次の後奈良天皇の御日記に現はるゝ左の記事と対照する時、意味の殊に深きを思ふものである。

天文四年（一五三五）七月一日の条、

「諸願成就、千秋万歳、朝儀再興、天下太平、富貴繁栄、朝敵退散、毎事満足々々。」

同八月一日の条、「今朝、万国平治、百蛮復皈、朝廷再興、宝祚長久、珍重々々。」

同九月一日の条、「天下太平、朝廷繁昌、諸事満足、歓喜々々。」

天文十五年正月一日の条、「天下泰平、海内静謐、朝廷再興、万福幸甚云々。」

見よ、上代に対する憧憬は、常に王政復古の政治運動と密接なる関係を有し、時ありて熱と力とを帯び、火花を発し来る事を。

四　古典の崇拝

読書目録の比較　前章に述べ来つた日記の研究、有職の調査等は、いづれも上代文化の継承者が、年々に衰へゆくその文化の愛惜より起り、日々に離れゆく上代への執着より出で、それ故にそれは一朝熱を加へらるゝときは直ちに政治上の復古運動にまで沸騰する性質のものであつた。予がこれを一纏めにして上記の順序に排列したのはこれが為めである。それには痛い様な切実、苦しいまでの焦躁が伴ふ。そして是は実に上代文化の正しき継承者の敗残の悲哀であつた。それ故に上代に対する憧憬のこの種のものは、公卿階級を取囲む者の一団の外は、必ずしもすべてが共鳴し得ざる所であつた。

しかるに、これに比して遥にゆとりのある上代憧憬は、文学の上にあらはれてゐる。文学の世界に於ける上代は、中世の人々にとつては失はれたるパラダイスであつた。彼等はそこに美しく妙なるものゝ幻影を追ふた。それは既にこの世より失はれたるが故に、愈々此の世ならぬ美しさを加へて、恍惚として夢の世界に誘ふものであつた。従つてこの種の上代憧憬は、ひとり公家階級に限局せられないで、広く一般国民の共鳴し得たところであつた。一般国民はこの上代憧憬の心より、上代文化の伝統を保つものとして、公家をば尊く美しいもの、殆ど此の世ならぬものとして仰ぎ見て居た。かやうにして曾ては支那の文学――『文選《もんぜん》』とか『白氏文集《はくしもんじゆう》』とかいふものにあこがれてゐた目は、これより我が国の古典に向けらるゝに至つた。曾《かつ》て外国にのみ向けられたる目が、次第に我が国の古典に転じてゆく有様は、左に記す読書目録の比較の上にも現れてゐる。

㈠藤原頼長

康治二年（一一四三）所学自十月至十二月（生年廿四）

穀《こく》　梁《りよう》　十二巻
礼《らい》記《き》正義　二十巻
周　易　十　巻
同正義　二　巻
尚　書　二　巻　已上四十六巻之内、新見三十三巻

天養元年（一一四四）所学（生年廿五）

周　易　十　巻　周易は度々あげてあるが、こゝには只書目を知るを要とする故に之を代表として、他を略した。
周易正義　十四巻
周易釈文　一　巻
易会釈　九　巻
混林雑占　一　巻
礼記正義　五十巻

老子経二反　　　四　巻
尚　書　　　　　十一巻　已上百十九巻之内新見七十三巻
久安元年（一一四五）所学（生年廿六）
老子経二遍　　　四　巻
老子述義　　　　十　巻
編年通載　　　　一　巻
礼記正義　　　　卅一巻
儀　礼　　　　　八　巻
同　疏　　　　　卅　巻
毛　詩　　　　　十七巻　各三反並五十一巻
　已上百卅五巻之内、新見卅三巻
久安二年（一一四六）所学（生年廿七）
周易会釈　　　　十一巻
儀　礼　　　　　六　巻
周　路　　　　　二十巻
太上老君説常清浄経　　一　巻

周礼　　　十巻
毛詩　　　十三巻　各三反並三十九巻
　已上八十七巻之内、新見卅二巻

久安三年（一一四七）には『周礼』と『毛詩』、反覆して卅六巻、久安四年には『周礼』と『毛詩』、反覆して三十四巻、久安五年左大臣となりて後は読書目録が記してない。

この一例によつて、上代の末に、読書家の目が、いかなる方面に注がれてゐたかは明かである。もとよりこれによつて本朝の書籍が全く読まれなかつたとは云はれない。頼長自身すら是等の年に於て本朝の書を全く読まなかつたのではなかつた。彼が本朝の旧記、諸家の日記、代々の記文を渉猟して故実を調査したこと、そして子孫には早く倭国の旧事の習ふべきを教へたことは、『台記《たいき》』、康治元年（生年廿三）の条に見え、既に前に述べた通りである。しかしこゝに所学目録を記して一も本朝の書をあげないのは、たとへ本朝の書を読んでも、之は学問と考へられなかつた為である。学問と云へば支那の学問であつた。これを、学問といへば横文字でなければならなかつた明治時代と比較するがいゝ。

(二)花園院天皇

『花園院宸記《はなぞのいんしんき》』元亨《げんこう》四年（一三二四）の末に所学目録があげてある。これは必ずや『台記』を見て思ひつかれた所であらう。元亨四年は即ち正中元年であるが、この時上皇は仙洞に御座して、前年より『台記』を読まれ、この年二月十三日にこれを読了せられ、卓抜なる批評を加へてゐられる。保元乱の謀主として、余りにもろく失敗したのを難じて、其智称するに足らずとし、猶一々の行動について、「愚之甚不レ可二敢言一」と云ひ、頗る苛酷なる批評をしてゐられるが、その才学には感ぜられたと見え、この年より『台記』に倣つて所学目録を記し、「向後毎年所レ学可レ記レ之」と云つてゐられる。これが『台記』より思付かれたことは、『花園院宸記』正中二年（一三二五）所学目録の割註に、「頼長公記云、此事強雖不可□修、為レ励二怠一記之也」とあるによつて明確である。その目録は是歳一年間、所学の目録もあるが、それは亦従前のすべてを通計せられた「凡所レ読経書目録」の中に繰入れてあるから、後者をあげよう。

凡所レ読経書目録（元亨四年以前の全部、この時生年廿八歳、天皇は十二歳御即位、二十二歳御譲位。）

内典

大日経七巻、金剛頂経三巻、蘇悉地経三巻、理趣経一巻、法華経八巻、最勝王経十巻、仁王経二巻、……（以下略之）内典すべて四十六部。

外《げ》書《しよ》

左伝、毛詩、尚書、礼記、孝経、論語、孟子欠巻古註　史記、漢書、後漢書、南北史抄、通鑑《つがん》、老子、荘子、揚子法言、鬼谷子、准南子《えなんじ》、文中子、国語、宋斉丘化書、史通、帝範、臣軌、貞観政要、文選、帝王略論三巻、孝経述義、礼記子本疏、尚書正義、□礼、大□すべて三十二部。

本朝書並記録

日本紀、続日本紀、日本後紀、続日本後紀、文徳実録、三代実録、本朝世紀、令廿巻、律廿巻、古事記、古語拾遺、一条院御記、三代御記、後朱雀院御記、後三条院御記、人左記、小一条左大臣記、小野宮右大臣記、宇治左大臣記、すべて十九部。

この元亨四年は即ち正中元年であるが、翌正中二年に読まれた所は、

内　典

止　観

外《げ》典《てん》

春秋後語《しゆんじゆうこうご》、漢書（前出）、三国志、晋書、公羊伝《くようでん》、穀梁伝、懐旧志

記　録

山槐記《さんかいき》、頼時卿記、長兼《ながかね》卿記、経高卿記、定家《ていか》卿記

その中『漢書』は重出してゐるから、之を除いて、前と通計すれば、花園院が正中二年（生年廿九）以前に読まれた所は、

仏　書	四十七部
漢　籍	三十八部
和　書	二十四部

となり、大体の比較は、仏四・漢三・和二となる。

㈢三条西実隆

『台記』『花園院宸記』に対比すべき所学目録を記載せる日記は、中世の後期には適当のものがないが、三条西実隆は内大臣公保《きんやす》の子で、長禄二年（一四五八）従五位に任ぜられ、累進《るいしん》して正二位内大臣に至り、永正三年（一五〇六）辞任し、天文六年（一五三七）八十三歳にして薨じた人で、其教養に於いては中世後期を代表するに足る人であるから、姑らくこの人の日記を採つて散見する所の書目を検出しよう。尤も『実隆公記《さねたかこうき》』に現れてくる書籍は、彼が自ら読んだものばかりでなく、禁裏や幕府の命、或は其他の人々の依頼によつて書写したものが多いのであるから、『台記』や『花園院宸記』とは大いに趣を異にするものであるが、それだけ当時如何なる書物が読まれたかを知るに足るものである。

『実隆公記』文明九年（一四七七）の条に現るゝ書目

和　書

日本紀、伊勢物語、源氏物語、(代々集巻頭和歌)新古今集、続古今集、新続古今集、風雅集、詞花集、瓊玉集《けいぎよくしゆう》、金葉集、後拾遺集、新後拾遺集、鎌倉大納言家詩歌合、宮川歌合、応永内裏歌合、北院御室御集、拾藻抄《しゆうそうしよう》、美門院御集、和漢朗詠集、和名類聚抄、つれ〳〵草、谷響集、玉藻前物語、長秋詠藻、明衡《あきひら》往来、禁裏雑抄、御神楽《みかぐら》風記、誓願寺縁起、若宮詩歌合、堀川院次郎百首、高野雲絵詞、竹林抄、後白河院御灌頂日記　以上三十三部。

論語、孟子、大学、毛詩、長恨歌、琵琶行、八卦　以上七部。

法花経、仁王経、心経、往生要集、遺教経、真言名目、阿弥陀経、梵網経、法花懺法　以上九部。

先づかやうな有様で、和漢仏の割合は、四・一・一、の比である。

上代に於いて読書人の目の専ら外国にのみ向けられたものが、中世に入りて後、次第に我国の古典に転じて来た有様は、以上三つの例の対照によつて、ほゞ明かとなる。猶後に説く所の中世に入つて発達した寺院に於ける教育の教材を参照せらるゝならば、この変遷は一層明かになるであらう。

ともかくも従来外にのみ向つてゐた目が、今や内に転じ来つた。それは我国の作品が、既に数百年の歳月を閲して、その辞句の漸く難解となり、学問の対象として研究に価するに至つたからでもあらう。『源氏物語』が作られて後、四五十年の間は、東路のはてに育つた十三歳の少女が、「昼は日ぐらし、夜は目の覚めたるかぎり、火を近くともしてこれを見るより外の事」なく、「后の位も何にかはせむ」とまで耽読し得たのに（『更科日記』）、今日に於ては恐ろしく難解なものとなつて、教養なくしては歯も立たないものとなり、玩賞を離れて、研究の対象と化した事情を思ひ合すべきである。しかしたとへ年代の距りがその辞句、文章を難解ならしめても、乃至中世人の無教育が外国のものを読む事を困難ならしめたとしても、もし上代に対する憧憬がなかつたならば、我が古典文学はあの様に盛んに研究せらるゝ事とはならなかつたであらう。

定家の理想　先づ第一に和歌を見るに、和歌の世界に於いて中世を支配したものは藤原定家《ていか》であつた。彼は後鳥羽上皇の仰せを蒙つて『新古今和歌集』を撰し、後に又、後堀河天皇の勅を奉じて『新勅撰和歌集』を撰び、仁治二年（一二四一）に八十歳で薨じた人であるが、当時に於いても頗る重んぜられ、其父俊成に学んだ藤原家隆（光隆の子）と並び称せられ、その相共に『新古今集』を撰んだ時には、毎巻の首に古人の歌を置いた所、上皇は特に仰せられて左の如く改めさせられ、定家等の歌を巻首に置かせられた。

仰云、巻之始、大略以故人置之、不可然。以定家・家隆・押小路女房等三人、各可立一巻之始者。又継直之、以家隆為秋下部始、以女歌為恋二始、以予歌為恋第五始、依為身事、態可入末也。此仰尤為面目。（『明月記』元久二年三月二日条）

定家はその在世中かやうに尊信せられて居たが、その死後は、子孫が代々歌学の権威として中世の歌壇を支配した。所謂、二条・京極《きょうごく》・冷泉《れいぜい》の三家これである。

定家――為家┬為氏（二条）
　　　　　　├為教（京極）――為兼
　　阿仏……└為相（冷泉）

従つて、三家の祖先なる定家は非常に重き地位を占め、また二条・冷泉等の末流を非とするものも、定家を尊信することはかはりなく、定家の歌壇に於ける位置は殆んど絶対的なものとなり、絶対的なるが故に、之に対して批判を加ふることを許さず、もし批議するものあらば、天罰を受けるとさへ信ぜられて居つた。(註)

（註）永享二年（一四三〇）に著はされた僧正徹《しょうてつ》の『徹書記物語』に「抑於歌道、定家をなみせん輩は冥加もあるべからず、罰を蒙むるべき事なり。其末流、二条・冷泉両流にわかれ、為兼一流とて三の流ありて……各争ひあへり。全く其流には、目をかくべからず、不叶までも定家の風骨を羨み学ぶべしと存じ侍るなり」といひ、又文明八年（一四七六）に出来た一条兼良の『古今集童蒙抄』には、「凡て家々の諸説、人々の覚悟、更に巨細を知らずといへども、歌の道に於きては、定家卿の説を離れては、頗る傍若無人なり。其謂れは、基俊・俊成より此道を伝へて、三代になれり。和歌の奥儀、秘事口伝、残る所あるべからず。然れども近き世となりて、かの子孫のうち邪僻を執し、誤を伝へたる事も侍るにや」とある。歌を学ぶ者が定家の供養につとめた有様は、『実隆公記』延徳二年（一四九〇）八月二日の条に、「今日京極黄門影供……於彼墓所庵室鴨井権五郎細川被官張行云々」とあり、又飛鳥井栄雅の『亜槐集』に、「ある人、定家卿影をかゝせて供養に百首の続歌すゝめ侍し中に、寄夢無常

「おどろけば心ぞ夢に紛れぬるむなしかりけりねてもさめても」

などあるによつて察せられる。

それ故に、定家の考は中世を蓋ふものと云つていゝのであるが、その定家の意見は古き伝統を重んじ、古き詞を尊んだので、その著『近代秀歌』には、

「詞は古きを慕ひ、心は新らしきを求め、及ばぬ高き姿を願ひて、寛平《かんぴょう》以往の歌にならはゞ、おの

づからよろしきことも、などか侍らざらむ。」

と云ひ、『詠《えい》歌《が》大概《たいがい》』には、

「和歌無二師匠一、只以二旧歌一為レ師、染二心於古風一、習二詞於先達一者、誰人不レ詠レ之哉。」

と説いてゐる。（註）

（註）『近代秀歌』は承元三年（一二〇九）八月に源実朝の問に答へたもの、『詠歌大概』は後鳥羽院の皇子尊快法親王に進じた書、この二、と『毎月抄』との三は、先づ定家の著述として信じてゐゝ。この外に定家に仮託せられたもの、『桐火桶』、『三五記』、『愚秘抄』、『愚見抄』、『未来記』、『雨中吟』等がある。かく仮託書の続出したのは、中世を通じて定家のオーソリチーを有せし事を示すものである。

即ち一切現代人の心や詞を棄てゝ了つて、只管《ひたすら》古人の歌にのみ没頭し、心自ら古人の心となり、詞自ら古人の詞となるを理想としたのであつた。定家は特に「寛平以往」と云ひ、寛平と云へば宇多天皇の御代であつて、『古今集』の撰ばれた延喜五年（九〇五）よりは十年ばかり前である。定家が何故に延喜と云はずして寛平と云つたかと云ふことは、一つの疑問である。叡山十住心院権僧都心敬（文明七年寂、歳七十）は、其著『さゝめごと』（二巻、寛正二年成）に、

「定家卿は、寛平以往の歌に心をかけ侍らば、なでふ道に至らざらむと常に宣ひしとなり。万葉集のことなり、大むね才智覚悟はこれらの上なるべし。」

と断じた。しかし、もし『万葉集』のみを範とするならば、定家は必ずや、「奈良以往」とか、『万葉集』

の歌にとか云ふ筈である。奈良朝より百数十年も後の寛平を名指す筈はない。わざ〳〵「寛平以往」と断つたのを見れば、それは決して単に『万葉』をさすと解釈せらるべきものではないであらう。心敬僧都の説はこの点に於いて甚だ不十分であると思はれる。これが疑ひの第一である。

次に定家の歌風は、『万葉集』よりも『古今』の調《しらべ》に近いことは云ふまでもない事で、定家は『古今』を熟読含味し、『古今』『後撰』『拾遺』の所謂三代集を校勘して定本を作つたし、或はまたこの三代集の中からよき歌各五首を撰んで奉る様、後鳥羽上皇の仰せを蒙つて、即時に撰進したことがある（『明月記』建仁二年七月二日）。又建保三年（一二一五）十二月、後鳥羽院の皇子頼仁親王の御息所《みやすんどころ》（前右大臣藤原忠経の女、経子）参入の時遣はさるべき歌を詠進するやうに命を蒙つて、

くれぬまのけふの空にぞしられぬるまつは久しき千世のためしと

として奉り頗る御気に入つたが、定家は、

「夜前進覧之後、重有二思出事一、くれぬまのけふ、古今貫之歌七字、頗不レ快、仍当時之詞雖レ劣、改レ之也、後日可レ申二此由一、

くれがたきけふの空にぞしられぬるまつは久しき千世のためしと」

と改めた（『明月記』建保三年十二月七日）。これ『古今集』哀傷部に、

紀友則が身まかりにける時よめる　　貫　之

明日知らぬ我身と思へど暮ぬ間の今日は人こそ悲しかりけれ

とあるのに類似したのを忌んだのであるが、しらず〳〵貫之の歌の言葉が出てくること、又すぐ貫之に同じ言葉があると気づくこと、これは定家が如何に『古今集』に親密であつたかを示すものである。従つて定家は『万葉』のみをとつて、『古今』を捨てたのではない事は云ふまでもない。これが疑ひの第二である。

（註）定家には、この外に嘉禄二年（一二二六）八月、『古今集』中の歌を抽いて註釈を下したものに『僻案抄』があり、又貞応元年（一二二二）九月七日、三代集の作者・詞・歌について註釈したものに『三代集之間事』があり、両書共に『群書類従』に収められてゐるけれども、『明月記』にはその事見えてゐない。

即ち「寛平以往」といふ語を以て、心敬僧都の解釈した如く『万葉集』のみとする事は出来ない。『万葉集』の編まれた年代と寛平とはあまりに隔たりが多すぎる。思ふに定家は『万葉』『古今』共に之を尊重し、しかも特に『古今』を学んだことと思はれるが、定家は貫之に感服しながらも、その余りに平易なるにあきたらず、更に古き詞を求めんとしたのであらう。貫之の歌は、たとへば、

あづさ弓春の山べをこえくれば道もさりあへず花ぞ散りける（『古今集春』下）

と云ふ平坦な穏かな詞であるが、定家は、

山のはの月まつ空のにほふより花にそむくる春のともしび

といふ様に、技巧を極めたものであるから、かやうに『千載集』の巧緻を経た後に『古今』に帰つても、『古今』其のまゝの平明な調に満足し得ないのは当然であつて、定家が古を師として古人の詞に帰らう

とし、即ち『後拾遺』『金葉』『詞花』『千載』を超えて、『古今』に帰りながら猶『古今』に安住し得ず、さればとて『古今』を捨てゝ『万葉』にまで溯る事も出来ず、古今の中の古調を理想としたのであらう。

『近代秀歌』に其趣が見えてゐる。

「むかし貫之、歌、心たくみに、たけ及びがたく、こと葉つよく、すがたおもしろきさまをこのみて、余情妖艶の体をよまず。それよりこの方、其流をくむともがら、ひとへに此姿におもむく。但世くだり人の心をとりて、たけも及ず、こと葉もいやしくなりゆく。況んや近き世の人、思得たる風情を三十一字にいひつゞけん事を先として、更に姿こと葉のおもむきをしらず。……しかれども大納言経信卿・俊頼朝臣・左京大夫顕輔卿・清輔朝臣、近くは亡父卿、則此みちを習侍ける基俊と申ける人、此ともがら、末の世のいやしきすがたをはなれて、つねにふるき歌をこひねがへり。此人々の思ひ入て、すがた勝れたる歌は高き世にも及てや侍らん。今の世となりて、此いやしき姿を、いさゝかかへて、ふるきこと葉をしたへる歌あまた出来たり。花山僧正・在五中将・素性・小町が後絶たる歌のさま、纔にみえ聞え侍る也。物のこゝろさとりしらぬ人は、あたらしきこと出来て、歌の道かはりたりと申も侍るべし。」

即ち定家は「寛平以往」の歌を以て標語としたのであるが、矢張り彼の拠所は、『古今集』と『万葉集』との二つであつたのである。それは当時定家を愛重せられ、定家の説をきゝ、御自身にも和歌の道に堪能であらせられて、すぐれた批評を下して居られる後鳥羽上皇の『口伝《くでん》』にも見えてゐる。

「よのつねには、たゞ万葉集ばかりよみたるやうを心得ておくべし。さほどの事も用なしとて、さたせねば、人の万葉集のこと葉をとりて詠じたる歌をえよまぬ也。……古今集にもしらべあしくよまれぬべき歌もあり、又さまぐ〵の歌どもをつくしてのせられたり。かならず存知すべきなり。」（『後鳥羽院口伝』）

これは『万葉』『古今』を研究せざれば歌を解釈し得ぬ事あれば、平生読む様にとの注意に止るが、順徳院の『八雲御抄《やくもみしよう》』には、

「凡そ歌の仔細を深く知らむには、万葉集に過ぎたるものあるべからず。歌の様を広く心得む為には古今第一なり。詞につきて不審をもひらくかたには源氏物語に過ぎたるは無し。」

「才覚といふに、万葉集・古今よりほか出づる事なし。歌の体を知らむ事、代々集中にあり。たゞ心をしづかにしてよく〳〵詠吟せよ。同じ風情同じ詞を詠みながら善悪懸隔あり。」

と説いて、『万葉』と『古今』を歌道の双璧とたゝへ、和歌の研究はこの二書をもとゝすべきを明言してゐられる。定家の理想もやはり同様であつたらう。従つて定家を神聖視して、之をなみせん輩は罰を蒙るべしとまで考へた中世人が、近代の人の心と詞とをすべて捨てゝ、心を古風に染まし、詞を先達に習へと云ふ定家の教を奉ずる時、『古今集』や『万葉集』が復活し来るは当然であつた。

『万葉集』の研究　先づ『万葉』についていへば、建暦《けんりやく》（一二一三）三年即ち建保元年十一月に、定家は人に託して、関東の将軍実朝《さねとも》に、相伝の『万葉集』を贈り、当時二十二歳であつたこの青年詩人が日夜之を愛誦して、あの雄渾な万葉調の和歌を詠出したのは、最も目ざましい事であつた（『明月記』、建保元、十一、八条『東鑑』、同年十一、廿三条）。而して中世にこの実朝の和歌を賞讃するものは、いかなる点に着目したかといふに、その古代の風骨を得たる点を歎称したのであつた。即ち『愚秘抄』には、

「鎌倉右府ぞたけたる歌人とおぼえ侍る。古人の詠作にまじへたりとも凡て劣るべからず。」

と云ひ、『桐火桶《きりびおけ》』は、

「柿の本に恥ぢぬ程の歌ざまにや。」

とたゝへてゐる。このほめ方には中世の特色が現れてゐる。

　これより関東に於いても、『万葉』の研究は漸次盛んになり、実朝についで将軍となつた藤原頼経《よりつね》は、源親行《みなもとのちかゆき》に命じて『万葉』を校せしめた（寛元元年初秋）。ついで有名な仙覚《せんかく》が現れた。仙覚は自ら生国を説いて、

「をとろへくだれるすゑの代にあたりて、あづまのみちのはてに生れ来れる身なれば。」（『万葉集抄』第二十巻）（初の句には中世特有の悲観があらはれてゐる）

といつてゐるから、即ち常陸の国に生れた人であつて（『心の花』第四万葉号、山本信哉氏論文）、初鎌倉新釈迦堂に居り、権律師に任じ、後武蔵比企郡麻師宇郷（埼玉県比企郡大河内村大字増尾）に遷り、文永十年（一二七三）七十一歳にて入寂したが、『万葉集註釈』二十巻の著作を以てその名を不朽ならしめてゐる。これは仙覚の晩年に武蔵で書いたもので、

巻四の奥書に、

「本云　文永六年沽洗二日、於二武蔵国比企北方麻師宇郷一書写畢。　仙覚在判

建治元年冬十一月八日、於二鎌倉比企谷一、以二作者仙覚律師自筆本一教人書写畢。　玄覚在判」

とある。この玄覚は、巻二の奥書によれば、興福寺別当一乗院僧正であつて、師実《もろざね》の男であつたといふ。これによつて『仙覚抄《せんがくしよう》』が当時いかに珍重せられたかゞわかる。その声名は後嵯峨上皇にも聞えて、御嗟賞を賜はつた（『詞林采葉抄』）。建長五年（一二五三）の奏覧状が佐佐木信綱博士によつて、明治四十三年（一九一〇）初春、京都の曼珠院に於いて発見せられて以来、この関係は一層明かになつた。従来、其奏覧状の事は、次に述ぶる『詞林采葉抄《しりんさいようしよう》』の引用文によつてのみその一部分が知られてゐたのが、こゝに全文を見出だされたのである。それには無点歌百五十二首を考へ読んだ趣を記し、終りに「建長五年十二月日、慈覚門人権律師仙覚上」とある。この奏覧によつて、後嵯峨上皇から院宣幷びに、

和歌の浦藻にうづもれて知らざりし玉も残らずみがゝれにけり

の御歌を賜はつた。その後、遊行寺《ゆぎようじ》の僧由阿はその徒を集めて教授し（『落書露顕』）、貞治五年（一三六六）に『詞林采葉抄』十巻を著し、応安七年（一三七四）には『青葉丹花抄』一巻を作り、よく仙覚の学問を伝へた（『大日本史』仙覚伝、『日本歌学史』）。

関東に於いてさへ、『万葉』の研究はかやうに花々しかつたのであるから、それが京都に於いて珍重せられた事は云ふまでもなく、花園院天皇なども、前にあげた所学目録にこそ見えてゐないが、正和三

年（一三一四）五月には、伏見上皇に乞ふて、持明院に伝つてゐた『万葉集』を譲受けられたことが『花園院宸記』同月六日の条に見えて居る。伏見上皇は『万葉』をめでさせられ、『万葉』の歌句をとつてよませられた御製が京都帝室博物館、金刀比羅宮、馬越恭平氏所蔵の『宸筆御集』や『千載集』などに見えてゐるそうであるが、『万葉集』も幾部も御有ちの様である（『心の花』第四万葉号、和田英松氏論文）。その一本をこの時花園院に譲られたのであらう。その後、南北朝紛乱の世にも、『万葉』は忘らるる事なく、文和三年（一三五四）六月に記された光厳天皇の御文庫の目録には、黒染の御手筥一合の中に『万葉』が収めてあつた事が見える（『心の花』同上）。

しかし『万葉集』に対する景仰、『万葉』の玩賞こそ盛んであつたが、その研究に至つては、京都は関東の敵ではなかつた。仙覚以来、『万葉』の研究は関東の独占する所となり、京都には見るべき成績は現れてゐない。応永三十二年（一四二五）に足利義持が京の室町殿に、鎌倉の慈澄僧正を招いて『万葉集』の話をきいたのはこの為であらう。

『兼宣公記《かねのぶこうき》』応永三十二年五月二日の条に、

「鎌倉大教院慈澄僧正招寄於八講堂対面。是万葉集物語也、依室町殿仰也。」

又同十六日の条には、

「鎌倉大教院僧正慈澄、今日参室町殿、有御対面。」

とある。其後応仁大乱の後も、『万葉』は益々重んぜられ、延徳三年（一四九一）藤原宣胤は勅を奉じて、

『万葉類葉鈔』十八巻を撰び、『万葉』を分類した。同じ頃、連歌を以て有名な宗祇も、『万葉』を愛読し、文明十七年（一四八五）十一月十六日には、美麗なる『万葉』の古写本十四冊を三条西実隆に寄贈し、『万葉集』の註五巻を作り、又猪苗代《いなわしろ》兼載は『万葉』を講じてその筆記が伝はつてゐる。しかし『万葉』はその難解なる為に、流布は『古今集』には到底及ばなかつた。

（註）『実隆公記』文明十七年（一四八五）十一月十六日の条に云ふ、

「晴、太平記第十二終二書功一。宗祇法師来万葉集十四冊（自一至六欠）可二送給一由約レ之、及レ晩則送レ之。古本美麗物也。重要自愛々々」と。又宗祇及び兼載の註釈の事は、佐佐木（信綱）博士の『日本歌学史』及び『史学雑誌』二八ノ七、「土佐に於ける万葉学の源流」に見えてゐる。

又飛鳥井雅親《あすかいまさちか》（栄雅《えいが》）の『亜槐集《あがいしゅう》』には、

「室町殿より万葉集のうたの詞の一句を題にて、五十首かきて奉れと仰せられしとき、かきてまいらすとて、女房のもとへ申遣侍し、

古《いにしへ》の時雨ふりをける言のはもこのたびさらに色やそへまし」とある。

『古今集』の景仰　前にも述べた如く、定家が「寛平以往」の歌にならへといつたのは、決して『古今集』を全体として斥《しりぞ》けたものでなく、集中の古調、即ち貫之の影響を受けない調を、『万葉』と同じ様に模範とする意であつた事と思はれるし、後鳥羽上皇や順徳院は明かに『万葉』と『古今』とを歌道の双壁とたたへられて、之を研究すべき旨をさとされたのであるが、中には『万葉』を斥けて、専ら『古今』

のみを推称した人もあつた。『野守鏡《のもりのかがみ》』の著者の如きは、この種の論者の代表的なものである。『野守鏡』は永仁三年（一二九五）九月藤原有房の著作であるが、その形式は、ある時、播磨の書写山に参詣した所が、西国より参詣したと云ふ五十余歳の僧にあひ、共に如意輪堂に通夜した所、彼僧、念誦はて丶後、「いかなる願をか求めんと思ふ、一切汝にほどこさん」と云ふ文を唱へつ丶汗を出して祈つたので、何の願があつて身を苦しめ心を摧《くだ》いて祈るかと尋ねた所、「これよしなき妄念にて侍り」とて、その歌の勅撰に入らん事を祈るといふより話が始まり、その僧より和歌の批評、就中京極為兼《ためかね》を非難するをき丶、それを筆記したといふ形式で述べてある。

此の著述の形式は、例の『大鏡』の「さいつ頃、雲林院《うりいん》の菩提講《ぼだいこう》にまうで」た所、翁二人参りゐて、互ひに往事を語るをき丶、之を書き留めたとあるのに倣《なら》つたので、それは崇徳院の頃の人、藤原為業《ためなり》の作であるが、その後この形式をとるもの続出し、中山内府忠親が『水鏡』を著す時は、ある年、大和の長谷へ詣で丶通夜をした所が、経を尊く読む修業者にあひ、その人が先年葛城山にて仙人にあひ、仙人より往時をきいたといふ話をするを書き留めたと仮託し、又前に述べた『無名草子《むみようぞうし》』が、ある時、京の郊外を散歩して、あれたる寝殿造りのゆかしき家を見つけ、よもすがら、そこの人々と語つたといふ形式を用ひ、今又この『野守鏡』も、書写山にて西国の僧の語るを筆記したと云ふ形をとつたので、『大鏡』を模倣して、かやうな形式をとる事は、中世の、特にその前半期の一つの特徴になつてゐる。それはとにかく、歌道に於ける『野守鏡』は、小説に於ける『無名草子』に匹敵し、その活潑なる批評は頗る精彩を放つてゐるものであるが、その中に『万葉集』は古拙であるから之を習ふべからず、専ら『古今集』を学べと主張してゐるのは注意に価する。

「一、古風をうつして古風をうつさゞる事。それ古今の古風をば写して、万葉集の古風をばうつすべからず。其故は、万葉はあまねく由緒ある心詞をさきとして、歌いまだやはらがざりし風にて、今の世のきゝをとをくせり。古今序には、上古の歌をみるに、多く古質の語を存して、いまだ耳目のもてあそびとせずといへり。よく歌をやはらげて、人のきゝを近くして、六義をわかちて、かれこれ、えたる所えぬ所をあらはしつゝ事の心をしへし事、古今集よりはじまれり。これによりて万葉は集の源なれども、古今をもて本とすべきよし、明匠ども皆申侍り。」

と云ひ、歌道に於ける『古今集』をば、顕教に於ける祖師、即ち天台大師に比較せらるべきものと論じてゐる。中世の歌の調より見るも、又当時、延喜・天暦を以て黄金時代とした事より考へても、又『万葉』の文字の読み難く、詞の通じ難き点よりするも、『万葉』よりも『古今』につかうとする此種の考が栄える事は自ら推測せられる。

（註）『釣舟』には「本歌には古今集尤よし。……万葉集は歌のはじまりなれば、多本歌にとること有。されども、ことばこはぐ〳〵しくて初心のためにはまなびがたし。但覚てわろきことは有まじき也」とあり、本書は中世末期の作であらう。書中に『三五記』『僻案抄』『桐火桶』『毎月抄』『菀本』『鷺本末』などを挙げてゐる。『徹書記』の如きは「先達も後生も、古今をばかたてにはなたず持べきなり、歌をもそらにおぼゆべき事也」とい

つてゐる（『徹書記物語』）。

従つて『古今集』の註釈書も数多く著された。その大概を述べれば、

(a)『顕註密勘《けんちゆうみつかん》』　八　巻

顕昭註を下し、定家ひそかにこれに是非の批判を勘《かんが》へつけたものであるから、「歌の義理にをきては事つきたり、広く世に流布する故に見ざる人もあらじ」と、一条兼良の『古今集童蒙抄』に云つた書物で、兼良の云ふ所によつて、そのいかに尊重せられ流布したかゞ分る。顕昭はこの外に『古今集序註』をも著して居る。それには寿永二年（一一八三）の奥書があるが、その後文治二年（一一八六）・建久二年（一一九一）にも自ら奥書を加へて居り、又、この『古今集序註』と同じく寿永二年に著したものに、『散木集註』があり、寿永三年には『拾遺抄註』を作つた。又『明月記』を見るに、建久二年『日本紀歌注』を著はしてゐる。この人は註釈に長じた人と見える。『兼載雑談《けんさいぞうだん》』に「顕昭は大才の人なり、寂蓮は無才学人なり、顕昭は歌の下手なり、寂蓮は上手なり。顕昭云、歌はやすきものなりけるよ、寂蓮程無才学なれども、歌をばよくよむと云りければ、又寂蓮云、歌は大事のものなりけるよ、あれほど大才なれども歌は下手なりける」とある。要するに顕昭は、詩人ではなくつて学者、しかも註釈家だつたのである。

(b)『僻案抄《へきあんしよう》』　定　家　著

定家は顕昭の『古今集註』に批評を加へたばかりでなく、自ら『古今集』中の歌を抜いて註を下した

ものとして、貞応元年（一二二二）九月七日の奥書ある『三代集之間事』及び嘉禄二年（一二二六）八月の奥書ある『僻案抄』が伝つて居る。しかし今『明月記』を見るに、貞応元年の条は欠けて分らないが、嘉禄二年八月の条には、『僻案抄』の事は出てゐない。又この書は広く世に流布しなかつたことは兼良の『童蒙抄』に見える。どうも怪しいもので、事によると、二条・冷泉などいふ定家の子孫の手になつたものでないかと思はれるが、内容は大したものでないから、深く立入らない事にする。

(c)

『古今和歌集抄』　一冊　四辻宮《よつつじのみや》相伝

予が見たのは寛永廿一年（一六四四）即ち正保元年の写本であるが、奥書に、

「本云、此御本四辻宮三代御相伝之秘本也。当世之好士不レ極二奥儀一、只愚意推量、又以二得聞所存一押二真儀(義カ)一、相続之者之舌相破事アリ。就中於二古今一無二左右一世仁不レ有二知不一或(者の誤か)近君子或彼道相承者全カラン二可レ随云云。是此道を為レ全二四辻宮孫弟金光臨河以白(自の誤か)筆申所也。定而後見可レ有二是非一歟云々。

応永廿四年六月四日　書写之云々」

とある。その意味は明瞭を欠くが、とにかくこの書は四辻宮系統の本である。四辻宮と申すは、順徳院の御子孫で、順徳院の御子善統親王、その子尊雅王、共に四辻宮と称された。尊雅王の子は、文和五年（一三五六）に源姓を賜はつて源善成と名乗り、従一位左大臣に進み、薙髪して法名を常勝と申された方であるが、この方も初めは四辻宮と称されたことが、『順徳源氏系図』に見える。本書の奥書に「四辻宮三代御相伝」と云ふのは、善統親王より善成までを数へたのであらう。そしてこゝに相

伝といふのみで、誰の著述か分らないが、善成は後に説く様に『源氏河海抄《げんじかかいしょう》』の著者であり、又順徳院は『八雲抄』の御著述がある位で、此御系統は代々歌道文学に御熱心であつたから、恐らくはこの御系統の御著述であらう。

(d)『古今和歌集註』　北畠親房著

これは『続群書類従』にはたゞ序の註しかないが、実際は全部にわたつて註を下したもので、この頃段々その古写本が発見せられて来た。

奥書によれば、正平年中（一三四六〜七〇）後村上天皇の勅を奉じて註を加へ、宗良親王御校閲の上奏上せられたものであるといふ。南朝に於いてこの事あるは、その意義殊に深重である。これについてはいづれ詳論する機会があるであらう。なほ後の『源氏物語』の条参照。

(e)『古今集栄雅抄』　二十巻

飛鳥井雅親の著で、雅親は入道して、法名を栄雅と云つたから、この名がある。雅親は雅世の子で、先祖以来代々和歌に名を得て居つた。父雅世は『新続古今集』の撰者であつた。但しこの『栄雅抄』については従来特に之を研究したものは、不幸にして予の管見に入らないが、予はこの書については色々の疑問を懐いてゐる。第一に、

本書の奥書に、

「本云

此本、以二当家相伝之本一校合之。　相違之所直付畢、可レ為二証本一歟。

明応七年四月　日

飛鳥井栄雅自筆奥書也

従三位在判」

とあるが、栄雅即ち雅親（雅親の法名が栄雅であることは『長興宿禰記』に見えて確かである）は、文明十四年（一四八二）二月に俄《にわか》に出奔して、父大納言入道宋雅即ち雅世の江州柏木庄へ行き、遁世した事が、『長興宿禰記』や『常徳院殿御集』に見えてゐる。後者に「十四年二月二日、飛鳥井中納言雅康卿遁世して江州松もと、云所にまかりて、かしらおろし侍るとき、てとゞめ侍らんために重信を遣し侍りしに」とあり、前者に「十四年二月七日、飛鳥井前中納言雅康卿自二江州松本一有二上洛一。去四日出奔遁世……」とあり。しかも足利義尚も之を止める事は出来なかつたのであるから、それより年の後なる明応七年（一四九八）に従三位など署名する筈はない。『公卿《くぎよう》補任《ぶにん》』を見るに、明応七年の条に、

非参議従三位藤雅俊三十七　正月八日賜、去年十二月卅日位記之由宣下、十二月廿三日任二参議一。

故入道前権大納言雅親卿男

とあり、この時雅親はすでになくなつてゐる様である。（雅親の存在は延徳二年までは辿られる。『亜槐和歌集』）殊にその子雅俊はこの年従三位とあるから、『栄雅抄』の奥書の従三位は、即ち雅俊であるに違ひない。しかしこれを雅俊としても、かの奥書の趣は少しも撞着を来さないのであるが、その次の奥書に至つては、難解である。

「右此古今集之清書、一宗乱入之時、住宅炎上之間、被取火神成烟。雖然大方端々覚之分書集之畢。以其次定家卿僻案抄之説等并一条禅閤御説出之旨。彼御子前大僧正良鎮内々古今可有御伝受之由在之。無余日御他界言語道断之事。于今不忘思之。此道少々御指南之故、当家之御説同心之所々、令書加処也。」

これによれば、本書は焼失の後の記憶を辿つてその大意のみを記したものであるが、この奥書は何人の筆になるか不明であつて、この奥書の記者如何、又前の奥書との関係如何は、更に研究を要する問題である。

（註）雅親について、『公卿補任』文明五年（一四七三）の条に、

前権大納言正二位藤雅親、十二月十七日出家、法名栄雅

とあるは、官も年月も共に誤りである。

又良鎮については『尊卑分脉』には兼良（文明十三、四、二、薨、八十、号後成恩寺殿）の弟として良鎮をあげ、山僧正曼殊院と傍註し、兼良の子としては関白教房（文明十二、十、三薨、号妙華寺殿）と関白冬良（永正十一、三、廿七薨）とを挙げるのみである。

良鎮が美濃国へ下向した事は、『大乗院寺社雑事記』文明四年八月十三日の条に見えて居る。

（f）『古今集童蒙抄《どうもうしょう》』　一冊　一条兼良著

文明八年（一四七六）の著述である。『顕註密勘』と『僻案抄』との二書に洩れたる事を解説したもので、当時一般の学者とちがひ、正しい見識のある註釈書で、流石《さすが》は兼良とうなづかれるものである。

(g)「古今伝授」

古今伝授に関する説は、江戸中期、国学勃興の前後に於いて異る。それ以前の通説によれば、定家の後、為家・為氏・為世と伝へ、為世は子に伝へずして之を頓阿法師に伝へ、頓阿より堯尋・堯孝と伝へ、堯孝より東下野守常縁《とうのしもつけのかみつねより》に伝へ、常縁美濃国郡上《ぐじょう》に住し、『古今』の伝、都に絶えた故、朝廷より三条西実隆へ相伝せしめたき思召を以て、宗祇を郡上に遣され、宗祇より実隆へ伝へたといふ（『名賢秘説』）。

しかしこれには疑はしい点が多い。第一に為世の後其子孫には伝がない事。第二に、文明の初年、京都に於いては、そんなに『古今』の伝が絶えてゐたかどうか、現に飛鳥井雅親、一条兼良があるではないか。旧説がかゝる弱点あるに対し、江戸時代の中頃、古学の勃興してより後、常縁・宗祇等は極端に排斥せられて古今伝授はこの輩の偽作する所と罵倒せられた。荷田春満《あずままろ》の養子在満《ありまろ》（宝暦元年没）の『国歌八論』に「古今伝授は、東常縁が偽作して宗祇法師より弘まれるものなり。かの伝授を得たりといへる宗祇が古今集を釈せる、細川幽斎の伊勢物語・百人一首・詠歌大概を解せる書どもを見るに、巻首より巻尾に至る迄の間、一言も信じて取るべき説無し」と云つた如き、その代表的なもので、国学勃興以後は古今伝授は常縁の偽作と断定せられて了つた。しかしこれも亦疑はしい。常縁は古今伝授の上に一期を画する程の人かどうか、彼はそれ程有力であり、又愚劣であつたかどうか。『古今』の伝授は、全体の講義の口授と、特に秘伝なる切紙伝授との二つあるが、前者は簡単なものであり、後者は三箇大事（おがたまの木、妻戸削花、かはな草の三つの解）、三鳥之大事（稲負鳥、百千鳥、呼子鳥の解）、秘々（ほのぼのとの歌の解）等である。それを受くるには厳重な誓文を要した。（文明十九年実隆が宗祇に送つたといふものがある。）宗祇は文明三年（一四七一）正月より四月、六月より七月へかけて常縁の『古今』の講義をきゝ、それを筆記したものに、『古今集両度聞書』二巻あり、又宗祇は『古今和歌集抄』六巻の著述もあるといふ。その後、これは左の通り三派に分れたと云はれてゐる。

宗　祇
- 三条西実隆……………二条家当流
- 牡丹花肖柏…………堺伝授
- 林宗二……………奈良伝授

後にはこの風が一世を蓋ひ、かやうな「古今伝授」が中世の末期にもてはやされた事は事実である。而してそれが宗祇以後盛行した事は事実だ。『実隆公記』を見るに、文明十九年（一四八七）四月九日の条に、

「宗祇来、古今集講談之間□命之、精進者魚味無レ憚、房事可レ隔二廿四時一也云々。条々有示之旨等不レ能レ記」

とあり、同十二日の条に、

「自二今日一古今和歌集講談、密々事也。自愛々々」

同廿五日の条に、

「古今講尺至二今日先閣一之至二恋一明後日宗祇在国、来月十日□《比か》可二上洛一云々」（五月三日以後欠。そのつゞきは長享三年三月の条に見えてゐる。）

など見えて居り、従つて彼がこの時に誓紙を宗祇に送つて「古今集事伝受之説々、更以不レ可レ有二聊爾之

儀。此旨私曲候者、可背両神天神（両神は和歌の両神、即ち住古・玉津島の神である）之冥助者也。依誓文如件」と云つたと云ふも信用し得る。しかし宗祇の実隆に授けたのは文明十九年であつて、その常縁に受けたのは文明三年であるが（『宗祇法師集』、文明三のとし、東下野前司常縁より古今集伝授の後、年をかさねて相伝のうへに、猶のぞむことありてたてまつりし長歌云々）、『実隆公記』文明七年二月十三日の条に、

「晴、今朝向飛鳥井亭一通遣之。其詞、歌道之事、雖非器、依累葉懇存執心、入御門弟之員、忝蒙芳言候。誠一宗之師、為千金之直条、厚恩之至、生々世々難拝謝言尽候。別而不存等閑疎略候。心中定而両神可有照覧候。向後弥可奉仰御諷諫候。恐惶謹言。

二月七日　　実隆

飛鳥井殿

厳重之沙汰、喜入之由、被返答。対談移剋。」

とあり、その後、実隆は度々飛鳥井大納言入道の許《もと》を訪問して居る。これ即ち雅親であらう。従つて古今伝授の如き厳重なる儀式、教授の様式の神聖視された事は必ずしも常縁より始まつた事ではなく、この時代一般の風潮であつて、古今三箇の大事の如きも、その由来は古い事と察せられる。前にも云つた如く、古今伝授の三箇大事の中に、「めどにけづり花云々」の事がある。これは『古今集』巻十、物名の部に文屋康秀の、

花の木にあらざらめども咲にけりふりにしこのみなる時もがな

の歌の詞書に、

二条后、東宮の御息所と申しける時に、めどにけづり花させりけるをよませ給ひける

とあるのを、こじつけて解釈するのであるが、『栄雅抄』を見るに、この条に、

「詞書のめどにけづりばなさせりといふ事、古今三種の秘事なりといひて説々おほし」

とあり、本書は果して栄雅のものか疑はしい事は前述の通りであるが、すぐその後にも、「明日香井家の御説には」とあり、飛鳥井の流れを汲む人の著述であるから、古今三種の秘事は必ずしも常縁の偽作ではなく、それと別系統の飛鳥井家にも三種の秘事として伝へたのであらう。又慶長十九年（一六一四）の三月に家康が冷泉為満から古今三箇の大事の伝授を受けたが、其時、伝授に先つて道春が三箇の秘事はこれ〳〵だと告げた後、為満の言をきくに皆同じかつたので、道春の博学を歎ぜられたと云ふが、冷泉家は二条家と反対で、従つて飛鳥井や東とは別の系統であるが、この方面にも同様の事がある。或は宗祇以後それが一世を風靡したとも考へられるが、これ等と全々別系統で、しかも東常縁よりは遥かに前のものである所の四辻宮相伝の『古今和歌集抄』のおかたまの木の条に、「なを口伝あるべし」とあるを考へれば、秘密伝授の風を常縁の創始に帰すべきでは断じてない。

四辻宮相伝の『古今集抄』には、めどにけづり花、百千鳥等には別に秘説を記さないが、その代りに春上の初にある「梅が枝にきゐる鶯春かけてなけどもいまだゆきはふりつゝ」の歌について、

「家隆の秘伝云、此歌はつづきをいたはれる歌なり、春かけてといふ詞は冬よりある物の春まであ

るを春かけてとよむべきなり。……たとへば梅が枝に春かけて雪はふれどもうぐひすは来居てなくとよめる言のつゝかぬをきゝよきやうにつゞけなすを、つゞきいたはれる歌といふ也（次に万葉のひさかたのはにふのこやにこさめふるとこさへぬれぬ身にそへわきもこの歌を引いて、）此歌もつゞきをいたはれるといふなり。久方のこさめふりとつゝくべきを、つゝけにくきあいだひさかたのはにふとよめり、

可㆑秘之」

など云ひ、既に秘伝の存する事明かである。

又頓阿の作といふ『水蛙眼目《すいあがんもく》』に、為世が為家より『古今』の秘伝を受けることが見える。即ち鎌倉時代には未だ三箇大事・三鳥大事などの体系は整はなかつたが、とにかく秘伝の風の存して居たことは疑ふ事が出来ない。しからば所謂三箇大事―三鳥大事などは何時頃から出来たかと云ふに、『桐火桶《きりびおけ》』一本（延宝頃の写か）には、巻末に古今三箇大事を解釈し（本文につゞき、本文の一部をなして）、「此三ヶ大事に付て種々の沙汰多し」「右唯伝㆓一子㆒古今灌頂奥書也」などあり、奥書には定家や為家の女《むすめ》（これらは明かに仮託と認められる）の次に、永享四年（一四三二）八月十五日正徹の署名、明応七年正徹の弟子正晃の許より盗取り写伝へたる旨、因幡国住人用瀬《もちがせ》知泰の奥書その他がある。この古今三箇大事などは普通の『桐火桶』には委しくは見えない所であるが、この用瀬知泰の奥書によれば、

「右、此本之内より書ぬきて、桐火桶と号して招月和尚十二人の弟子に相伝せられし。さこそ家重事とて是を深秘するらめ。これは正晃一人相伝てもてり。同正般とてありしは、十二人の中にて書

ぬけるを伝て、此草子あり共知らずや、是は某か久敷はあらず、虎寿丸とて三井寺五智院とてありける房なる小児也、在京の時是になにとなくたはぶれちか付、互にことの葉をかはしあひ、かはるまじき由申あへり。いかなる折ふしにてや有ける、彼僧正晃歌など読で此少《(小)》人に送られけるに、返事などせさせて意見をくはへ、連々ちかづけらる。さて彼児にいひをしへて、本より聞をよべる事なれば、ぬすみとりて写伝り、か丶るふしぎなる事はあらじと我ながらあさひけり。住吉に祈奉る事侍し、其折ふし御夢の告共蒙し、于㆑今思しられたり。昔よりいまにいたるまで、起請文をも書侍らす、此本を得たる事、ためしはあらじとをそれおほく侍り。然をこの本色々申、猿方より秘伝仕書写畢。相構々々、不㆑可㆑見㆓他人㆒、穴賢。

明応七年林鐘廿四日書写焉　　主知泰 因幡国住人 用瀬知泰也

彼用瀬方は山名又次郎殿の御内人也。備後より宮田殿に付て当国へ上て暇ある人なれば、細々隣郷大山庄中沢総領修理亮の宿所へ出入ありしが此本を見せ申されしを、修理亮家基令㆓人書㆒焉校合をば拙者にさせられける時、予亦令㆓謄写書㆒焉畢。

文亀元年辛酉十一月十七日　　松林叟

粤同県小多田《おたた》大応寺医術験徳なれば、中沢族家へ召請毎度、其時此書御覧あて伝写所望物語ある条、悪筆又老眼なれ共、乞㆓料紙㆒令㆓謄書㆒焉。

永正元年閼逢困敦蕤賓中浣　　松林筆」

此等の奥書は後世の偽作とすべく、余りに中世の特質を具へてゐる。もしこれを信用すればこの『桐火《ひ》桶《おけ》』広本はその源招月庵正徹より出たものであつて、その中には古今三箇大事が一子相伝、古今灌頂として記載されてゐる。正徹が『桐火桶』を愛読したと思はる丶事は永享二年（一四三〇）の作といふ、『徹書《てつしよ》記《き》物語《ものがたり》』の中に、

「俊成は、いつもす丶けたる浄衣の上ばかりうちかけて、桐火桶にうちか丶りて案じ給ひしなり。かりそめにも自由にふしたりなど案じたりし事はなし。」

とあるなどによつて推察せられる。この『桐火桶』広本の伝来については猶研究を要するが、ともかくも、古今伝授の内容、又その形式は、常縁・宗祇の系統以外に、或はこれ等の人々より先つて既に存してゐることを考へなければならない。兼良の『古今集童蒙抄』に「すべて家々の諸説、人々の覚悟、更にしさいを知らずといへども、歌の道にをきては、定家卿の説をはなれては、すこぶる傍若無人也。そのいはれは基俊・俊成より此道を伝へて、三代になれり。和歌の奥義、秘事口伝残る所有べからず」とあり、兼良がこの書を著したのは文明八年（一四七六）だといふが、兼良はもとより常縁などに影響される人でないから、この記事によつて和歌の道に秘事口伝の盛んなることは、当時に於いては一般的であつて、其由来は頗る古く、兼良をして平安末期以来の風と考へしめたことが分る。

今川了俊が冷泉家より相伝する所を記したと云ふ『師説自見集』の末に「三代集説等は口伝する事なれば、無㆓左右㆒註かたし」「此間いかなる仁か仕けるや覧、めどにけづり花さすと云ふことを、発句にし

たると承及なり。此事は誰や覧古人の説に、妻戸をめどと云と書きたるを一見仕しなり。さりながら古今説の随一に云、目どと云草にてけづりたる花をさせるとあるうへは分明に無口伝て、物のかたはしみて、をさへてはいかが申べき、妻を女と云によせて、妻戸と尺せるにや。或は自見、或は立所もなき人の中に付て、歌も連歌も仕べき事は押義か」など云つて居る。

了俊の時、めどに削り花の既に秘事口伝となれるを知るべきである。彼の『落書露顕《らくしよろけん》』に、了俊、鎮西にあつて、三代集、『万葉集』等の不審を人の問にしたがひて説明したのを、二条家の門弟、兼好法師が弟子命松丸「如レ此の秘説等を、無二左右一人に仰らるゝ事無二勿体一存なり」と云つたとき、了俊答へて云ふには、

「尤しかり。但此道に心ざしある人々に、あながちに可レ秘事にはあらず。就中及二末代一ては、古今集のきゝ書にみえたる事しらざる人なし。……至二古今秘説者無一レ残所なり。その内に只二三ヶ条をこそのこされて侍れば、必しも我等ばかり可レ秘にあらざるなり。……今の冷泉為尹卿、……かの家に、なをも秘事とて被レ残たる事共は、門弟なれども愚老等不二存知一間、人にをしふるに及び侍らず、わづかに存知の事は数寄の人々ばかりには、いかでかへだて侍るべき。今も少々被レ尋人々には申也。」

了俊は没年未詳であるが、その鎮西探題たるは応安四年（建徳二年、一三七一）より応永三年（一三九六）までゞあつて（二十七年間）[六] この書はそれ以後の著作である事、内容から明かであるが、遅くとも応永の中頃の作であらうから、常縁が宗祇に伝授したといふ文明三年（一四七一）よりは六十年許り前である。

而して是によれば、当時冷泉家に於て、数ヶ条の古今伝授を秘して居つた事は明かである。恐らくはこれ即ち三ヶ大事等であらう。予が古今伝授を以て常縁に始るとなす説に反対するのは、一つはこの時勢の考察によるのである。又『耕雲口伝《こううんくでん》』を見るに「其上此道の秘事などいふ事、別にあるべからず。只我心よりいでゝ心とさとる事なれば、大方趣向だにも心得たらば、肝要はただ数寄の心ざし一なり」と云ひ、又「歌道に付て古事口伝などは、古さうしもとめぬれば、おのづから不審もはるゝなり。またしらずともわづらひなし」など見えて居る。本書は奥書に、

「右、此一巻者、南禅寺禅栖院耕雲魏公上人所㆑述、而和歌之道深切着明者也。最可㆑秘之。
　文安五戊辰暦小春既望日誌之」

とあり、耕雲は又畊雲とかき、花山院《かざんのいん》長親の号である、長親は花山院師賢の孫、家賢の子にして、南朝に仕へ天授二年（一三七六）の頃内大臣に任じ、南北合一の後は京都に居り、将軍足利義持に重んぜられ、正長二年（一四二九）七月十日薨じた人である。これ亦、当時歌道に秘事口伝の風の盛なりし証拠としてゝいゝ。この趨勢を察する時は、古今三箇大事等を記せる『桐火桶』広本の既に永享頃に存した事を承認する事も出来、後世の如き内容の古今伝授は常縁以前既に存してゐた事を想像し得る。

或はこれだけで、常縁の冤罪は雪がれるかも知れないが、予は更に第二段に常縁の人格を考へ、より深刻にこの問題を考究して見たい。

『東野《とうや》州《しゅう》消息《しょうそく》』は十月四日付常縁の書翰で、宛名は祇公禅師とあるが、恐らくは宗祇の事であらう。

その中に、

「木参州在レ陣、細々参会候而、冷泉家之道之立様承候。本《もと》々伝承候に、大に相替儀無レ之候。但立入たる事は、口伝候はでは難レ知事候。凡面白候。持為卿一所はよく相伝候由聞候。さも候やらん無レ疑候。細事は不レ得二口伝一は慥なるべきちはれ候（誤字あるべし）。何様にも常縁などが可レ及人にてはなく候。出言候度々迷惑候事のみに候。」

とある。木参州と云ふは、木戸参河守の事であらう。木戸参河守は名を孝範といひ、足利の家臣であつた。長禄元年（一四五七）に将軍義政は、関東の動乱を平定せん為に、その弟の僧となつて天龍寺に居たのを還俗せしめ、左馬頭政知と名乗らしめ関東に下向せしめたが、この時鎌倉は既に廃墟となつてゐたので、伊豆の堀越に居を定めた故に、これを堀越公方《くぼう》と云ふ（古河公方成氏と対抗して相争つたのはこの人である）。木戸参河守は政知が関東へ下向する時に、将軍義政が特にその供として之を輔佐せしめた人であつて、政知が伊豆へ下向して、三島大明神の神前に於いて元服した時は、木戸参河守は、加冠の役を勤めてゐる。『鎌倉大草紙』にその時の事を記して、

「孝範は、冷泉中納言持為卿の門弟にて、無双の歌人にてありければ、一首の和歌を詠じ、大明神へ献上して公方の御運を祈りける、

我君の初もとゆひの黒髪に千代ふる霜のしらがなるまで」

とある。常縁《つねより》は、千葉の宗家がその一族馬加《まくわり》陸奥守の為に亡されたので、一門を催して馬加氏を退治す

べき幕命を蒙り、康正元年（一四五五）秋関東へ下つて、下総国に於いて長く馬加氏と対峙して居つた。両人相会するは蓋し寛正頃（一四六〇〜六六）であつて、この書状はその時のものであらうが、この書状によつて木戸参河守が冷泉持為卿の口伝を受けてゐた事、即ち常縁に先つて既にかゝる秘事口伝の風の盛んなる事と、のみならず常縁が人を賞讃して、

「何様にも常縁などが可レ及人にてはなく候。出言候度々迷惑候事のみに候。」

と明言し得る人格者であつた事が分る。これは決して凡愚の輩のよく云ふ所ではない。又常縁はこの書状の中にかう云つてゐる。

（宗祇が大納言旅人のよみ方を問ふに対し）「御点如何と存候。如二師説一者、世間によみたるやうに候やらん。永享之時、廿一代集校合之時、宗匠寄人以下、たび人とよまれ候なり。一条殿御説同前候。既天下一同分候間、其儀にこれを一つの口伝と申され候し。可レ然万葉の本を御尋候て可レ被二御覧一候。若かなをつけたる本もある事も候べく候。又は根源更尋ても無益之事候。是より大事のことこそ多候へ。未練之事に候へ共、常縁はこれより外は無二師説一候。」

果して常縁はつまらない事の穿鑿《せんさく》に没頭する人ではなかつた。その外、この書状には卓見が多く現れてゐるが、今の問題に関係多き点をとれば、

「常縁は八代集之血脈をだに不二存知仕一候上は、其余りは不レ及レ申、口惜候」

とある。常縁は実に知らざるを知らずと明言し得る人であつた。この書状に現れてゐる精神は、明かに

古今伝授如きものを初めて偽作せんとする陋劣《ろうれつ》な渋滞せる心と矛盾する。常縁が古今伝授と無関係だつたとは云はない、只これを始めて偽作したとなすのは、いづれの点より考へても誤謬であると云ふのである。

ともかくも古今伝授は中世後期に於いて頗る重んぜられて居た。之を受くる者は、精進潔斎して秘密に教を受け、之を疎かにしない事を神明に誓つた。而してこれが宗祇—実隆—公条—実澄—細川玄旨と伝はり（『清閑雑記』）、其の細川幽斎が慶長五年（一六〇〇）丹後田辺城に在つて、大坂の軍兵一万七千（『常山紀談』）に包囲せられた時、後陽成天皇が、玄旨戦死する時は古今伝授の絶えん事を歎かれ、旨を諭して囲みをとかしめられたのは有名な話である（『石田軍記』）。

『古今集』が中世に於いて甚だ重んぜられ、『徹書記』の如きは「先達も後生も、古今をばかたてにはなたず持つべきなり、歌をそらにおぼゆる事也」と云ひ、これに対する註釈もかやうに数多く作られ、更に古今伝授がかやうに厳重に行はれた事は何を語るか。これを以て単に、自由なる観賞の自然の結果と考へてはならない。『古今集』の尊重、否むしろその信仰は、そんな自由なものではない。我々はこゝに『東《とう》野《や》州《しゆう》聞書《ききがき》』に見ゆる堯孝の意見を想出だす。堯孝は飛鳥井雅親卿の作つた、

思ひ佗かたみにとへば何方も身の怠のよかれとぞなる

と云ふ歌を批評して、

「これには合点すべかりしかども、詞華集の歌を心にもちてよまれたり。此集時分の作者を本歌に

取べからず。後拾遺作者、堀川院百首の作者までとあり。これさへ人の口にあらんを本歌にとるべしとあれば、これはあまりにさがりたる事なれば、歌がらは子細なく、みえ侍れども合点不レ申。」と云つた。和歌を是非するに、その文学的価値によらずして、その本歌の年代の新古によつたのである。

一、後拾遺和歌集、　白河天皇応徳年中（一〇八四～八七）
二、堀川院百首　　　堀河天皇康和年中（一〇九九～一一〇四）
三、詞花和歌集　　　崇徳上皇仁平年中（一一五一～五四）

一・二までは本歌としていゝが、三はいけないといふのである。応徳は保元乱より七十年前、康和は五十年前、而して仁平《にんぴょう》は僅に三四年前だ。『詞花集』をば「あまりにさがりたる事」として排斥するのは、とりも直さず、中世を卑んで、上代を尊ぶ精神の発現ではないか。この精神である、この上代憧憬の精神こそ、かの『古今集』尊重の風潮の背景であり、否その原動力であつたのである。

兼好法師の『つれ〴〵草』に、

「和歌こそなほをかしきものなれ。あやしの賤山がつのしわざも、いひ出づればおもしろく、おそろしき猪《ゐのしし》も、臥猪の床といへばやさしくなりぬ。此の頃の歌は、一ふしをかしく、いひかなへたりと見ゆるはあれど、古き歌どものやうに、いかにぞや、言葉の外にあはれにけしきおぼゆるはなし。貫之が糸による物ならなくにといへるは、古今集の中の、うたくづとかや言ひ伝へたれど、今の世の人の詠みぬべきことがらとは見えず。その世の歌には、すがたことば、この類のみ多し。……

歌の道のみ古にかはらぬなゝどいふ事もあれど、いさや今もよみあへる。おなじことば歌枕も、むかしの人のよめるは更におなじものにあらず、やすくすなほにして、すがたも清げに、あはれも深く見ゆ。梁塵秘抄の郢曲《ていきよく》のことばこそ、またあはれなる事は、おほかんめれ。むかしの人は、いかにいひ捨てたる言種《ことぐさ》も、皆いみじく聞ゆるにや」

と云つてゐるのは、中世の歌人の心を代表してゐるものと考へられるが、和歌の上に於いて上代の歌を讃歎する心の奥底には、単に和歌のみならず全体として、文化全般に亘つて、上代思慕の情が強く流れてゐる。それ故に兼好は又かう云つた。

「何事も古き世のみぞ慕はしき。今やうは無下に卑しくこそなり行くめれ。かの木の道の匠《たくみ》の作れる美しき器物《うつはもの》も、古代の姿こそおかしと見ゆれ。文《ふみ》の詞などぞ昔の反古《ほうご》どもはいみじき。たゞいふ詞も、口惜しうこそなりもて行くなれ。いにしへは、車もたげよ、火掲げよとこそいひしを、今やうの人は、もてあげよ、かきあげよといふ。主殿寮《とのも》の人数《にんず》だてといふべきを、たちあかししろくせよといひ、最勝講の御聴所《どころ》なるをば、御講の廬《ろ》とこそいふべきを、かうろといふ。口をしとぞ、古き人の仰せられし」

昔の器物・調度をなつかしみ、古き詞をなつかしむ。その思慕は文化全般に亘つてゐる。即ち全体として上代の生活にあこがれてゐるのである。和歌に於いて古き歌が尊重せられ、『万葉集』や『古今集』が、盛んに研究せられ、尊重の果は遂に古今伝授の如き事が行はるゝに至つたのは、実にこの精神「何事も古き世のみぞ慕はしき」心の一つの発現に過ぎない。それ故に当時の和歌を賞するは古人の風格ありとして、之をほめるのであつて、前にも述べた様に、実朝に対しても、

古人の詠作にまじへたりとも、凡《すべ》て劣るべからず（『愚秘抄』）

と云ひ、又東常縁の、

あるがうちに斯《かか》る世をしも見ざりけん人の昔の猶も恋しき

と云ふ歌に感じ、歌を送らば所領を返すべしとて、

堀川や清き流をへだてきて住みがたき世を歎くばかりぞ

以下十首の歌に対して郡上を返した斎藤妙椿《みようちん》が、常縁をほめて、

世の中を遠くはかれば東路《あづまぢ》に今住みながらいにしへの人

といつた如き、上代に対して、いかに熱烈な思慕をよせてゐたかゞ窺はれる。

『伊勢物語』の愛読　次に小説を見るに、『実隆公記』に現れて来る上代の物語は、『源氏』『伊勢』『狭衣』『栄花』等であつて、これらが当時愛読せられた事は事実であるが、就中、『伊勢』と『源氏』とが最も尊ばれた。『めのとのさうし』は何人の作か不明であるが、内容を見るに、恐らくは鎌倉時代の末頃のものと考へられる（中に、後宇多院・相模入道などの名が出てくる）が、乳母《めのと》より女子の心得を諭した草子である。その中に、

「もしいづくよりも扇・うちは又ついだち障子に屏風など、ゐやういかにと申され候かた〴〵あるべし。いかにも御たしなみ候て、四季のていを、出いらず。能々尋わけられて、あながちげんじ・伊勢物語にあらぬもの也。さりながら、歌の心にも、古今・万葉をもちひたまふべし。」

「人のいらへの事は、……源氏・伊勢物語、さらぬ草子よみやうもしらで、字にあたるまゝによませ給ふまじく候」

「紙つかひは第一のはぢなり。御たもとにも、よくもませて入られ候へ。近き頃の事にや、ある女房、五十ばかりにておはしけるが、袖の紙とてもませけるを、うちわたりにありけるなまみやづかへ人の申されけるは、あら御わか〳〵しのことやと、うち笑ひぐしてとをりしを、ぬしのしらずばとがめぞかし、口おしのいてどころやと笑はれしを、人々きゝて、いづれかおかしからん、いづれかよきとありし時、御まへにて藤原のきよちかとかやのさぶらひけるが、申されけるは、こはいかに、この女房は、こきん・万葉・源氏・伊勢物語などをもよむ人なり、いかなるくぎやう・てん上人も、さしよるところにて、ものよませてきこしめして、ゆへある事御たづね候。物読のたしなみにて、袖の紙もませけるものをとぞ申ける。物をしつする心にはかならず身をもしつし候。なんじたる人なんおかしき。ふる人のことをばしらで、なんずる事なかれ。帰《(返)》りて人のなんになるとぞ。」

などあり、『古今』『万葉』『源氏』『伊勢』の四は、当時教養ある人の必読の書籍であつた事が分る。『伊勢』『源氏』の二は、物語中の選ばれたるものとして、歌壇に於ける『古今』『万葉』に肩を並べて居たのである。よつてこの二つを主として、それがいかに中世に於いて尊重せられたかを見、これによつて上代憧憬の心をあとづけたいと思ふ。先づ『伊勢物語』を見るに、『無名草子』の中には、

「たれかはよにあるばかりの人の、たかきくだれるも、すこしものおぼゆるほどの人、いせ・やまとなど見おぼえぬやは侍る。さればこまかに申すにおよばず。すみだ川のほとりにて都鳥にことゝひ、やつはしのわたりにてなれにしつまをこひたるなど、都のほかまであくがるらむも、たゞかのいたらぬくまなきしわざにこそ侍めれ。」

とあり、鎌倉時代に『伊勢』は読まない人がない位に行はれた事を察するに足るが、これは中世の末、学問の衰へたといはれる乱世になつても盛んに読まれたもので、播磨の大山寺文書には左記の一通がある。

「奉㆓寄進㆒諸抄事

一、古今集　一部
一、拾遺集　一部
一、後拾遺集　上下　一部
一、後撰集　一部
一、明題集　一巻
一、玉葉集　上下　一部

一、月清集　上下　　一部
一、朗詠集　上下　　一部
一、伊勢物語　　　　一部
一、平家物語　十二巻　一部
一、曾我物語　十帖　　一部
以上　数十一
右為㆓明石四郎左衛門尉長行妻女善室昌慶禅定尼即身成仏㆒也
天文八年丁亥拾一月二日　命日
明石四郎左衛門尉
長行（花押）
大山寺御本尊」

明石長行は蓋し明石の豪族であらう。文明十年（一四七八）に記された『上月記《こうづきき》』に、赤松氏再興の為、その家臣が長禄元年（一四五七）吉野に入り、神璽を取返した事を述べてゐる中に、家臣の名を列挙して、著者なる上月左近将監満吉や浦上右京亮・小寺藤兵衛入道等と並んで明石修理亮の名が見え、『赤松記《あかまつき》』によるに、天文七年（一五三八）七月、尼子晴久が赤松政村を攻めた時、赤松氏の武将小寺・明石等之に応じたので、政村は遂に淡路に逃れ、阿波の細川氏の後援を得て、翌年四月、播磨に帰り、明石を攻めて、之を降したが、しかし其後も明石氏は叛して尼子に通じ、赤松政村（当時改名して晴政といふ）は和泉に出奔し、やがてその帰服を待つて帰国したと云ふ。それは天文八年十一月頃の事であるから、今この寄進状（天文八年十一、二）と丁度同じ頃である。又『別所長治記《べっしょながはるき》』に、天正六年別所の謀叛をきいて別所の侍大将別所孫右衛門を呼寄せ、先「小寺・明石は逆心哉」と問ひ、孫右衛門は「小寺・明石は初より無二の御味方に候」と答へたとある。即ち明石氏は赤松の老臣であつて、浦上・別所・小寺等の諸氏と肩を並ぶる家であるから、卑しい家ではないけれども、とにかく地方の一武人に過ぎない。その地方の武士の妻女にして、猶且かくの如き教養を積んで居つた事は、あの乱世に於ては不思議な位であるが、実はこれは当時にあつて普通の事であつたので、近世に入つて後も猶この風は残つてゐた。

近世に於いて女子教育の為に『女大学』『女中庸《おんなちゆうよう》』『女小学』『女論語』『女訓孝経《じよくんこうきよう》』『女今川《おんないまがわ》』等が用ひられて、それが天下を風靡するのは、その後期であつて、男子は早く近世の初頭に既に儒教に改宗したにも拘らず、女子はおそくまで、中世の古典主義を継承してゐた。『女式目』は宝暦四年（一七五四）の版があつて、江戸の中頃に行はれたものであるが、その中に手習をすゝめて、『源氏』『栄花』『伊勢』などを説き、文の詞もなるべく上代を模すべき事を説いてゐる。元禄中の『唐錦《からにしき》』に、『源氏』を「正しき学びをしらぬをんなどの心をそめつべきことにはあらずなん」と云ひ、佐久間象山の『女訓《じよくん》』に「みだりがはしき源氏物語のたぐひは、人の心をもうごかしやすく、かゝるたぐひはしんしやくあるべき事なり」と云つてゐるが、当時かやうに排斥する必要がある位に、婦人は古典主義を継承してゐたのである。かやうに『伊勢』が行はるゝと共にその研究も従つて又盛んになり、講釈も屡々企てられ、註釈の書も多く著された。左に其の重なるものを挙げよう。

㈠『伊勢物語知顕抄』　三巻　権大納言源経信作

又『知顕集《ちけんしゅう》』と云ふ。大納言経信が住吉に参詣し、夜更けて後、釣殿の中を見るに、百歳余りの白髪の老翁あり、白き水干、古びたるくづの袴、年の程も哀れに心の中も床しくて、色々話をしかけ、『伊勢物語』の質問をして、その奥儀を授かり、之を筆記したと云ふ形式で著はされてゐる。そして経信以後は、木工頭源経頼朝臣・俊恵法師・寂蓮法師・従二位藤原家隆朝臣・ゐんしよにうはう・りうせんほつし・てうけんほつしと相伝し、その相伝には古今伝授の如く厳重なる起請文を要したといふ。

その起請文は、

「たて申きしやうもんの事

みぎ、くだんこん《(マヽ)》者山わかちけんしうをつたへて、しよこんはのごとくに、三きりやうをゑらびて、一にん二人もしは三人よりほか、これをつたふるものならば、すみよし・たまつしまのみやうじん・人丸・あか人、ことにはそ《(す)》さのを・かすが大みやうじんの御にくまれを、あつくふかくかうむりて、ながくもとむるところのかだうにまどひ、つゐには三あくだうにおつべきものなり。よつていしゆくだんのごとし。

りうけんぼう　さいはん《(マヽ)》」

しかし明かに之れは仮託の書であつて、一条兼良の『伊《い》勢《せ》物語《ものがたり》愚《ぐ》見抄《けんしょう》』に、

「伊勢物語の末書に知顕集といふは、大納言経信卿の筆作といひ伝へたり。……彼知顕集に業平中将は馬頭観音、小野小町は如意輪観音の化身といへり。其外うろむなる事のみなり。是は後世に色このみの人の此道のかとうどにせんために、経信卿の名をかりて擬作せるにやとぞ覚侍る。まことに彼卿の筆ならば、定家卿は見給はぬことあるまじきを、物語の名を初として一事もちひたる事みえ侍らず。いとおぼつかなきことなり。故に此抄にも必しも規模とせざる者なり。」

と云つたのは卓見である。即ち経信の名を負ふてはゐるが、恐らくは中世の中頃に作られたものであらう。

(二)『伊勢物語抄』　十巻

著者不明。兼良の『愚見抄』に、

「又十巻の抄、世間に流布せり。誰人のしわざとも不レ知。相伝の家訓には、随分の奥儀とのみ思へり。ひそかに是を披見するに、来歴と引のせたる和漢の書典、一としてまこと有事なし。昔物語の本意をうしなふのみならず、詞花言葉のたよりにもなりがたし。末学のともがら、ゆめ〳〵信用すべからず。邪路に趣かん事うたがふべからず。」

とある。

又、業平の子滋春に仮託した『伊《い》勢《せ》物《もの》語《がたり》髄《ずい》脳《のう》』と云ふ書もあつて、それには男女相会の事を説いて、「天下万象五行四体、みな伊勢なり」などの妄説多く記されてゐると云ふ。中世の中頃には、かやうな牽強附会の註釈書が多くあつた事と思はれる。

㈢『伊勢物語愚見抄』　二巻　一条兼良著

文明六年（一四七四）兼良の奥書によれば、長禄の末年（一四六〇）に古抄の誤を正して、今案の説を書したところ、それが漸次世間に流布し伝写した人がある様であるが、今度応仁以後の都の乱を避けて、南都に閑居し、暇にまかせて校合を加へた所、多少の誤謬を発見したから、これを改作し、旧一巻であつたのを、今上下二巻に分つた、之を正本とする、とある。図書寮《ずしよりよう》本の奥書によれば、本書は文明八年（一四七六）、大内左京亮政弘に附属せられ、周防の山口へいつた様である。又、『実隆公記』永正二年（一五〇五）二月五日の条にも見えて、当時重んぜられた事が分る。

㈣『伊勢物語宗祇抄』　一巻　宗祇著

一に、『山口記』と云ふ。奥書に、

「此一冊者、延徳之初、防州山口にして、此物語之講釈之後、初心之輩所望之間、書レ之。然者形見之やうなる事共なるべし。於二余情一者筆舌難レ及、唯任二其耳一。但又云雖二損字落字可レ有レ之候。本まかせに書レ之候。

宗祇在判」

大内氏、好文の結果、公卿・学者・文人は乱を避けて、山口に集り、大内氏の保護をうけたので、かやうな講義も彼所では度々催されたのであらう。

㈤『伊勢物語肖聞抄』　一冊　肖柏記

牡丹花《ぼたんか》肖柏がその師宗祇の説を承けて記したもので、一に『肖柏聞書《しょうはくききがき》』と云ふ。即ち『肖聞抄《しょうもんしょう》』の名の出づる所以である（『伊勢物語愚案鈔』奥書）。従つて肖柏の記ではあるが、その説は宗祇の考と見るべきものである。奥書に、

「此一冊、可二書進一之由、蒙二勅定一之時、子細看レ之、談二宗祇法師一、所々令二添削一畢。　夢庵子」

とある。宗祇は度々『伊勢』を講じたと見え、山口での講義は前に述べたが、京都でも、折々講莚を開き、文明十七年（一四八五）の講莚には三条西実隆も座に列つた事が『実隆公記』に見えてゐる。

㈥『伊勢物語惟清抄』　二巻　　清原宣賢記

前の『肖聞抄』が宗祇の説をきいて、肖柏が記したものである様に、これは実隆の説をきいて、宣賢が記したものである。実隆は文明十七年の宗祇の講莚に列つて、『伊勢物語』の講義を聞いたが、その後造詣漸く深く、度々自ら講義を試みた。そのうち大永二年（一五二二）夏五月の講義は中々盛んであつて、高客座に満ちたと云ふが、清原宣賢亦之を聴講し、記憶するところを記録して実隆の一閲を乞うたもの、即ち本書である。

「大永壬午暦重陽前一日、槐陰贋苾芻堯空誌八十六歳」

の奥書がある。

㈦『伊勢物語称名院抄』　三条西公条《きんえだ》記

後陽成天皇の御著述『伊勢物語愚案鈔《ぐあんしょう》』（慶長十二年の奥書あり）に『累称抄《るいしょうしょう》』といふものが引用してあり、

奥に解説して、

「称とは称名院、逍遥院講談之聞書也。是も称名院自筆也」

とある。称名院は即ち三条西公条（長享元―永禄六、七十七歳）であつて、公条は実隆の子である。実隆は前述の如くに、大永二年にも講義をしたが、『二水記』及び『愚案抄』によれば、大永八年即ち享禄元年（一五二八）十一月二日より十三日までの間、禁中に於いて講義した事もある。従つてその筆記も色々の人が色々の機会に作つたのである。『愚案抄』には「或抄とは数ヶ所持の抄出也。此内逍遥院土左の一条へ作進の抄もある也」とある。後には細川幽斎の『闕疑抄《けつぎしょう》』（五巻、文禄五年）や、後陽成天皇の『愚案鈔』（二冊、慶長十二年）、同天皇の『御講釈聞書』（慶長十九年少納言平時直記）などもある。

中世に於ける『伊勢物語』の研究はかやうに盛んであつて、様々の秘事口伝と云ふものも出来（『知顕抄』の末に、「このことはくでんなり」とて、『伊勢物語』の末にある「おもふ事いはでぞたゞにやみぬべきわれとひとしきひとしなければ」の歌については詳細なる解説を与へてゐない。又『愚案抄』には「師説とは照高院准后道澄証也。此物語之切紙等口決不残相伝也」とある）、それを伝ふるに起請を立てるといふこともあつて（『知顕抄』）、万事、『古今集』尊重の態度と異らなかつたのである。

『源氏物語』の尊重　前述の如く、中世の文壇を支配したものは、和歌に在つては『万葉』と『古今』、小説に於いては『伊勢』と『源氏』とであつたが、しかし『伊勢物語』は小説といふよりもむしろ歌が主であつて、只その詞書を少し長くしたに過ぎない様なものであるから、純粋の小説としては唯『源氏物語』一つの独壇であつたと見てい丶。原勝郎博士はこの『源氏』が文壇を独占するに至つたのは足利時代の事であるとして、

「源氏が文学界に於て独歩の勢を成し、文学といへば源氏が代表する趣味が最上のものであると考ふるに至つたのは、将軍が京都に柳営を開き、一種の公武合体を成し、之に伴つて日本の文化も統一しかけ、而して王朝気分の復活となつた、その足利時代のことである。若し足利時代を以て日本文化のルネツサンスと云ひ得べくんば、其ルネツサンスの中心は源氏である。源氏は足利時代に於て始めて日本の源氏物語となつたのである。源氏を読まずして、足利時代の文化を理解する事は殆んど不可能と云つてよろしい。」（『藝文』、大正六年、「東山時代に於ける一縉紳の生活」）

と云ひ、

「足利時代の物語類の千篇一律に流れてゐるのは、其根柢に於ていづれも源氏を模倣するからで、之を以ても当時に於ける源氏物語の勢力が推測される。」

と論じて居られるが、この文中の「足利時代」なる詞は、むしろ「中世」と書き改めらるべきである。『源氏』が文壇を支配したのは中世を通じての事であつて、決して特に足利時代に限つたことではない。換言すれば、鎌倉時代に於ける『源氏物語』の勢力は、之を室町時代のそれと比較して、決して劣つては居ない。順徳院の『八雲御抄』に、和歌を学ぶ者の必読の書として、『万葉』と『古今』とをあげられたあとに、

「詞につきて不審をもひらくかたには、源氏物語に過ぎたるはなし」

とあり、又『無名草子』にも、

「さても此源氏つくりいでたることこそ、おもへどこのよ一ならずめづらかにおもほゆれ。誠に仏に申こひたりけるしるしにやとこそおぼゆれ。それより後のものがたりは、おもへばいとやすかりぬべき物なり。かれをさいかくにてつくらんに、源氏に増りたらんことを作り出す人ありなむ。（式部は）わづかにうつほ・たけとり・すみよしなどばかりを物語とて見けむ心ち、さばかりに作りいでけむ凡夫のしわざともおぼえぬことなり」

「源氏よりはさきのものがたりども、うつぼを始めてあまた見てはべるこそ、皆いと見どころすくなく侍」

などあり、『源氏』を以て、空前の、しかも又殆んど絶後の傑作として、歎称して居るのを見れば、鎌倉時代の文壇に於いて『源氏』が占めた地位が、どんなに卓越したものであつたかは容易に知れる。又一条兼良の『小夜《さよ》のねざめ』を見るに、『万葉』や『源氏』の玩賞や研究が、室町時代には鎌倉時代ほど盛んでない事を歎いてゐる。即ち『源氏』に就いては、

「又源氏の物語などをも、此頃はいたくよみあかす人もなきにや。『紫式部が源氏、白氏が文集、身にそへぬ事はなし』とこそ後京極殿（良経、実朝将軍時代の摂政太政大臣）も仰せられけれ。俊成卿も『源氏見ぬ歌よみは口おし』とぞ判の詞にもかゝれて侍る。又『狭衣の歌を、源氏にまさりたりといふ

事心うし、歌も詞もふしぎのものなり、及ぶもの有まじき』とぞ順徳院の御記にも遊ばし侍るなる。時移り風変ずることはりはさることとなれども、歌よみの翫《もてあそ》ばぬことになり侍るは、いかなる事にか覚束なし」

とある。『小夜のねざめ』は文明の頃、兼良が足利義尚の母日野富子の為に著した書物である。又『実隆公記』明応元年（一四九二）十一月十五日、宗祇・肖柏等と共に源氏物語論義を行つた時に、

「梅小路宰相宗高等雖二相催一故障云々。此物語、当時更以不レ翫レ之、不便々々。今日之会、人以嘲哢歟。旦者、議二無益事一也」

とある。即ち、一条兼良・三条西実隆等の、その文学的教養に於いて室町時代を代表すべき人々は（兼良は室町前期より中期、実隆は中期より後期）、『源氏物語』を愛読し、之を研究する風潮が、鎌倉時代に甚だ盛んであつたのに、室町には衰微したと云つて焦慮してゐたのである。原博士の様に『源氏』の流行を室町時代の特徴とするの非なるはこれによつて愈々明かである。

しかし、さればとて足利時代に於ける『源氏』の流行は衰へたと云ふことは出来ない。兼良や実隆が極力『源氏』をすゝめてゐることは、その時代に『源氏』を以て小説の随一となしてゐたことを示して居る。又その玩賞の範囲が広くなつたことは、確かにこの時代の特色であつて、斯波《しば》義将の作といふ『竹馬抄』に、

「一尋常しき人は、かならず光源氏の物がたり、清少納言が枕草子などを目をとゞめて、いくかへ

りも覚え侍るべきなり。なによりも人のふるまひ、心のよしあしのたゞずまひを教へたるものなり。それにてをのづから心の有人のさまも見しる也」

とある。本書は「永徳三年（一三八三）二月九日、沙弥判」の奥書があり、『史徴墨宝考証』には、義将はそれより遥か後に剃髪したのであるから、これは義将でなく、今川了俊であらうと云ひ、今川了俊は『源氏』に通じてゐた人であるから（『なぐさめ草』）、その説の方が尤な様に考へられるが、いづれにせよ武士であつて、武士によつて『源氏』がこれほど重大視せられた事は注意すべき事である。即ち中世の中頃以後は、『源氏』玩賞の範囲が段々拡張せられて、武士の間にも必読の書物とせられたのである。玉置《たまき》土佐守吉保の自叙伝『身自鏡』によれば、彼は永禄九年（十五歳の時）、その学校であつた安藝国勝楽寺に於ける最後の学級、即ち第三学年の課程として、

「読物は古今・万葉・伊勢物語・源氏一部、八代集・九代集、其外歌書の口尺を聞」いたと云ふ。

要するに『源氏』は中世を通じて尊重せられ、愛読せられたのであるが、然しそれは只面白いからばかりではない。上代の末に於いては、東路の果に育つた十三歳の少女が、いはゞ女学校の一年生位の年頃で以て、夜昼なしに目のさめてゐる限り耽読して、「后の位も何にかはせむ」とまで打込む事の出来た『源氏物語』も、時代と共に言語が変り、風俗が違つて来た為に、今は非常に難解なものとなつて了つて居る。正徹の『なぐさめ草』に、『源氏』の元来は言文《げんぶん》一致であるものが、中世には難解となつた事を記して、

「物語の詞は、其時世にいひしれる事を、有のまゝに書たりしかども、世末になりゆけば人の詞もしたがひて変り侍るにや、今は人のなべてはしらぬ事のやうになりぬ」

と云ひ、『東野州聞書』には、

「宝徳二年十一月七日、常光院へ為㆑使まかる次に被㆑申しは、今程源氏物語習侍とてよめるを、世皆かたことのみ侍て、作者のよみつらんにはたがひ侍らんと覚えぬる由物語あり」

などあり、この難解なものを様々に苦心してよむのは、全く上代に対する憧憬の然らしめたものである。『竹馬抄』に、『源氏』や『枕草子』を反覆熟読して暗記せよといつたのは、これらの書物が「人のふるまひ、心のよしあしのたゝずまひ」を教へたものであつて、これによつて「をのづから心の有人のさまも見知る」故である。一条兼良の作といふ『源氏和秘抄《げんじわひしよう》』には、

「源氏の物語は、ひとへに色このみの道とのみ思ふべからず、ないきう《(内教)》・げてん《(外典)》のふかきむねをはじめとして、おほやけのことのたゞずまゐ、やまとうたの道、いとたけのしらべ、しやうぞくの色あひにいたるまで、世にありとしあること、一としてしるしあらはさずといふ事なし。この物語よくよめらんは、わが国のこと、おもひなかばにすぎ侍るべし」

とある。

即ち上代の言語、起居動作、礼式、考へ方等、一言にして言へば、上代の生活を理解し、それを模倣せんが為に、難解を冒して之を読むのである。而して『源氏』の難解は年と共にその度を加へていつた。

それ故に『源氏』の講義や註釈書の著述は、年代の降下と共に多くなつて居る。正徹は今川了俊に十余年の間随従して『源氏』を学んだといふ（『なぐさめ草』）が、後には宗祇がこの道の大立物となつて、自分の草庵や（文明九年七月）、三条西家に於いて（文明十七年―十八年）屢々之を講じた（『実隆公記』）。実隆は常に之を聴講して、同じ様に大家になつたのであるが、その子公条は家学を伝へて世に重んぜられ、弘治元年（一五五五）閏十月廿七日から『源氏』の講義を始め、永禄元年（一五五八）六月兵乱によつて暫く中絶したが、永禄三年九月再興し、十一月に講義を終つた。この講莚は九条関白稙通が、二条関白晴良を誘つて発起し、「意味をふかくしらまほしくて」「あながちに」公条に所望して開催したのであつたが、足掛六年を費して講義の完成した時、「歓喜の心譬《たとえ》をとるに物なし」と云つてゐる（『源氏物語竟宴記』）。

『源氏』の論義も亦往々催されたと見える。弘安四年（一二八一）十月、東宮伏見院御方に於いて、雅有・範藤・兼行・長相・為方・定成など云ふ人々が、六日間討論した事があつた。この討論に参加して後に之を記録した具顕の記す所（『弘安源氏論義』）によれば、侍従三位藤原雅有・藤原康能の二人は特に『源氏』に造稽の深かつた人で、

「今の世には三のくらゐ藤原まさありなん、源氏のひじりなりける。これは君も人も皆ゆるせるなるべし。また藤原のやすよしといふ人あり。あやしく源氏にたへなりけり。まさありはやすよしが上にたゝんことかたく、やすよしはまさありがしもにたゝんこと難くなんありける」

と評せられてゐる。室町時代では、応仁大乱の後約二十年を経た明応元年（一四九二）十一月に、三条

西実隆は宗祇・肖柏・兼載・玄清・宗長等と共に、『源氏』の論義を行つてゐる。『弘安源氏論義《こうあんげんじろんぎ》』によれば、『源氏』を特に持てはやす事は、堀河天皇の康和年中よりの事であつて（保元より約五十年前）、早く世尊寺伊行の註釈があつたと云ふ。しかし鎌倉時代に於ける『源氏』の研究は、藤原俊成に直接の出発点を有し、それから二つに分れて発達してゐる（『鎌倉時代の文化』所載吉沢義則氏論文）。

俊成（証本を作る）
　├─源光行　河内守（校合）（水原抄）
　│　├─親行　河内守（校勘）
　│　└─素寂（紫明抄）
　└─定家（源氏物語奥入）

定家は『源氏』の研究に於いても非常に重んぜられた人で、『弘安源氏論義』の記者具顕は、

「一条・三条の古き御代には、人のさとりふかくして、をの〳〵心をわきまへけるにや、ちかき世となりては、黄門禅門（定家）の筆にぞおぼつかなきことを明らめたる。」

と云ひ、弘安頃に雅有・康能等の大家の輩出した事を記して、「定家なくなりにたれど、ぐゑんじ（源氏）の事とゞまれるかな」と云つて居る。鎌倉時代にはこの外に『難儀抄』といふものもあつた様であるが（『弘安源氏論義』）明かでない。

此等の研究を集めて大成したものは、南北朝時代に現れた四辻善成の『河海抄』である。この方は、前に『古今集』の条で説いた様に、順徳院─善統親王─尊雅王─善成といふ系統で代々四辻宮と申されたが、善成は文和五年（一三五六）に源姓を賜はつて、従一位左大臣となり、薙髪して法名を常勝と申

された。河内流を相伝して（『東野州聞書』）『源氏』の大家となり、遂に『河海抄』二十巻を著はされた。これは非常に世に重んぜられたもので、『大乗院寺社雑事記』文明四年（一四七二）七月十一日の条に、

「光源紙（氏）物語朱書、河海集二十巻書写事、今日成弁了。善成公御作也。水源抄ハ光行之作、紫明抄ハ光行之息親行之作也。」

とあり、本居宣長は、

「註釈は河海抄ぞ第一のものなる。それよりさきにもこれかれとあれども、ひろからずくはしからざるを、かの抄はやまともろこし儒仏のもろ〳〵の書どもをひろく考へ出して、何事をさをさのこれるくまもなくときあきらめられたり。」

とほめてゐる。

四辻善成の学説を見るべきものには、『河海抄』の外に『千鳥抄《ちどりしょう》』がある。これは序文によれば、四辻善成が至徳三年（一三八六）秋から嘉慶二年（一三八八）冬までの間（至徳四＝嘉慶元、故に足掛け三年）に、『源氏物語』五十四帖の講義をしたのを、講莚に列つた人が筆記し、後にまた不審を尋ねてかきつけたもので、記者は非常に珍重して、

「名付て千鳥といふ。卅余年身をはなたずして、九十一歳の齢にをよべり」

と云つてゐる。惜いかな記者の名は分らない。応永廿六年（一四一九）の奥書に、宗祇より宗長へ伝へた旨記されてゐるが、これは行の前後を誤つたもので、応永写本によつて宗祇等は伝承していつたので

あらう。それはとにかく、四辻善成は『源氏』研究の歴史に重要なる地位を占める人で、前代の研究を集大成し、後世の研究を開いた人である。

　これと同じ時代に、長慶天皇が弘和元年（一三八一）に『仙源抄《せんげんしょう》』を編纂せられた。これはいろは順に難解な言葉を排列して註釈したもので、いろは引の国語辞書として、現存する確かなものとしては最も古いもので、辞書の歴史に重要なものであるばかりではなく、いとゐ、おとを、えとゑとを併せて了つてあるのは、仮名遣の上にも頗る大胆な新例を開いたもので、独創的な価値多いものである。『仙源抄』より半世紀の後、永享三年（一四三一）に『類字源語抄《るいじげんごしょう》』と云ふのが出来た。これもいろは引であつて我国に於けるいろは引の国語辞書が、先づこの『仙源抄』『類字源語抄』などいふ『源氏物語』の註釈より発達した事は注意すべきものであつて、一般に国語学の発達は、中世に於ける上代憧憬の心に、その最初の出発点を有して居る。この書は竺源恵梵の作であるが、その事は後に詳述しよう。

　その後『源氏』の註釈は益々多くなり、一条兼良は宝徳元年（一四四九）に、『源氏和秘抄』を作つたが、文明四年（一四七二）に更に『花鳥余情《かちょうよせい》』二十巻を作り、『河海抄』の誤りを正した。自序に、

「我朝の至宝は源氏物語に過ぎたるはなかるべし。これによりて世々のもてあそびものになりて花鳥の情をあらはし、家々の註釈まち〳〵にして、雪螢の功をつむといへども、なにがしのおとゞの河海抄はいにしへいまを考へて深き浅きをわかてり。もつとも折中のむねにかなひて指南の道を得たり。しかはあれど筆の海にすなどりてあみをもれたる魚をしり、詞の林にまぶししてくひぜをま

もる兎にあへり。残れるをひろひあやまれるをあらたむるは先達のしわざにそむかざれば……」之を作るとある。その後、宗祇の『雨夜談抄《あまよだんしょう》』（『帚木別註』ともいふ、帚木巻のみの註、文明十七年作）、牡丹花肖柏の『弄花抄《ろうかしょう》』『一葉抄』、三条西公条の『細流抄《さいりゅうしょう》』、同実澄の『明星抄』（実澄は公条の長子、天正七年薨）、九条稙通の『孟津抄《もうしんしょう》』（天文頃の関白公条の弟子）、林宗二の『林逸抄《りんいつしょう》』（林浄因の子孫、奈良の饅頭屋、宗二、字は桂室、林逸と称す、明応七―天正九、八十四歳、三条西実隆の教をうけた）、里村紹巴の『紹巴抄《じょうはしょう》』、中院通勝の『岷江入楚《みんごうにっそ》』（天正頃か）等が相ついで現はれ、江戸時代の国学者の先駆をなしてゐる。

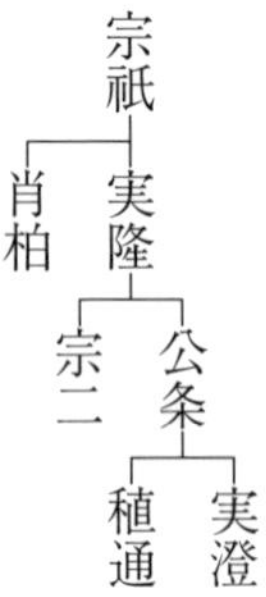

さて、これらのうち前にあげた『仙源抄』及び『類字源語抄』は特に注意を要する。『仙源抄』が長慶天皇の御撰である事は、前に述べたが、『類字源語抄』の奥書は左の通りである。

「此一冊、則依有可相伝之子細、改旧本錯乱而難見。忘老昧之懃労而呵凍筆、以新所写出也。秘決口伝等悉以註之。云斯道之奥区、云製作之根源、尤以可尊重者哉。縦雖親戚畏友、輙不可許一見者也。身後相残経眼路者、敢莫忘懇真而已。伝授子細、別紙注之。

永享三年季冬日

釈　竺　源　在印

恵　　梵　在印

行年七十一　在判

その署名は繁雑で二印一判ありとしてゐるが、（後に説く様に）その年齢も合つてゐるから、別に疑ひを挿む必要もない。

これによれば当時『源氏』についても秘事口伝が重んぜられてゐた事が分るが、今一つの重要な事は、本書は竺源のこの時新写して人に相伝したもので、その著作はこれより遥か以前である事である。竺源の名は『新葉和歌集』古写本の奥書にも見えてゐる。『新葉和歌集』は後醍醐天皇の皇子宗良親王が、元弘元年（一三三一）より弘和元年（一三八一）まで、「世は三つぎとしはいそとせの間、かりの宮に従ひつかうまつりて、」南朝に忠勤を抜んでた人々の和歌を集められたもので、弘和元年十月綸旨を下して勅撰に擬せられたものである。その流布本にはないが、京都の富岡謙蔵氏の蔵本である寛正四年（一四六三）の写本には次の様な奥書がある。

「奥書云

斯集、南朝慶寿院法皇御在位之時、詔於予叔父中務卿宗良親王而所被令撰也。……作者皆以亡逝矣。纔現存者唯両三輩而已。所謂上野太守懐邦親王・右近大将長親法名明魏号耕雲・老拙等也。俗名兵部卿師成親王。到披巻而慷慨有余。……

応永卅弐年月日　　　　釈竺源叟恵梵之

本ノマヽ

応永卅年三月日、書写之。于時勢州安藝郡栗真庄南陽寺泉昌庵、行年六十三、同四月三日、以耕雲自筆本校合了。此集、作者存者纔余三四人而皆亡畢。

梅隠祐常中務卿惟成親王・愚拙・上野太守懐成（邦か）親王・貞子内親王・右近大将長親、
已上五人而已存。但、梅隠今年三月三日薨。貞子内親王、同十二月薨了。

以竺源尊翰之本書写之。……

永享十二暦仲春上瀚、於于周防国高蔵山下私第閣禿筆了。桑門智門行年廿七（八代博士『長慶天皇御即位についての研究』）

『類字源語抄』の著者竺源は、即ちこの竺源恵梵である。この奥書によれば、『新葉集』の作者であつて、俗名兵部卿師成親王と申し、宗良親王はその叔父君に当られると云ふ。してみれば、『仙源抄』の著者長慶天皇の御兄弟か、又は従兄弟に当られる方である。榊原《さかきばら》忠次の『新葉集作者部類』（明暦年中）には、

兵部卿師成親王（後村上皇子歟。出家号爛雲。子竺源恵梵）五首
以成字考之、或言云、応永卅二年六十五歳云々、薨年不知。

とあり、先づかく推定してよろしからうと思はれる。而して右の奥書に応永卅年に御歳六十三歳とあるから、『新葉集』の編纂せられた弘和元年には僅か廿一歳の青年で、『類字源語抄』を写した永享三年（一四三一）には七十一歳の高齢である。即ち前出『類字源語抄』の奥書に行年七十一とあるに合ふ。それ故に『新葉集』の奥書に、前に応永卅二年（一四二五）とあり、次に応永卅年とあり、寛正四年（一四六三）の写本に「本ノマヽ」と附記してあるが、これは確かに本のまゝの形で応永卅年に写された後、卅二年に慷慨の志のみを追記せられたものである。一生を通じて文学に御熱心であつたが、特に南朝の文学を

後世に伝へる上に御貢献が多かつた。『新葉集』の撰者である宗良親王の御歌集『李花集』の奥書には、

「此本書先師兵部卿師成親王〔出家号恵梵〕筆跡也。教弘相伝之。

時享徳改元仲冬廿日　　　　多々良朝臣判」

とあり、群書類従本にはこの次に享徳四年（一四五五）中原遠忠の奥書があつて、周防に於て大内の蔵本をかり半日の中に写した由が記されてゐる。それはとにかく、南朝の長慶天皇・師成親王、共に『源氏』を深く研究せられ、長慶天皇は『仙源抄』を、師成親王は『類字源語抄』を著はし、国語辞書に於ていろは引の一新体を開かれたことは、これは軽々に看過すべき事ではなく、南朝の理想が、「後醍醐」「後村上」などの御名によつて明かに察せられる様に、醍醐・村上の御代、即ち延喜・天暦時代に復さうとするにあり、その政治上の運動が、上代憧憬の念より出発してゐる以上、南朝の方々にとつて、『源氏物語』がどんなに懐しいものであつたかは云ふまでもない。『仙源抄』を見るに「呂のうたはいとかうしもあはぬをいたしと思て」の註に「其につきて延元宸筆にて、梅が枝、此度は呂歌勿論也。律はかうしもあはぬ、呂にてよくあひたるといへる也としるし付させ給へり。此説を可ㇾ用」とあり、又「うへつぼね」の注に「旧院御勘云々」などあり、後醍醐・後村上両帝共に『源氏』を深く研究せられた事は、之によつて推察するに難からぬ。殊に『新葉和歌集』を見るに、

（巻四、秋上）源氏の物語のこと葉にてよませ給ふける御歌の中に　　　中宮

都にやまた入たゝぬ秋ならんをとはの山は風ぞ身にしむ

（巻七、離別歌）源氏物語の所々をよませ給ける御歌中に　御製（長慶天皇）

おひ出し磯の姫松ひきわかれあさきねさしにぬるゝ袖哉

（巻十四、恋歌四）源氏物語の所々をよませ給ふける御歌の中に　御製

みるめなき恨は猶やまさるらん蜑のすさひのとはすかたりに

寄源氏物語恋といふ事を　文貞公

玉かづらかけてぞ忍ぶ夕がほの露あかざりし花のかたみに

などある。文貞公は『新葉集作者部類』に、

「大納言
文貞公　見北朝補任 藤師賢 師信男　花山院内大臣　四十九首、
元弘元年被レ召二捕武家一、同年九月廿九日出家。法名素貞歳卅二而配二流下総国一。逝後於二南朝一諡文貞公云々」

とあり、師賢の子は妙光寺内大臣家賢、その子右近大将長親、即ち耕雲明魏で、後に説く様に『源氏小《げんじこ》鑑《かがみ》』の作者である。この『作者部類』は近世のものであるが、『新葉集』の中に、文貞公の歌の詞書に、「しもつふさのくにゝをもむき侍ける時、あはた口の山庄をすぐとて思つづけ侍ける」、又、「元弘二年、世のみだれによりてしもつふさの国にうつされ侍りける時……」（巻八羇旅歌）などあり。花山院師賢は元弘乱に捕へられて流されたのであるから、文貞公即ち師賢であるといふ推定は是認せられる。

即ち南朝では後醍醐・後村上・長慶天皇を始め、長慶天皇の中宮、同皇弟かと思はるゝ師成親王、臣下では花山院師賢、その孫長親、いづれも『源氏』を愛読し、深く研究されたのである。思ひもよらぬ深山幽谷にさすらつて、うきよのさがを歎く南朝の君臣が、日夜念頭を去らぬものは京都であつて、都を思ふ歌は数多く『新葉集』にも見えて、切ない情を伝へてゐる。

これまでは猶も都のちかければおなじ空なる月をこそみれ　（後醍醐天皇）
ながむるをおなじ空ぞとしらせばや故郷人も月は見るらん　（中院入道一品）
いく里の月に心をつくすらん都の秋を見ずなりしより　（後村上天皇）
都をもおなじ光と思はすば旅ねの月をたへて見ましや　（藤原行房朝臣）
かへり見る都のかたも雲とぢて猶遠ざかる五月雨《さみだれ》の空　（法眼湛助）
あくがるゝ心を月にさきだてゝみやこにかへるみちいそぐ也　（『新葉集』巻八羇旅歌）

「あくがるゝ心」は一途に「都」に向ふ、しかも都に帰ることは出来ない、長き夜毎の涙は、只管ありし昔の追憶に誘はれる。

忘はや忍ぶも苦しかずくに思出てもかへりこぬ世を　（後村上天皇）
いかにせん忍ぶ昔はかへりこで泪にうかぶ代々のふること　（菅原為基）
なにと只袖のみぬれて忍ぶらんながるゝ水のかへりこぬ世を　（二品法親王聖尊）

都にあこがれ、往事を偲ぶ南朝の君臣の、その理想とする所は、世を延喜・天暦の昔にかへし、再び花の都に帰つて、王朝のまゝの栄花に復したいと云ふにあつた。これらの人々に於いて、『源氏』が深く愛読せられた事は、必然の事と云はなければならない。『源氏』が研究せられたのは、その描写したる上代の生活をあこがれたからだといふ事は、前に屢々述べたが、それが南朝の人々に於いて特に適切な例を見出し、深刻な意義を見出すのである。前にも述べた様に、鎌倉時代の『無名草子』に、「さてもく何事かこの世にとりて第一にすてがたきふしある」といつて、皆思ひくに、月・夢・涙などをあげた中に、「文」こそそれだといつて、

「昔の人のふみ見いでたるは、たゞその折の心地していみじくうれしくこそ覚ゆれ。ましてなき人などのかきたる物など見るは、いみじく哀に、年月のおほくつもりたるも、只今筆うちぬらしてかきたるやうなるこそ、返すぐめでたけれ。……いみじかりける延喜・天暦の御ときのふるごとも、唐土・天竺のしらぬ事も、此文字と云ものなからしかば、今の世の我らがかたはしもいかでか書き伝へまじ、など思ふにも、猶かばかりめでたきことはよも侍らじ」

と云つた人があるが、今の世の衰へくだれるをなげくにつけて「いみじかりける延喜・天暦の御とき」の有様を目に見る様に伝へてくれる『源氏物語』は、どんなに人々の心をそゝつた事であつたらう。（『新葉集』巻十八雑歌下）

南朝の人々のみならず、一般世人はいたく『源氏』に心ひかれたので、同じ『草子』にも「いまだ（源氏を）

見侍らぬこそくちおしけれ。それをかたらせ給へかし、きゝ侍らむ」と云ふ人があつて、「さばかり多かるものを、そらにはいかゞ語りきこえん、本を見てこそいひ聞かせ奉らめ」と答へても、「たゞまづこよひ仰せられよ」と切望してきかないので、段々『源氏』の話をしたとある。正徹の『なぐさめ草』を見ると、応永廿五年（一四一八）の頃、正徹が尾張の清洲の或豪家に寄食してゐた際、ある時主人が「〈あなたは光源氏の物語をよく人に尋ねて知つてゐられると承る、私も年来連歌が好でしたが、世の中の俗務に妨げられて上達もせず、この頃はやめてゐます〉、さはあれどもこの物がたりのゆへ聞侍りたき、ひまあらば片端にてもいかゞ」と云ふ、正徹が答へて、「源氏は元来口語体であるが、時代の変遷と共に難解になつて、今はなべてはしらぬ事の様になつた。自分も今川了俊在世の時、十余年随従して之を学んだが、健忘症で皆忘れて了つた。まして出家して後はこの方面と離れてよく覚えてゐない」といつて辞退したが、皆に勧められて『源氏』を宙で講義した。「いかに空事おほく侍らん」とは云つてゐるが、とにかく「彼註とてしるせる物の一帖もなくつゞきをだに覚えずして、聞人よりもたどれる」有様であり乍ら、夏より秋にかけて詳しく話をし、『源氏』中の和歌をかきつけて、聴衆の一人であつた少年に与へたといふ位であるから、『源氏物語』を詳しく暗記してゐた事と考へられるが、『源氏物語』の名が広く世間に喧伝して、いかなる内容のものか、その梗概だけでも知りたいと思ふ人が多かつた事が、之によつて知られる。難解にして浩瀚なる『源氏』五十四帖を通読する事は、実際容易ではなかつたからである。

かゝる需要に応じて『源氏』の梗概を記した簡単な書物が現れた。丁度ラムの『セキスピア物語』の様なものである。藤原長親の『源氏小鑑』がそれである。長親は先に述べた『新葉集』の奥書に所謂「右近大将長親法名明魏号耕雲、」といふ人で、花山院師賢、即ち文貞公の孫である。南朝の重臣であつたが、南北合一後は京都に住し、将軍足利義持に重んぜられ、正長二年（一四二九）七月十日薨じた。『源氏小鑑』は『源氏』一部の大意を略叙して義持へ進じたものであるといふ。これは当時の人々の需要に適したものであつたから、広く行はれたと見えて、「龍造寺《りゆうぞうじ》山城守隆信息女之墨跡也」と云ふ奥書のある『源氏小鑑』の零本がある。龍造寺隆信は九州の豪族であつて、毛利氏と結んで小弐《しように》を亡ぼし、肥前を平定して筑後・肥後・筑前・壱岐等に及び、一時旭日昇天の勢であつたが、天正十二年（一五八四）島津家久と島原に戦つて戦死した。その後家運振はず、一族鍋島氏、之に代つて興つたのである。隆信は天正十二年五十六歳で戦死したといふから（龍造寺系図）、その息女の墨跡といふものは、凡そ元亀・天正中のものと見てい丶。元亀・天正中の、あの戦乱の中にあつて、猶『源氏』がかやうに愛玩せられたのは注意すべき事である。『源氏』の梗概を述べたものとしては、この『源氏小鑑』と、元禄十年（一六九七）に亡くなつた北村湖春（季吟の子）の『源氏物語忍草《しのぶぐさ》』とが最も有名であるが、その外にも『大概抄』、『をさなげんじ』などがあり、殊に『忍草』の坂昌成の跋によれば『無外題』『十帖源氏』など云ふものがあるといひ、この二つは恐らくは中世の作ではないかと疑はれるが、未だ之を詳かにしない。

『源氏』の愛玩は数多き註釈書を作らしめ、又其梗概を略述した『小鑑』の如きものをも現れしめたが、中世人の『源氏』に対する熱愛は、それに満足する事なく、更に『源氏』の続篇をさへ作らしめた。

『山路《やまじ》の露《つゆ》』といふもの即ちこれである。『源氏物語』は宇治川に身を投げようとした浮舟《うきふね》が、横川《よがわ》の僧都の母や妹に助けられて小野へ連れて行かれ、僧都を頼んで尼になつてゐると、薫《かおる》大将は横川へいつて僧都からこの事をきゝ、供につれてゐる浮舟の弟の小君を呼び、小野へ文をやつたけれども、浮舟は覚なしとて返事もしない、小君も子供だから、そのまゝ帰つたので、薫は却つておぼつかなく思つたといふ夢の浮橋で終つてゐる。いかにもその巻の名に似て、おぼろげな終り方であるので、『源氏』の愛読者は之を物足らなく思ひ、様々にその成行を想像した事であらうが、『山路の露』は、ある人がその続篇を書いて置いたのを、その旅中になくなつた後に発見したものだと、他人の著作の様に書き出してあるが、無論仮託である。即ち、

「これはかの光源氏の御末の子にかほる大将ときこえし御あたりのことなれば、そのつゞきめいたるこそいとかたはらいたうつゝましけれど、ゆめ〳〵さには侍らず、たゞかのをのゝ里人にたづねあひたりしありさま、こなたかなたの御けしきくわしうみける人のゆめのやうなる御中の哀に忍びがたくおぼえけるまゝに、なにとなく筆のすさみに書をき侍る、その人心にもさこそ人にはもらさゞりけんを、かりそめなる旅の空にて、ぬしさへはかなく成にければ、あだなる人のその行末をとぶらはんとて、もしほ草かき集めけるそゞろごとども、みなえり出て、きやうのかみにすかせけるつゐでに、これをみつけ、なにのきゝ所あるふしもなけれども、はていかならんと思ひわたる人の行衛成けるとみるばかりのせめておかしさにのこしをきけるにやあらん」

と書き出して、薫は小野へ文をやつても返事がないので、遂にある秋の夜、小君をつれて小野へゆき、

「山ふかくなるまゝに、道いとしげうつゆふかければ、御ずいじんいとやつしたれど、さすがにつきぐしく、御さきの露はらふさまもおかしく見ゆ」

浮舟にあつて様々にかきくどき、本意なく立帰るときに、

薫、思やれ山路の露にそぼちきて又わけかへるあかつきの袖

浮舟、露ふかき山路をわけぬ人だにも秋はならひの袖ぞしほるゝ

と詠じた。薫は右近を通じて此の事を浮舟の母に報じたので、母も一度小野へゆき対面した、しかし浮舟は遂に薫に従はずして、隠遁の一生を送り、薫は左大将になり、内大臣を兼ね、愈々権勢を得て、匂《におい》の宮（恋敵）と共に栄えたが、しかし浮舟を憶出でゝは心寂しい生涯だつたと云ふ筋である。

『山路の露』が、いつ何人によつて作られたかは明かでない。しかし前に述べた花山院長親の著述『源氏小鑑』の末に、

「そのゝち、山ちの露といふ物を人の作りてたづねあひて対面し給へりと作りて侍る、それは五十四帖の外なれば是にはなし」

とあるのを見れば、南北朝以前、恐らくは鎌倉末期に作られたものであらう。『不如帰《ほととぎす》』の行はれて、後の浪子を書きつぎ、『不如帰続篇』が出た様に、『源氏物語』にもかゝる後日譚が現れた事は、『源氏』がいかに愛読せられたかを示すものである。若しそれ一般的に『源氏物語』の模倣を論ずるならば、そ

れは殆んど中世の文壇を蓋ふたと云つていゝ。『とりかへばや物語』などは、その著例である。『とりかへばや』は権大納言兼大将なる人に男と女と二人の子があつて、男は女の様であり、女は男の様な性質だつたので、とりかへたまゝ成長して、似せ男君は中納言になり、似せ女君は宣耀殿尚侍となり、その中、色々の事件が発展してゆくのであるが、その中に吉野宮といふのが出てくる。

「その頃、吉野山に宮と聞ゆる人おはしけり。先帝の三の御子にぞおはしましける。万《よろず》の事すぐれて、後れたる事なく、世の人の為とする事、かた〳〵のざえ、陰陽・天文・夢解き・相人などいふ事まで、道極めたるざえどもなりける。……（支那に留学して唐の一の大臣に敬愛せられ、その一人娘の婿となり女を二人生まれたが、夫人に死別して悲歎やるかたなく、）やがてその国の内にて、本意をも遂げ（出家）身をも捨てんと思しけれど……（女の愛にひかされて煩悶してゐるうちに大臣もなくなり、外の大臣が競争で婿にせんとしたので密かに日本へ帰つたが、最早父帝もなくなられ、見しらぬ世となつてゐたので、わびしく暮してゐると）、この御子なん、おほやけの御ために後やすからぬ心思ひて、我こそ国の王ならんも道理なれと、思しよりたるといふ事出で来て、遥なる山の境にも放ち遣されぬべきを、夢のやうに聞き惑ひ、……俄《にわか》に御髪おろし給ひて、吉野山の麓《ふもと》におもしろき御領ありけるに（隠遁してゐられたが）、……姫君達の御容貌、有様のあはれに新しく、はかなく掻《か》きならし給ふ琴の音も、唐国の本体おぼえて、人に優れ給へるを、……（この姫達だけは必ず出世するに違ひないと思つてゐられると、そこへ中納言が尋ね来て、色々学問をきく、宮も中納言の学才あるに驚き、自分は唐に比肩するものなしと思つてゐたが、中納言は我にも劣らぬものなりと思はれ、）……宮はこの人の御有様才のかぎりなきにめでて、おこなひも懈怠し給へり」

などあるは、『源氏宇治十帖』の橋姫に現れてくる八の宮の焼き直しにすぎない。八の宮と云ふのは東宮にも立ち給ふべき方であつたが、運悪く落魄せられたけれども、北の方とは非常に睦しく、二人の姫君をあげられたが、北の方は産後の煩ひに亡くなられた。八の宮は御悲歎のあまり、「本意も遂げまほしうし給ひけれど、見譲る人もなくて残し留めんを、いみじく思したゆたひつゝ、年月もふれば、おのおのおよすけまさり給ふ。……父帝にも母女御にも疾《と》くおくれ給ひて、はか〴〵しき御後見の、とりたてたるおはせざりければ、才《ざえ》など深くも得習ひ給はず、まいて世の中に住みつく御心おきては、いかでかは知り給はん」かくて段々貧乏せられたが、元来この宮は「源氏の大臣の御弟八の宮とぞ聞えしを、冷泉院の春宮《とうぐう》におはしましゝ時、朱雀院の大后の、よこざまに思し構へて、この宮を世の中にたちつぎ給ふべく、我御時もてかしづき奉り給ひけるさわぎに、あいなくあなたざまの御なからひには、さしはなたれ給ひにければ、いよ〳〵かの御つぎ〳〵になりはてぬる世にて、えまじらひ給はず、」其内、御殿焼失したので、宇治の山荘に移り住み、近くの阿闍梨と深く交つて仏道に専心された、薫はその話をきゝ、仏教の話をききたいからといつて訪問をし、度々ゆきゝするうちに、宇治の二人の姫君と知り合ふ、八の宮は音楽の達人で、姫君も琴や琵琶が上手だつた、など云ふのと酷似してゐる。是は明かに、『とりかへばや』の著者が『源氏』を模倣したのである。

殊に『とりかへばや』に於いて、中納言の北の方「右の大臣の四の君」と、其夫である中納言と両方に通じて、両方を懐妊せしめた宮の宰相（後に中納言は右大将になり、宰相は中納言に進んだ）が懐妊した右大将を宇治へかくまつて置くうちに、右大将兄弟が密かに位置をとりかへて、尚侍として宮中へ上つて了ひ、今迄の尚侍は右大将として京へ帰つたので、宇治の姫君の行衛知れずなつた事を、合点ゆかず後々まで不思議にたへないで、「行方なくなし聞えにし宇治の橋姫」を偲び、

むかし見し宇治のはし姫それならで恨みとくべきかたはあらじを

と云へば、右大将は、

はしひめは衣かたしき待ちわびて身を宇治川になげてしものを

と答ふるあたり、明かに宇治十帖の浮舟が、薫と匂の宮との間にはさまつて、夜ひそかに宇治川へ身をなげようとし、行衛しれずなつた事を模倣したものである。其外、『住吉物語』『忍音物語《しのびねものがたり》』『風につれなき物語』『苔の衣』『石清水物語』『転寝草紙《うたたねそうし》』『さくらの中将』『かざしの姫君』『小夜ごろも』『岩屋のさうし』『秋月物語』『雨やどり』『あめわかひこ物語』『今宵の少将物語』など、いづれもどこかに中世の特色は現れながら、作者の真意は、もとより中世の社会の実情を描写せんとしたものではなく、古き貴族生活にその題材とその言葉とを求め、古を慕ふ、自他の尚古主義を満足せしめんと試みたものであつて、其事件や言葉の端々に現はるゝ中世の特色は、作者の不用意に出づるものであつて、いはゞ作者の不手際であつた。而して是等、上代の貴族生活を題材とした小説の多くは、否むしろそのすべては、

『源氏』に於いてその目標を持つたもの、『源氏』によつて導かれたものであると思ふ。

かの『十番物争《じゆうばんものあらそい》』を見れば、中世の人々が、いかに『源氏』を愛読し、『源氏』に現れたるが如き、上代の貴族生活を理想境として憧憬したかゞ分り、『源氏』を模倣したこの数多くの小説の出現の心理を察する事が出来る。『十番物争』は若い婦人の話を書き記したと云ふ形式で作られて居るが、その婦人の話は各々希望を述べたもので、即ち中世の女性の理想の那辺《なへん》に存するかを察するに足るものであるが、第一の婦人は云ふ、

「霞める空景色いと艶なる夜の有様かな、あはれ、昔の光源氏、頭の中将ならんおとこに青海波《せいがいは》まはせて、又狭衣の中将のやうならん人に笛吹かせ、各々装束かつけなどして見ばや」

第二の婦人は、

「我は只六条院の御方々の物のね聞き給し様に……（紫上は和琴、明石の上は琵琶、女三の宮はきん、女御の宮はさうの御こと、これらが）あはれにすみのほりてきこゆるに、又大将の御子のきんだちの笛合せ給ふ。……各々面白う珍らしき御遊を、あはれかたはらにてきかばや」

第三の婦人は、

「それを傍にて聞ゐたらんはなか〳〵羨し。何事も我身にあらぬは何のかひかはあらん。……関白の北の方などいはれて、男子三人娘三人もちて、一人をば女御にたて、玉の台にすへをき、又或はやむ事なき人にもてなさせ、男をばとりどりに殿上させきよげなる出入をみたらんは、いかにうれ

しくおかしうもあらんかし」

第四の婦人は、

「それはあまりにつくり、つけたらんすくせのやうにて、いさゝかおかしきふしもあるべからず。たとへば光げんしにても在五中将にてもいひつたへしやうにかたちなまめいたらん人におもはれて、すこし都はなれたる所にすへをかれ、静なる春の月、ほのさびしき秋の夕べにはそらふく風峰にみゆらんとながめくらし、ただならぬ沖のうは風に心を動し、ふけゆく鐘を恨み、待つ夜ながらの月をかこちなどしてたまさかにまちいたらん心地は、いかにめづらしうもあかずあはれにもあらまし」

第五、

「（自分は結婚しないで、恋人をつれなくのみもてなし、しかもさすがに情なからず、不即下離の状態で、「なげきわびねぬ夜の月に」など様々にかきつくした文の数つもらば）おかしうあはれにもあらんかし」

など様々の勝手な希望を述べてゐたが、最後にある婦人が、

「五障三せうの身を、いかにしても助からんとは願ひ給はて、たゞうつゝともなき事をのたまふこそはかなけれ。電光、朝露のうちになにものかあらん……

風さはぐをさが上の玉霰しばしも見えぬ世をば歎かで」

など詠んだので、皆口を閉ぢて了つた。それから皆眠りにつかうとしたが、其中四五人だけで左右にわ

かれて理想の夫の競争をやつた。それが即ち十番の物争であるが、その九番の右は、

「たとへば光源氏のやうに色好みなる人に、紫の上の御覚えの如くにて世にたぐひなく思はればや」

と云ふのであつた。中世の人々にとつて、上代の貴族生活、特に『源氏物語』に現れたるが如き生活が、いかに慕はしき憧れの的であつたかは、これによつても明かである。

以上、数節に亘つて、上代に対する憧憬が、中世人の精神生活の一つの基調をなしてゐる事を説き来つた。それは時代の降ると共に、その範囲を拡めて、殆んど国民全体の共通の感情となつたといつてい、。謡曲のやうに公家と関係のないものにまで、『浦島』『寝覚』『伏見』などの様に、君が代を讃歎したものが多く（中にも『寝覚』には、「賢き君の勅を受け〱東の旅に急がん。そも〱是は延喜の聖主に仕へ奉る臣下なり」とあり）、又『文正草子《ぶんしようぞうし》』の如く、卑近な御伽草子《おとぎぞうし》にさへ、常陸国の塩売文正の娘の理想は、「おなじくは世にあらば、女ご・かうゐのくらゐをものぞみて、かなはずば、うき世をそむかん」と云ふにあり、遂に姉は関白の御子中将（後大将となり関白となる）に嫁し、妹は女御に参り、皇后の宣旨を賜はつたと云ひ、『木幡狐《こはたぎつね》』の如きは、山城国木幡の里の年老ひたる狐の子きしゆごぜんさへ、「うき世にながらへば、いかならんてんじやう人か、くはんぱく天下などのきたのかたともいはれなん。なみ〱ならんすまゐは、おもひもよらず、それさなきものならば、てんくはうてうろゆめまぼろしの世の中に心をとめてなにかせん。いかなる深山のおくにも引こもり、うき世をいとひ、ひとへに後世を願ひ侍らばや」と云ふ希望を持ち、遂に三条大納言殿の御子、三位の中将殿とて、「容顔美麗にして、まことに昔の光源氏、在原

の中将殿と聞えしも是にはまさるべからず」と思はれる人に懸想《けそう》し、人間に化けて、契を結ぶ筋を作つて居る。いかなる卑賤のものも、夢の様な希望として、朝廷を中心とする貴族生活にあこがれて居た事は『一寸法師』の童話が之を示して居る。

しかもこの『文正草子』、『木幡狐』、さては『一寸法師』などのお伽噺は、恐らくは中世の末、戦国時代に出来たものと思はれるが、当時朝廷は衰微の極に達し、天皇崩御の時の大葬の資にさへ窮し、御遺体を宮中に留め給ふ事四十余日に亘つた例さへあり、天皇御自身すら、まことに恐れ多い話であるが、決して〳〵御幸福ではなかつた。まして其外の公卿の貧困はいふまでもなく、到底京に安住する事が出来ず、諸国に放浪した人が多かつた。当時の日記を見るに、或は装束を人から借りて宮中へ出仕し、或は食ふ事が出来なくて、質屋《しちや》通ひをし、或は書写、医薬調合、其他の内職をし、貧窮骨身に沁みてゐた有様が察せられる。それは応仁乱後、殊に甚しくなつたのであるが、それ以前とて大して富み栄えてゐたわけではない。公卿の収入は武家の勃興と共に激減してゐる。従つて中世の公卿は少しも望ましいものではない。一般民衆が之に対して羨《うらや》みの感情を持つ理由はない。家は荒れ、食ふには困り、内職を求めるに忙しく、或は遠国にさすらはねばならない中世末期の貴族が、どうして羨しい事があらう。して見れば、この時代の民間説話に数多く現はるゝ貴族生活の憧憬は、明かに上代に於ける貴族生活を意味するものである。

上代に於いては隋唐の文化にあこがれた。中世には、憧憬の的は一転して、上代の文化となつた。而して上代に於いては、隋唐文化の模倣がある程度まで成功して、現在に対する満足があつた。しかるに中世に於いては、復古の企ては、毎に失敗に終つた。こゝに於いて、上代へのあこがれは、やがて現代の嫌悪となつた。そしてこの現代否定の心は、仏教の末法思想と表裏をなして、遂に極めて深刻にして恐るべき現世否定に陥つたのである。

五　宗教意識の過敏

『源氏物語』の宗教化　前に述べた『十番物争《ものあらそい》』の婦人の希望が、殆んどすべて上代の末、藤原時代の貴族生活の再現にあるは、中世人の上代に対する憧憬《どうけい》の心情を示すものであるが、こゝに今一つ見逃す事の出来ないものは、最初の雑談の最後に現るゝ女性が、「五障三せうの身を、いかにしても助からんとは願ひ給はで、只うつゝともなき事をのたまふこそはかなけれ、電光朝露《でんこうちょうろ》のうちになにものかあらん」と云つて、

風さはぐをざさがうへの玉霰しばしも見えぬ世をば歎かで

と詠んだ事で、この物争に出てくる他の女性の心持と著しいコントラストをなしてゐるが、しかし『文《ぶん》正草子《しょうぞうし》』の文正の娘が、「おなじくは世にあらば、女ご・かういのくらゐをものぞみて、かなはずばうき世をそむかん」と云ひ、木幡《こはた》狐のきしゆ御前が、「うき世にながらへば、いかならんてんじやう人か、くわんぱく天下などの、きたのかたともいはれなん。なみ〳〵ならんすまゐは、おもひもよらず、それさなきものならば、てんくはうてうろゆめまぼろしの世の中に、心をとめてなにかせん。いかなるみやまのおくにも引こもり、うき世をいとひ、ひとへに後世をねがひ侍らばやと、おもひあかしくらし玉ふ」と云ふを見れば、『十番物争』には別々の人物として現れてくる二つの傾向が、多くはむしろ一人の心

の中に包括せられ雑居《ざつきよ》して居るのである。この世に於いて栄華な文化生活、自由な恋愛生活を享楽したいといふ希望と、うつし世を電光朝露夢幻《むげん》の果敢ないものと観じ、この世を遁《のが》れてひとへに後世を願ひたいといふ思想とが、中世人の心の中に錯雑《さくざつ》して流れてゐたのである。

今先づ、『源氏物語』の批評や註釈を辿《たど》つて、中世人の宗教意識がどんなに強かつたかを考察するに、『無名草子《むみようぞうし》』には、此世に第一にすてがたき趣あるものを挙げて、或は月と云ひ、或は文といひ、又夢や涙を数へた次に、ある人は「此世にいりて第一にめでたくおぼゆることは、あみだ仏こそおはしませ。念仏の功徳のやうなど、はじめて申べきならず、南無阿弥陀仏と申すは返々めでたく覚え侍るなり」云々と云ひ、それに対して別の人は「おもへど〳〵めでたく覚えさせ給ふは法花経《ほけきよう》こそおはしませ。いかにおもしろくめでたきゐものがたりといへど、二三べんも見つれば、うるさきものなるを、これは千部ながら、きくたびにめづらしく、文字ごとに始めてきゝつけたらんことのやうにおぼゆるこそあさましくめでたけれ。無二無三とおほせられたるのみならず、法花最第一とあめれば、こと新しくかやうに申べきにはあらねど、……など源氏とてさばかりめでたきものに、此経のもじの一偈一句おはせざるらむ。なにごとかつくりのこしかきもらしたることひとことも侍、これのみなむ第一のなむとおぼゆる」と云ひ、之を聞いて若い声で「紫式部《むらさきしきぶ》が法花経をよみ奉らざりけるにや」と云へば「さあ我等さへ後の世の為に努めて見る位故、式部程の人のよまない事はないだらう」と云ひ、それから源氏の話が始まつて、「さても、この源氏つくりいでたる事こそ、おもへど〳〵このよ一ならず、めづらかにおもほゆれ、誠に仏に申こひたりけるしるしにやとこそおぼゆれ」など讃歎《さんたん》してゐる。この一条の中には注意すべき事が多い。

㈠念仏の盛んな事　念仏は中世の始より殊に盛んになり、法然《ほうねん》が出、親鸞《しんらん》が現れ、一遍《いつぺん》が現れたのであるから、これは改めて云ふまでもない。

㈡法華信仰《ほつけしんこう》の盛んな事　これこそ当時に於てはオーソドックスの思想であつて、それに対しては、念仏宗の如きはまだ傍流であつた。それ故に慈円《じえん》僧正は法然上人を嘲つて「不可思議の愚癡无智《ぐちむち》の尼入道によろこばれて」専修念仏《せんしゆうねんぶつ》が「たゞ繁昌に世にはんじやうしてつよくをこり」ゆくを慨歎し、（『愚管抄』）

「弥陀一教利物偏増ノマコトナラン世ニハ、罪障マコトニ消テ極楽ヘマイル人モ有ベシ。マダシキニ真言止観サカリニモアリヌベキ時、順魔ノ教ニシタガヒテ得脱スル人ハヨモアラジ。悲シキ事ドモ也。」

と云つてゐる。『読経口伝明鏡集《どきようくでんめいきようしゆう》』には「此御時〇後白河天皇一天下皆以法花経為旨、不翫之輩更人而非人。法皇常此事御口スサミセサセ給ケリ」とあり、実に法花経を読まないものは人にして人にあらずとさへ考へられてゐたのである。『明月記《めいげつき》』建暦二年（一二一二）八月十七日の条には、

「大膳業忠、一昨日赴黄泉之旅候云々。哀哉々々。生年五十三年間、強不思官途世路事、末代幸人也。十五歳以後毎日読誦法花云々。」

とある。それほどであつたから、この頃の人は誰でも法花経をよみ、且それを暗誦《あんしよう》してゐたのである。

『無名草子』にあらはるゝ「無二無三」「法花最第一」などの語句は、いづれも法花経にある文句で、(註)法花経暗記の一例とするに足る。

（註）『法花経』方便品第二に曰く、「十方仏土《ノ》中、唯有一乗法、無二亦無三。」

同法師品第十に曰く、「薬王今告汝、我所説諸経、而於《モ》此経中、法華《ハ》最第一《ナリ》。」

『源氏物語』の御法の巻には、紫の上の病気平癒《へいゆ》を祈つて、源氏が「年比わたくしの御願にて、書かせ奉り給ひける、法華経千部、急ぎて供養し給ふ」事などがあるが、法華経中の文句は少しも引いてないので、それを物足らず思ふ人も多かつた事であらう。

(三)『源氏』は紫式部が仏に申請ふて出来たものだと云ふ事

この伝説の事は、弘治元年（一五五五）より永禄三年（一五六〇）に至る足掛六年間の三条西公条《さんじようにしきんえだ》の源氏講釈が終つた時、発起者である九条関白稙通《たねみち》の作つた『竟宴記《きようえんき》』に、

「仍冥慮を感じ、石山寺を図して、紫式部此趣向を思ひめぐらすかたち、則如意輪観音の尊像を観じて、絵所土佐将監に図さしむ。其讃云、

紫式部者、越前守為時女也。候上東門院焉。古伝云、上東門院令式部作源氏物語、詣石山寺祈之。于時八月十五夜也。遥見湖水之月、趣向忽然生。則須磨・明石両巻書之。帰京録之、終一部之功云々。」（これはその次の署名によれば、永禄三、十一、五、仍覚が稙通の命により、賛したもので、仍覚は即ち公条である。）

とある。又石山寺《いしやまでら》で作つた事は『河海抄《かかいしよう》』にも見えてゐるが、『無名草子』にもこの語あるを見れば、

中世の始めより終りに至るまでを通じて、『源氏』は式部が石山寺に籠り、観音に祈つて作つたもの、即ちその成るは仏の力によると考へられた事が分る。

以上三点、いづれも中世人がその言ふ事、その考へ方に於いて、著しく宗教的である事を示す。『無名草子』は中世の初のものであるが、中世の末に於いても、大永八年（一五二八）の奥書ある『源氏物語聞書』に同様の趣を見る。此聞書は内閣（文庫）に伝つてゐるのは唯一冊で、解題と桐壺《きりつぼ》・帚木《ははきぎ》の註釈だけであるが、桐壺の巻の奥書に、

「此聞書旨趣、注夢浮橋奥歟、胸臆荒涼之談、卒爾所在注置。不レ可二漏脱一之処、能州刺史義綱数奇深切之余、寄レ紙懇望之間、不レ獲レ止書二全部一、以附-与之云々。巻々予加二一見了。猶宜レ令二取捨一。不レ可レ被レ出二深窓之外一而已。

大永戊子夏五下旬候　　　　　　　　老比丘　御判」

とあり、大永戊子は即ち大永八年（享禄元年）であるが、『実隆公記《さねたかこうき》』を見るに、能登守護《のとしゆご》は数年前より頻りに金銭や土産を送つて実隆の『源氏聞書』を懇望し、実隆の方ではその子公条《きんえだ》に写させ、（日記に師とある、公条は当時太宰権帥《だざいごんのそち》であつた）写しの成るに随つて使の山臥《やまぶし》に託して之を能登へ送り届けてゐた。その写しは大永八年四月十八日に出来上り、同廿一日に之を山伏に与へ、五月廿五日には能登から礼状が来、次いで謝金三千疋を受取つてゐる。

四月十八日「源氏聞書夢浮橋終レ功、令レ見レ之間、一見了。一部已終レ之間、自愛々々。」

同廿一日「能登山伏今日下向由称之来。勧一盞、其後召前草子自東屋至夢浮橋全部終功了、渡遣之。」

五月廿五日「自能州書状到来、乗章持来、源氏抄礼也。用脚明後日辺可渡云々。」

思ふに右の聞書の奥書に「夏五下旬候」とあるは、もし文字に誤なしとすれば、五月廿五日に謝礼に来た時に、実隆の奥書を所望して、桐壺巻を特に持参したものであらう。即ち本書は実隆が能登守護《のとしゆご》畠山義綱《はたけやまよしつな》の請により、その子公条をして写さしめ、後に実隆がそれに奥書を加へたものである。

さて本書を見るに、始めの解題の中、作者の条に、

「式部ハ檀那院贈僧正ノ許可ヲ蒙テ、天台一心三観ノ血脈ニ入レリ。兼テヨリ紫野ノ雲林院ノ幽閑ヲ思シケルモ旁故アルニヤ（コノ前ニ式部ノ墓、雲林院ニアリトアリ）。又云、作者観音化身也云々。」

発起の条に、

「此物語ノヲコリニ就テ説々有トイヘドモ、河海等ニシルセル旨、尤正義タルベシ。紫式部上東門《じょうとうもん》院《いん》ニ官女トシテ祇候ノ比、上東門院へ一条院后宮御堂殿女大斎院ヨリ選子内親王村上十宮メヅラカナル物語ヤ侍ルト所望申サレシニ、うつほ・竹とりヤウノ古物語ハメナレタレバ、新シク作リテタテマツルベキ由、式部ニ仰ラレケレバ、即作進之云々。定メテマヘ〳〵連ニ用意歟云々。可（河海）ニ註セラル、分ハ、上東門院ノ仰ヲ奉テ、石山寺ニ詣シテ通夜シテ此事ヲ祈申スニ、折シモ八月十五夜ノ月、湖水ニウツリテ心ノスミワタルマ、ニ、物語ノ風情心ニウカビケレバ、先すま・あかしノ両巻ヲ書留メケリ。……サレバ石山寺ニ詣シテ趣向ヲ得ル由、縁起ニモ有リト云々。

河海ニシルセル所ハ、石山寺ニ通夜ノ時、物語ノ趣向ヲ忘レヌサキニトテ、仏前ニ有ケル大般若ノ料紙ヲ本尊ニカリウケテ、翻シテすま・あかしノ両巻ヲ書トメケル。後ニ罪障懺悔ノ為ニ、般若一部六百巻ヲ一筆ニ身ヅカラ書テ奉納シケル。今ニ彼寺ニアルヨシ、河海ニ載ラル。此大般若ノ事ハ実モナキ事歟云々。般若ヲ一筆ニカキハハヅスマジキモノナレトモ実説ナシトイヘリ。」

大意ノ条に、

「此物語一部ノ大意、面ニハ好色ユウ艶ヲ以テ建立セリトイヘドモ、作者ノ本意、人ヲシテ仁義五常ノ道ニ引イレ、ツイニハ中道実相ノ妙理ヲサトラシメテ、世出世ノ善根ヲ成就スベシト也。サレバ河海ニモ君臣ノ交、仁義ノ道、好色ノ媒、菩提ノ縁ニイタルマデ、コレヲ載スト云フ事ナシトイヘリ。（中略）凡四書五経ハ、人ノ耳ニ遠クシテ、仁義ノ道ニ入ガタシ、況女房如ノタメ、其徳ヤクナシ。サレバ先人ノ耳ニチカク、先人ノ好ム処ノ淫風ヲ書アラハシテ、善道ノ媒トシテ、中庸ノ道ニ引入、ツイニハ中道実相ノ悟ニヲトシ入べキ方便ノ権教也。

凡此五十四帖ハ、天台六十巻ニ比スト云、天台一家ノ心、四教ニ付テ化儀化法ノ両程ノ四教アリ、先化法ノ四教ト云ハ、三蔵教（中略）、コレ小乗也。通別円ノ三教ハ大乗也。（中略）化儀ノ四教ト云ハ、漸頓不定秘密ノ四教也。此物語四教ヲ弁ジルセリ。（中略）此物語五十四帖ノ冊数事、天台ノ本書ニ擬スト云也。然ラバ天台ノ本書ハ六十巻也。今ノ物語ハ五十四帖也。不審アルニ似タリ。サレドモ五十四帖ニテ六十巻ニアタル、甚深ノ義アル故、寂光院申サレシヲ、子細ヲバイマダ尋ネキハメズ。六十巻カキタルヨリモ、カヘリテ深重ノ妙理アル事ト云々。追可二尋記一之。」

『源氏』五十四帖の巻の数が、天台六十巻を表すとなす説は、永正七年（一五一〇）の著である『慈元《じげん》抄《しょう》』（作者未詳）にも見え、

「源氏物語の巻の数は、天台六十巻を表せりと云一説あり。源氏の巻の六十巻に不レ足も、又謂れ有となむ。夫を宗祇の抜書を八冊になせり。目録・系図どもには十巻とかや、是も法華経に似たり。一部八巻に序分の無量義経と結経の普賢経を副て、法花経一部十巻とも申となむ。」

とある。これらを綜合して考察すれば、中世に於ける『源氏物語』の見方は、驚くべく宗教的である。即ちこの物語は、中道実相《ちゅうどうじっそう》の深遠なる哲理を述べたものであつて、それが恋愛の葛藤《かっとう》を叙述してゐるのは、世人を導く方便に過ぎない。而してその巻数五十四帖は、実は天台宗の基礎となつてゐる、天台三大部（『天台智者大師講説』、弟子章安編集）及び天台六祖荊渓湛然《けいけいたんねん》の之が釈（『玄義釈籤文句記』『止観輔行伝弘訣』）合計六十巻に擬したものであつて、その六十に足らざるところ、却つて深き意味を寓してゐるのだと云ひ、又この物語は、紫式部が石山の観音に祈つて構想したもので、式部は実は如意輪観音《にょいりんかんのん》の化身《けしん》であつたと解してゐる。甲府の広沢寺《こうたくじ》に伝はつたと云ふ「源氏物語願文」の如きは、かゝる思想を前提として、初めて意味をもつてくる。その願《がん》文《もん》に云ふ、

桐壺暮煙、速翔法性之虚。箒木夜辞、終開覚樹之花。厭空蝉虚世、観夕顔露命、得若紫雲迎、令末摘花台坐。……分蓬生深叢、尋菩提之真道、越関屋堅局、到涅槃之彼岸。……随法師（夢浮橋の一名）之教、挑智恵篝火、越生死流浪之陬磨関、至四智円明之明石浦。……然而早蕨手習、為事臨終正念往生極楽之文。紅梅匂宮、想像聖衆来迎梅檀沈水之香。……方今始自比丘比丘尼優婆塞（橋姫の一名）優婆夷、至于歎待宵深行空之宇治橋姫、施難値浄土御法、頓渡二十五有苦海、令聞梟雁鴛鴦之初音而已。

この願文はいつ何人の作つたものか明かでないが、この内容より察するに、中世の作にかゝる事疑ひない。中世の人々にとつては、源氏の巻々はかくの如き仏教の教理を寓したものであつて、彼等は之を文藝として観賞するのみに満足せずして、遂に之を宗教化して了つたのである。

『古今集』の宗教化　同様の事が『古今集』についても見られる。古今伝授《こきんでんじゅ》が中世の中頃以後、非常に重んぜられた事は前に述べたが、古今伝授の中に於いても、最も重大なりと考へられたものは三箇大事と云はるゝもので、即ち御賀玉木《おかたまのき》・妻戸削花《めどにけずりはな》・賀和名種《かわなぐさ》の三である。いづれも『古今集』の巻十、物名の部にある左の歌に出てゐる。

　　をがたまの木　　　　友則

みよしのゝ吉野の瀧に浮び出るあわをが玉のきゆと見ゆ覧

二条后東宮の御息所と申しける時に、めどにけづり花させりけるをよませ給ひける

花の木にあらざらめども咲にけりふりにしこのみなる時もがな　文屋康秀

かはなぐさ

ぬば玉の夢に何かはなぐさまんうつゝにだにもあかぬ心を　深養父

此等の植物は中世に入つては言葉の変遷の為に、いかなる草木の事であるか分らなくなつて了つた。たとへば、をかたまの木については、㈠をだまきと同じと云ふ説、㈡稲麦などをかりてほすほし場の木、㈢欞《れんじ》、㈣朽木《きゆうぼく》、㈤柏、㈥交野《かたの》の鳥柴つくる木などの諸説ある事、『古今栄雅抄《こきんえいがしよう》』に見えてゐる。めどは萩の一種、蓍と書いて、草の一もとより六十本余りの茎の出るもの、かはなぐさは、河骨《こうほね》の事だらうと思はれるが、中世にはをがたまの木同様、諸説紛々として帰する所を知らなかつた。即ち此等の詞は当時既に不明であつた。しかるに『古今集』は当時最も尊重せられたる古典であつて、殆んど神聖視せられて居た。それ故に『古今集』中のこの不明なる点は、却つてそれが神秘的な魅力をもつものと考へられ、遂に不思議なる意味を附会《ふかい》せられて、秘密に相伝せらるゝに至つた。宗祇の古今伝授の切紙《きりがみ》によれば、御賀玉木とは、天照太神天の岩戸隠の時、諸神集りて鏡をかけられた木であつて、即ち三種神器《さんしゆのじんき》の中の鏡を暗示し、妻戸削花は神璽《しんじ》の玉に譬《たと》へ、賀和名種は宝剣に喩《たと》ふ、即ちこの三は三種神器を意味するもの、そして鏡は正直の徳を表し、玉は慈悲《じひ》を、剣は征伐を意味する、この三つにて世は治まるの

だと説明してゐる。

又前に述べた正徹より伝来の奥書ある『桐火桶』の末尾には、この三は三種の神器を意味するものであるが、それを秘せんが為に、色々詞をかへて暗示的に説明してゐる、即ち人の徳にとつて、正直・智恵・慈悲、（このあて方は宗祇の切紙とは異る）と説き、三光にとりて、月・星・日となし、三神にとりて、伊勢・八幡・春日《かすが》となしてゐる。即ち『古今集』中の不明なる詞に、混雑せる神道を無意味に附会して、三箇大事として神聖視してゐたのである。それはどうしても無意味な附会である。しかも彼等がこの無意味な附会を敢てして、それに満足して居たのは、要するにこの文学上の貴《とうと》い古典を、宗教上の貴い経典に変ぜんとしたので、即ち『古今集』を尊重する余り、宗教的価値を文学的価値に置きかへようとしたからである。彼等の考からすれば、文学的価値はそれ丈で独立した終極の価値を有つものではない。それ故にそれに絶対的価値を与へんが為には、それをして宗教の深遠《しんえん》なる哲理《てつり》を有たしめなくてはならなかつたのである。

三箇大事に比すれば、三鳥大事は遥《はる》かにすぐれた意味をもつてゐる。三鳥とは『古今』巻第一、春部の、

　　　題しらず　　　　　　　　　　　　　読人しらず

　百千鳥さへづる春は物ごとにあらたまれども我ぞふりゆく

　　をちこちのたづきもしらぬ山中におぼつかなくも呼子鳥哉

及び巻第四、秋部の、

題しらず　　　　読人しらず

我門にいなおほせ鳥の鳴なべにけさ吹風にかりはきにけり

の歌にある百千鳥《ももちどり》・呼子鳥《よぶこどり》・いなおほせ鳥の事である。宗祇の切紙には、百千鳥を解して、

「万ノ鳥也。此歌ニ囀《さえず》ル春ハ万物ノ形色声ノ心也。アラタマルトハ是法住位世間相常住ノ心也、我ゾフリヌルトハ有待ノ身ノ義也。此身ハ二度立帰ツテアラタマルコトナクテフリユクモノ也。世界我ト云フモノナキ時ハ、常住也。サレバ我トイフモノニ一切ノ喜怒愛楽アルニ依テ終ニ衰老ノナゲキモアル也。能可思悟也。」

とある。古今伝授の如き牽強《けんきょう》附会《ふかい》なつまらないもの、中に、殊に三箇大事の様な訳の分らない説の次に、こんなに鮮《あざや》かな哲理を聞く事は、珍らしい気がする。

ついで呼子鳥には、

「つゝ鳥ノ事也。人ヲ喚ヤウニ鳴也。此鳥春鳴ハ春ニ用ル、遠近ノタツキモシラヌ山中ハ世界ノタトヘ一須弥ノ間也。物高キ事ト深キ事ヲバ山ニタトフル事常ノ習也。ヲモンパカル所ナキハ高クフカキ理也。其山中モ其理也。遠近ノタツキモシラヌトハ大空寂ノ所也。爰ニ更ニ元来遠キノ、高下ノ分別ナシ。覚束ナクモトハ不心得ノ心也。唯自然ニ呼出スモノハ元初ノ無明也。能可思量也。」

次に稲負鳥《いなおほせどり》の条には、それが石たゝきの事であると説いて、さて三鳥を総合して一つの解釈を立てゝゐる。

「此三鳥、又取合一身ノ上ニ心得ル義ナリ。タツキモシラヌ山中ニ覚束ナクモトハ、本来無一物ノ無明ノ所也。忽然也ト人ニ呼出サル、所ヲ、覚束ナクモ呼子鳥哉トイヘバ、忽然ト云字住ヲ鳥ガシタリケントヨム也。扨生出タル処ヲ我門トハ云ヘリ。声ヲ出ヲ鳴ナベニト内外ノフルマイノ出来ルヲ風ニ鴈ノ来ルト云也。扨百千鳥ノ囀トハ万ノ諺也。如此色々ナレドモ、元ハ春ニテ、我身ハフリヌル所ヲ改レドモ、我ソフリユクトハ云也。如此シ果ハ本来ノ無明ヘカヘル也。」

ここに至つては又元の晦渋《かいじゅう》にかへり、折角百千鳥の条に発揮した透徹《とうてつ》さを欠く。しかもこの晦渋なる文章の意味するところは、仏教の深き哲理である。即ち三世実有《さんぜじつう》・法体恒有《ほったいこうう》とて、世界の実相は常住《じょうじゅう》不滅《ふめつ》である、そこに念々に変化してやまざる生滅《しょうめつ》無常《むじょう》の存するは、実に我あるによる。しかもその我も本来常住であるが、過去に於ける無明《むみょう》を因として、諸の煩悩《ぼんのう》を起し、善悪の業《ごう》を造り、諸の苦楽を感受して生死に輪廻するに至つたものだと云ふ。稲負鳥の条に見ゆる三鳥の総合的解釈に、本来無一物の無明と云、果は本来の無明へ帰ると云ふは、無明の本義とは違つて居り、喚子鳥の条に所謂《いわゆる》大空寂《だいくうじゃく》をさすものであつて、むしろ無相《むそう》寂滅《じゃくめつ》の都などあるべきである。かやうに晦渋であり、愚劣なものであるが、とにかく仏教の哲理を援引して『古今集』の和歌を解釈し、これに宗教的価値を与へんと努力した事は、十分に認められる。

而してかゝる説を秘伝として密々に伝授する形式は、仏教に於ける師資《しし》相承《でんしょう》の厳重なる儀式を模倣したものである。心敬《しんけい》の『さゝめごと』にも、

「古今集、灌頂《かんじよう》など、いへる、密宗に一大事とて伝侍るにかはることなし」とある。

かやうに『源氏物語』や『古今集』を解釈するに、仏教又は仏教の影響を受けたる神道説を以てし、それらの文学的価値に置き換ふるに宗教的価値を以てし、その説を教ふるに仏教の師資相承の厳重なる儀式を模し、更に進んでその作者を神格化して、たとへば紫式部は如意輪観世音《によいりんかんぜおん》、在原業平《ありわらのなりひら》は馬頭観《ばとうかん》音《のん》、小野小町《おののこまち》は如意輪観音（『伊勢物語知顕集』）柿本人麿《かきのもとのひとまろ》は神秘にして伝明かならずと云（『右文故事』、冷泉為満の説）が如き、いづれも中世人の宗教意識が頗る強かつた事を示す。かゝる附会説が、権威を以て流行するは、宗教意識が過敏な時代にあらざれば不可能な事である。

和歌の宗教化　以上は『源氏』と『古今』とを代表として、中世に於ける古典の解釈の中に、当時の人々の宗教意識の鋭さを検べて来たのであるが、同様の事は、一般に和歌に対する考の中にも現れてゐる。即ち和歌は我国の陀羅尼《だらに》であつて、印度《いんど》に陀羅尼と云ひ、我国に和歌と云ふも、実は同じものだと云ふ考へである。心敬の『さゝめごと』に「もとより歌道は吾国の陀羅尼也」と云ひ、又文明八年（一四七六）卯月、沙門慶範が大和国添上郡治道の柿下寺《かきのもとでら》人丸堂を修造し、その木像を改めて彩色せんとした時の勧進状《かんじんじよう》にも「やまと歌は日本の陀羅尼なりといにしへより是をいひつたへたり。これによりて和光同塵の神明も此道を捨給はず、入重玄門の薩埵もそのなさけをのこし給へり」とある。『伊勢物語知顕集』

にも、同様の説が述べてある。

この考へより、和歌には更に色々の事が附会せられた。

(1)三十一文字は、如来三十二相を象《かたど》る。如来三十二相といへども、無間頂相《むげんちんぞう》は更に現はれない、現るゝものは三十一相である。それに象つたのが和歌である（『三五記』、『鷲本末』、『伊勢物語知顕集』）。又『沙石集《しやせきしゆう》』には大日経三十一品に象ると云ふ。

(2)五句は、地・水・火・風・空の五輪に象る。人間の身体は五つの元素よりなり、それにかたどつたものが和歌の五句だといつてゐる（『さゝめごと』、『三五記』、『伊勢物語知顕集』）。

(3)五句の心持は、辺・序・題・曲・流の順序によむべきである（『三五記』）。それは五仏、五智円明《ごちえんみよう》を表す（『さゝめごと』）。五仏とは、総諸仏・過去仏・未来仏・現在仏・釈迦仏をさす事もあつて、『法華経《ほけきよう》』方便品《ほうべんぽん》五仏開顕の条に見えるが、こゝでは五智如来《ごちによらい》の事であらう。顕教では四智を以て究竟とするのに、密教では更に第九識所転の法界体性智の一を加へて五智となす。

1	大日如来	法界体性智
2	阿閦如来	大円鏡智
3	宝生如来	平等性智
4	無量寿如来	妙観察智
5	不空成就如来	成所作智

この五智は一身所具の智徳であるが、衆生《しゅじょう》引摂《いんじょう》の為に、本体（大日如来、中央にあり）より四方の四智四仏を出生すると云ふ。

(4)和歌に六義あり、風・賦・比・興・雅・頌がこれである（『三五記』）。これは六波羅蜜《ろくはらみつ》、六大無量法身の体である（『さゝめごと』）。六波羅蜜は『法華経』序品に「為ニ二諸ハノ菩薩ノ一、説二-応ゼル六波羅蜜一」などあり。菩薩の大行を波羅蜜（Paramita）と云ふ。究竟到彼岸、度など訳す。

六波羅蜜とは、

檀……………布施
尸……………戒
羼提…………忍辱
毘梨耶………精進
禅……………定
般若…………慧、智慧

（以上）菩薩、この六法を修し、自利利他の大行を究竟《くっきょう》して涅槃《ねはん》の彼岸に到る。

即ち和歌の六義を以てこの六波羅蜜に比し、それは戒・定・慧・精進・忍辱等の菩薩の大行の如く、遂に凡夫の迷妄《めいもう》を脱して朗かなる悟りに導くものと解したのである。又六大無量法身と云ふのは、六大は地・水・火・風・空・識、その初五大は非情を作る。有情《うじょう》は六大の所作である。しかも密教の所説によれば、この六大は互に融通するもので、六大相互に融通するのみならず、自他の六大互に融通し、即ち仏の六大と我等の六大と互に融通無礙《ゆうづうむげ》であつて、六大の体性本有常住にして、即ち胎金両部《たいこんりようぶ》の理智の二法身と説く。和歌の六義をこの六大に比するは、和歌を神聖なるもの、本有《ほんぬ》常住《じようじゆう》の不思議の功徳《くどく》あるものと見るのである。

(5) 和歌に六体あり、長歌・短歌・旋頭歌《せどうか》・混本歌《こんぽんか》・俳諧《はいかい》・廻文歌《かいぶんか》これである。

混本歌は五七七の三句なるを云ひ、それを混本歌と云ふは、上の句に下の句を混じた形であるからである。この混本歌を二つ重ねた様に、五七七、五七七の六句なるを旋頭歌（普通せどうかとよむ）と云ふ。これは本かと思へば末、末かと思へば本に旋る故、頭を旋らす歌といふ意味である（後には常の歌の下の句に七字又は五字の句を加へたものをも云つた）。古今集に旋頭歌としてあげてあるのは、

題しらず　　読人しらず

打わたす　をちかた人に　ものまうす　われ　そのそこに　しろくさけるは　なにの花ぞも

の如きものである。

又俳諧は狂体によむもの、廻文歌は初よりよむも終よりよむも、文字言葉同じき歌、（「長き夜のとをの眠りのみなめざめ浪のり舟の音のよきかな」の類をいふ。『釣舟』に「むらくさに草の名はもしそなはらは、なそしも花の咲にさくらむ」の歌がある）を云ふ。

さてこの六体を六道にあて丶ゐる。六道とは地獄《ぢごく》・餓鬼《がき》・畜生《ちくしよう》・阿修羅《あしゆら》・人間《にんげん》・天上《てんじよう》であつて、衆生は各その因業《いんごう》によりてこの六道を輪廻《りんね》するといふのである。

六体（『知顕集』）	六道	（『三五記』）
長歌	人道	人道
短歌	天道	地獄道
旋頭歌	餓鬼道	修羅道
混本道	畜生道	餓鬼道
俳諧	地獄道	畜生道
廻文歌	（欠）	天道

和歌は実にかくの如く神聖なるものである。それは宇宙万物の成立を示し、生命あるものの流転《るてん》輪廻すべき道程を象《かたど》り、衆生の昏迷《こんめい》を度して悟りに導く事に於いては、菩薩の自利利他の大行に比すべきものであり、遂に五智円明《ごちえんみょう》具足せる仏体を表し、如来の三十二相を象るものである。これは疑ふべからざる真実であつて、もしこの真理を疑つて和歌の神聖を冒瀆《ぼうとく》するに於いては、生きては白癩《びゃくらい》・黒癩《こくらい》となつて門毎に乞食し、死しては無間地獄《むげんぢごく》に落ちて二度上ることは出来ない。心敬の『馬上集』に、

「殊に連歌は名聞りやうにあらず。大唐におきては経陀羅尼、吾朝にては和歌とて、もちはやす事なれば、仮にもあだにし給ふべからず。此理を偽に思はん人は、無間の闇底に落沈、二度あがるためしなし。生てはひやくらいこくらいに成りて面をさらし、門に立乞哀聞べき因縁有。」

とあるのは此の思想の一例である。而してかゝる思想が中世の前期より既に盛んであつた事は『沙石集』和歌の道深理有事の一条によつて知られる。されば一首の歌を作る事は、即ち一体の仏を作るに同じい。『三五記』に「然は歌一首をよめば一仏を建立すると同じ、乃至十首・百首をよめらんは、十仏・百仏を作たらん功徳をうべしとぞ古賢も申ためる」とあり。

かやうに和歌を宗教に隷属せしめ、それの文学的価値以外に、又それ以上に、宗教的価値を考ふるに至つた。即ち和歌はもはや純粋の文学ではなくて、宗教的価値を最高究竟の価値とする宗教文学となつて了つたのである。こゝに於いてその題材も、之に対する心持も、宗教的である事を理想とされた。当時専ら無常を観ぜよとの声が歌壇に高かつたのは実にこれが為である。『心敬僧都庭訓』に、

「一、心もち肝要にて候。常に飛花落葉を見ても、草木の露をながめても、此世の夢まぼろしの心を思ひとり、ふるまひをやさしく幽玄に心をとめよ。」

とあり、同じ人が寛正二年（一四六一）紀伊国田井庄八王子社に参籠中、地方の人々の依頼に応じて歌連歌の心得を示した『さゝめごと』には更に詳述して、

「古賢申侍し、御法の門に入りて、心の源をあきらめんにも、此教を学びて、あはれふかき心をさとらんにも、此身をあすあるものとたのみ、さまぐ〵のいろにふけり、宝をもくし、ほこりかに、おもふ事のなき人の中には、ひとりとしてありがたかるべしとなり、此教はいかばかりも、無常述懐を心こと葉のもととして、あはれふかくはかなき事をいひかはし、いかなるゑびす鬼のますらを

の心をもやはらげ、はかなき此世のことわりをもすゝめ侍るべきに、たま〱あるべき此席にだに、色にふけり名にめで、千代よろづ代、鶴亀などいひあへらんは、うたてしくや、かくいはひ侍るとて、いづれの人か百とせ、誰人か千とせをへたる、昨日はさかへぬるにも今日はおとろへ、あしたに見しも夕べには煙となる、たのしひかなしひたなごゝろをかへすよりもすみやかなり。さればいにしへの歌人は、無常の述懐をのみ宗とし侍り。」

と云つてゐる。「古賢申侍し」と云ふ以上、これは心敬独特の思想でなくして、当時専ら行はれた説であらう。尚『釣舟』には、

「歌をよまんとおもはん人は、やまともろこしのあはれなるためし、仏法世俗の教までも心にかけ、つねに世のはかなき事を観じて後の世の実のみちをねがひ、あるひは恋の道にこそふかき哀はおほかるめれと、嬉しきふしにも、うらみあるがことにも、このみちにのみ心をかけましまさば、いかでか見る人もなびかざらん」

とある。著者は未詳であるが、心敬の云ふ所と似てゐる。即ち歌をよむには、この世の無常を観じ、人の命のはかなさを思ひ、悲哀《ひあい》の調《しらべ》を以て幽玄《ゆうげん》の趣を写さなくてはならない。換言すれば、歌人は第一に厭世家《えんせいか》でなければならないと云ふのである。

この考へ方は更に溯つて古人の歌にも及ぼされ、古人の歌を解釈するに多く仏教の無常観を以てした。たとへば『古今集』巻第八離別歌に、

「源のさねがつくしへ湯あみとてまかりける時に、山崎にて別惜みける所にてよめる
しろめ（摂津国江口の遊女）

命だに心にかなふものならば何かわかれの悲しからまし」

宗祇の古今伝授には之を解釈して「誠に観心の所を深く思ふべし。……観心の心とは、人間は唯会者定離也。此理を能く知るべきと也」と云つて居る。この歌は会者定離とは関係のない歌であつて、一般に仏教の思想から独立してゐるとさへ考へていゝ。しかるにこれを解するに、何等かの類似を縁として、仏教の無常観に結び付けねば満足出来なかつたのである。かやうな弊は当時既に識者の指摘した所であつた。前にも述べた、『東野州消息』（十月四日付宗祇宛）に、『新古今集』の家隆の歌、

桜花ゆめか現か白雲のたえてつれなき嶺の春風

に就いて、これは世の無常を歎いた句かとの宗祇の問に答へて、先づこれには誤字のある事を指摘し、

「家隆の歌は、つれなきにては有べからず候。つねなきにて候べく候。よく〳〵御吟味候べく候。近日、新古今校合などとは候はで、新古今談儀などと事々舗さたと、左様の説定伝聞召候ば、御不審もをのづからはれ候べく候。」

と云ひ、次にこの歌が、仏教の無常観とは少しの関係もない事を明かにして、

「世上の無常をもち候かと尋承候。返々あるまじき事に候べく候。近日、万の歌ども無常に引入られ候。於常縁は其由を不存候。殊に此歌は公宴の御沙汰として詠進候五十首之内にて候。たゞ桜

花自紅の心のとをく残りたる風情にて候。」

と云つてゐる。（其後文明十六年に作られた宗祇の『自讃歌註』には「つねなきに訂正し、此下句たゑてつねなき、本みなもつてさうい、いかが、本歌のごとくたえてつれなしは春風によりつれなきにや侍らん、つねなきならばさくらの事にぞ侍らん」とあり。）かやうに和歌をよむに無常を旨とし、古歌を解するに、専ら無常観を以てした事は、当時の人の心がいかに宗教に捉へられてゐたかを示すものである。一般に認識は与へられたる事実其まゝの模写ではなくて、その対象（与料）Aに、認識者の主観の加はつたA'である。即ちそれは認識者の立場によつてそれ〴〵色彩をかへて来るものである。A'はもはや事実そのままではなく、Aを材料として構成し、或は機縁として発展せしめたる主観の抽象的産物である。それ故に認識の相違は、やがて認識者の立場の相違、主観の色彩の相違を示す。河で馬洗ふ男のあし〳〵と云ふを聞て、「あなたふとや宿執開発の人かな、阿字々々と唱ふるぞや。いかなる人の御馬ぞ、あまりにたふたく覚ゆるは」と尋ね、「府生殿の御馬に候ふ」と聞いて「こはめでたき事かな。阿字本不生にこそあなれ。うれしき結縁をもしつるかな」とて感涙を流した栂尾上人《とがのおしようにん》や（『徒然草』）、『古今集』の「年のうちに春は来にけり一とせを去年《こぞ》とやいはんことしとやいはん」と云ふ歌を弟子が語るを聞いて、之を論理のヂレンマと解して「両様に問たるな、御房、とはれたり〳〵」と云つた三井寺《みいでら》の論談決択《ろんだんけつたく》の学匠教月房（『沙石集』）の如きその適例である。

かくて批評は却つて評者の見識を示すものであり、歴史も畢竟《ひつきよう》は歴史家の主観に帰するであらう。歴史が恐るべき学問であつて、その正しき認識の為には、広き人間通であり、高き見識家であり、而して、最も崇高なる人格なる事を必要とするのは、実にこれが為である。かく考ふる時、中世の人々が、和歌をあくまで宗教的に解した事は何を示すか。それは畢竟彼等の思想が宗教的であり、宗教に囚へられ、その囚はれたる宗教的見地より、すべての事物に対してゐた事を語るものではないか。

和歌は実にかくの如く宗教的なものと考へられてゐた。それは深遠なる哲理を現はし、荘厳《そうごん》なる仏体に象り、衆生の昏迷を度して悟りに導く点に於いては、菩薩自利利他の大行に比すべきものである。かく考へられたる和歌が、しきりに法楽の為に行はれた事は亦怪むに足りない。

神明は仏説をきく事を楽まれる。即ち経を読む事を楽しまれる。道命《どうみよう》阿闍梨《あじやり》が戒を保ち、四威儀を正して法花経をよむ時は、梵天《ぼんてん》・帝釈《たいしやく》を始め神々が聴聞せられるが、斎戒しないで読んだ時は、尊い神々は来られないで、五条の道祖神が聴聞に来たといふ話が『宇治拾遺物語《うぢしゆういものがたり》』に見え、『今昔物語』にはこの道命が、法輪寺に籠つて法花経をよんだ時には、金峰山の蔵王、熊野の権現、住吉の大明神、松尾の大明神等が毎夜聴聞に来られたと見えてゐるが、神仏習合《しんぶつしゆうごう》時代の思想に於いては、神即ち仏であるから、神前に読経するに不思議はないが、それ以前、即ちまだ本地《ほんち》垂迹《すいじやく》思想が十分に発達しない時代に於いても、神は仏説をきく事を喜ばれるといふ思想があつて、これが神仏両教調和の第一歩をなすものであるが、この考から奈良朝に於いて、早く神宮寺が出来、神前に読経する事になつて来てゐる。即ち神仏調和思想発達のいづれの段階に於ても、神は経を聴聞するを喜ばれる事になつてゐる。鎌倉時代の末頃、伊勢大神宮に法楽舎《ほうらくしや》が出来たのもこれが為であつて、『通海参詣記《つうかいさんけいき》』に、

「又異国降伏の為に建治元年乙亥三月法楽舎を立て、二百六十人の供僧を置て、六口阿闍梨をよせ

置かる由、同き七月十七日に官符を被レ下。」

とある。その二百六十人が、交替に毎日般若・法花・秘密行法の三つの法施《ほうせ》を奉るのが法楽舎である。

しかるに前述の如く、和歌は幽玄なる哲理を含み、全く陀羅尼に外ならない。即ちこれ又神明仏陀の喜び給ふ所であつて、法楽の為に和歌を献ずる事は、神仏の御前に読経するに等しい。かやうな考へから、法楽の和歌を詠ずる事が頗る流行した。『尋尊《じんそん》御記』によれば、毎年八月十五日は護法論師《ごほうろんじ》の忌日であるから、興福寺《こうふくじ》に於いては護法講を行つたが、その時は春日社の社頭屋に於いて和歌を詠じて法楽に奉つた。それは文安年中よりの事であると云ふ。社寺に参詣して神仏の宝前に於いて法楽の為に百首又は千首の和歌を詠進する事も流行して、『群書類従《ぐんしよるいじゆう》』及び『続群書類従』に収めてあるものだけでも、

応永廿一年（一四一四）　頓証寺法楽百首
永享九年（一四三七）　住吉社奉納百首
同　十年（一四三八）　石清水社奉納百首
同十一年（一四三九）　同社奉納百首
同十三年（一四四一）　松尾社法楽百首
文明四年（一四七二）　玉津島社法楽百首
同　九年（一四七七）　石清水社法楽百首
明応四年（一四九五）　水無瀬宮法楽百首

同　年　　長門国住吉社奉納百首
同　七年（一四九八）　同社法楽百首
文亀二年（一五〇二）　春日社法楽詩歌
天文十一年（一五四二）　太神宮法楽千首

等がある。連歌もしば〳〵法楽の為に推された事が連歌師《れんがし》の紀行（『東路の津登』等）に見える。三十六歌仙の額を神前に献ずる風も、中世の後期には盛んになつて来た。すべてこれらは同じ思想より出て来たものである。

即ち和歌・連歌は神仏も之を喜び給ふところの「法」「真理」をあらはしたものである。この考へが更に発展しては、それは神仏の感応によつて、神秘的な力を有つものと考へられて来た。永正元年（一五〇四）奥州会津の芦名《あしな》氏に盛高・盛滋父子の内訌が起つて、一家中二つに分れて相争つた時に、連歌師の猪苗代《いなわしろ》兼載は、和睦祈禱の為に連歌百韻を吟じて、遂に父子の和合を見た。即ち『兼載独吟百韻』に、

「その時為㆓祈禱㆒、独吟を初侍りければ則和合し侍り、其折ふしは永正第二九月十三日夜のことなりしかば、

何人

月は名をわくるもひとつ光かな　　法橋兼載」

とあるのがそれである。

文藝と宗教との調和　かやうに和歌や連歌を神聖視し、又『源氏物語』『伊勢物語』等の小説を神聖視する考へ方の外に、かゝる文藝に対して抱かれた今一つの宗教的な考へ方があつた。それはかゝる文藝が、直接には少しも宗教の教理を説くものでないことを認めて、即ち之を狂言綺語《きようげんきご》と解して、しかもこの狂言綺語、却つて仏縁ありとなす考へである。『柿本講式』に見る所の思想は、その代表的なものである。これは恐らく中世の中頃のものと思はれるが、それは三段に分れて第一には和歌をほめ、第二は人丸をほめ、第三には素意を述べてゐる。その第三に曰く、

「第三に素意をのぶといふは、それ秋月を暮嶺にまつ、いまだ無明のやみをてらさず、春の花を遠山に尋ぬ、いかでか覚樹のたよりとならん。しかのみならず、月をあざけり雲をいとふおもひ、妄念を暁の空にのこし、花をおしみ、風をそねむ心、邪執を春の日に結ぶ。まことに殺盗の重罪あらずといへども、しば〳〵綺語の罪過を招かざらんや。夫婦妖艶の詠、男女恋慕の詞、たがひに輪廻の罪根をきざし、をの〳〵流転の業因をむすぶ。すゑの露、もとの雫《しずく》、ながくきえなん夜、たちまちにくらきよりくらき道に入なんとす。おしむべし〳〵、かなしむべし〳〵。就」中或所にいはく、しかのみならず、或は多生にもさだめて、花を愛する人たらんといひ、或は雪と成なん世なりとも、花を愛すれば、蝶となりて春の野にとひ、水をあひすれば、魚となて秋の淵にあそぶといへり。したちはかくさじ秋のよの月とちかへる、是らの執心にひかれば、先霊の出離も疑ひおほかるべし。凡一念の妄心によて、多生の苦患に沈む事、先規まことにしげきものか。こゝに地によてつまづく

ものは、かへて地によてたつ。道をゆいてまとへるものは、かへて道をゆいてさとる。此道の先亡をとぶらはん事、しかじ此風をもてせんにはとなり。是を世俗戯談のもてあそびとあざける事なかれ。なにのことばか、のりの門より出さる。是を狂言綺語のあやまちとする事勿れ。かへして当来讃仏の縁とせん。……すべて名を古代の撰集につらね、六義の風情にかけんともがら、おなじく三界のやみを出て、ともに三明の月をもてあそばしめん。」

この考へ方は、第一には和歌を狂言綺語とみるのであるが、藤原俊成《ふじわらのしゅんぜい》や定家《ていか》も、この事を深く憂慮《ゆうりよ》して「さても明くれ歌をのみよみゐて、さらに当来の勤もなし。かくては後生いかならん」と歎いた（『徹書記物語』）所が、住吉明神が（住吉明神は歌の神なり）「汝此道ををろそかにおもふことなかれ。此道により頓に菩提を証給ふべし」と云はれたと伝へられてゐる（『さゝめごと』）。狂言綺語を以てして、しかもそれが遂に菩提を得る所以であるとなすには、色々の考へ方がある。第一は『柿本講式』に云ふ如く、地によつて躓《つまず》くものは、地によつて立ち、道をゆいて迷へるものは道をゆいて悟るが如く、文藝の林に遊んで罪を得たものは、同じ文藝の林に於いて光明に浴する事が出来るとなす考へ方である。第二は『源氏小鑑』版本（慶安四年）の奥に記されたる如く、文藝に携はるとも、常に道心を持つてゐれば遂には悟れるものである、故に常に世の無常を観じなくてはならないといふ考へである。曰く、

「夫生死無常の雲あつく、本覚真如の月出がたし。無明の酒にゑひて衣の裏の玉をしらず、おく〳〵万胡にもうけがたき人界に生るゝ事、梵天より糸をおろして大海の底の針の穴をつらぬくよりもう

けがたし。又仏教にあへる事は一眼の亀の浮木にあへるがことし。今かゝる世にあひ奉ることを悦ばずしてかたちのよきにふける、妄想天たうの花ことばに、ほだされてあひよくのきづなかたく結び解る事更になし。……諸行無常は天に上る橋、是生滅法はあひよくの川を渡る舟、生滅々巳は剣の山を越る車、寂滅為楽は成仏の間也と覚る観念の窓の中には、心を三明の月にかけ座禅の床の上には眉に八字の霜をたれさらんとおもひて、はやく世をいとひ給ふべし。しからずば、かゝる狂言綺語の物語にたづさはるとも、しんじつのふかき心をよく知りなば、などかはさとりをえざらん。心を直にして、情ふかければ、慈悲誠にしてかんなうすべし。大和歌は是五大しよしやうの仏をつくるなり。さればそれにひかれて成仏うたがひなしといふ也」

『源氏物語』をよんで、虚心にそれに読み耽つた上代の面影は、もはや中世には見られない。かゝる狂言綺語をよんで、我が後の世の道の障《さわり》となりはしないか、かゝる文藝と宗教との関係はどうであるか、といふ様な疑ひが常に中世の人の心を苦しめたのである。そして『源氏小鑑』奥書の記者は、かゝる文藝と宗教との間に直接のつながりはないけれども、しかし常に世の無常を観じて世を厭《いと》ふ心が深ければ、かゝる狂言綺語に耽《ふけ》つても、遂には救はれるものである、殊に幸ひな事には、大和歌は神聖な陀羅尼であつて、歌を作るは仏を作るに等しいといふから、その大和歌が『源氏』のうちにもあるので、その歌に引かれて成仏するから安心するがいいといふのである。

第三の考へ方は、涅槃経《ねんはんきよう》に所謂麤言軟語《そげんなんご》皆帰第一義と云ふ考へである。「第一」は最上、「義」は深き

理、「第一義」はそれ故に究竟の真理を云ふ。『沙石集』弘安二年（一二七九）無住の自序に、

「夫麤言軟語みな第一義に帰し、治生産業、しかしながら実相にそむかず。しかれば狂言綺語のあだなる戯《たわむれ》を縁として、仏乗の妙なる道に入れ、世間浅近の賤き事を譬《たとえ》として勝義の深き理を知しめんと思ふ。是故に老の眼をさまし徒《いたずら》なる手ずさみに、見し事聞し事、思出るに随て難波江《なにわえ》のよしあしをもえらばず、藻塩草《もしおぐさ》手にまかせてかきあつめ侍り。……夫れ道に入る方便一つにあらず、悟をひらく因縁これ多し。其大なる意を知れば、諸教義ことならず、修すれば万行の旨みな同き者をや。これ故に雑談の次に教門をひき、戯論の中に解行を示す。此を見ん人、拙き語をあざむかずして法義をさとり、うかれたる事をたゞさずして、因果をわきまへ、生死の郷をいづる媒とし、涅槃の都にいたるしるべとせよとなり。是則愚老が志耳《のみ》。彼の金を求る者は沙をあつめてこれをとり、玉を翫《もてあそ》ぶ類は石をひろひて是を瑩く。仍沙石集と名《なづ》く」

とある。仏教以外の雑事を記したものは、之を著作し、又は之を繙読《はんどく》する理由として、多くこの語を援引してゐる。『雑筆往来』の著者が、その巻末に、

「嗟呼、雖レ有二無尽無余之毀謗一、於レ予者全不レ可レ痛レ之。所以者何。麤言軟語皆帰二第一義一、狂言綺語悉為二讃仏乗縁一故也。」

とあるのもその一例だ。

本来『源氏』『伊勢』その他の小説、『古今集』『万葉集』その他の和歌は、その二三の例外を除き、

大部分は決して宗教的なものではない。しかるに中世の人々は、その意味を常に強いて宗教的に解釈し、その作者を無理に神聖視し、文藝が宗教と背反するを認むる場合にすら、何等かの理由をさがし求めて、之を遂に宗教に引入れなければ気がすまなかつたのは何故であるか。換言すれば、中世の人々があまりに宗教意識が過敏であつて、すべての事物を宗教の色眼鏡を以て見なければ満足出来なかつたのは何故であるか。予がこゝに説述した例は、特に宗教と関係少き文藝、しかも多くは古典をとつたのであるが、それに対して中世の人がとつた態度が、かくまで宗教的であつたのは何故であつたか。今こゝに特に古典の解釈を中心として考察するならば、これは上代に栄えた貴族文化が、今や中世に入つては宗教文化、しかも特に仏教文化の為に屈服せしめられた事を示すものである。

上代に於て既に仏教が尊信せられたのは言ふまでも無い。併し当時を支配した文化の主なる流れは仏教ではなくして、隋唐文明を模倣し、隋唐文明を理想としてゐた貴族の文化であつて、僧侶は全体として見れば、只その脇役者であり、仏教文化はむしろ傍流と考へらるべきものであつた。

しかるに今や中世に入つては、従来支配階級であつた貴族が、政治上にも経済上にも俄かにその勢力を失つて、後には僅かに余喘《よぜん》を保つに過ぎなくなり、それと共に貴族文化は急速度に衰頽《すいたい》し、上代以来の学問の伝統も甚だ心細い有様となり、遂に従来傍流であつた仏教文化の下に屈し、それに従属するに至つたのである。既に仏教文化の下に従属する以上、前には之と関係のなかつた文化も、すべて仏教に引きつけて解釈しなければ、その価値を失はれるに至つたのである。『枕草子』に、

「おもはん子を法師になしたらんこそは、いと心苦しけれ。さるは、いとたのもしきわざを、唯木のはしなどのやうに思ひたらんこそ、いといとほしけれ。精進物のあしきを食ひ、寝ぬるをも、若きは物もゆかしからん。女などのある所をも、などか忌みたるやうにさしのぞかずもあらん。それをも安からずいふ。まして験者などのかたは、いと苦しげなり。」

云々と云つてゐるのは、上代の貴族の目に映じた僧侶が、いかに望ましくないものであつたかを語る。仏教文化は、当時に於いては明かに支流・傍系であつて、その本流・正系であつた貴族文化より遥かに劣つたものであつた。『徒然草』に「法師ばかり羨しからぬものはあらじ。人には木のはしのやうに思はるゝよ、と清少納言が書けるも、げにさる事ぞかし」とあるのは、これは上代思想の名残であつて、中世の特色は寧ろこの反対であつた。即ち僧侶を以て最も貴きものと考へ、子弟の僧侶となる事を喜び、宗教を以てすべての文化価値の究竟《くつきよう》するところと考へたのである。『伊勢貞親家訓』には、僧侶が当時非常に重んぜられ、目のかすみたる者が、黒い牛を僧かと思ひ、下馬して敬意を表した事が見えてゐる。

かやうに宗教がすべての価値の最高終極のものと考へられ、上代に栄えた貴族文化もその下に従属するに至つたのは、無論貴族文化衰退の結果ではあるが、それのみを以ては、是程までに深く宗教意識を全国民の脳裏によび起す事は出来ない。中世に於ける宗教の優越は、僧侶が当時の教育を掌つて、年少の子弟を宗教的に教育した結果に帰せなければならない。ここに於いて我等は、この中世独特の文化の根源である所の僧侶によつて導かれた当時の教育を考察しなければならぬ。

六　金沢文庫と足利学校

中世に於いて宗教がすべての文化価値の最高究竟《くつきよう》のものと考へられ、上代に於いて貴族文化の栄えた時には「木の端《は》のやうに」思はれた僧侶が、最も尊きものとして尊敬せられ、其他のものは此の宗教に従属し、その従属の関係に於いて僅《わずか》にその価値を保有すと考へらるゝに至つたのは、無論従来支配階級であつた貴族が、政治上にも経済上にも俄《にわか》にその勢力を失ひ、それと共に貴族文化が急速度に衰頽した結果ではあるが、しかし之《これ》に代つて宗教文化が俄に台頭し、あれ程迄に深く宗教意識を全国民の脳裏に呼び起し得た事は、当時に於ける教育が僧侶の手によつて握られてゐた特殊の事情に、その最も深き原因を帰さなければならない。

しかるに中世の教育を説くものは、従来殆《ほとん》ど一定して、この時代を暗黒の時代と見、而してその暗黒の中に於ける稀なる光明として、金沢《かなさわ》文庫（かねさわ）と足利学校《あしかがかつこう》との二つを非常に重大視して居る。しかしながら此の二者は、果してそれほどの価値があつたかどうか、即ち従来説《と》かるゝが如き重大なる意義を中世文化史上に持つものであるかどうか、私は疑ひなきを得ない。そこで本題に入るに先だち、先づ金沢文庫と足利学校との歴史を調べ、それが中世の文運に如何なる貢献をなしたかを考へ、その歴史的意義を論定したいと思ふ。

金沢文庫に関する中世の文献　予の見る所を以てすれば、近世初頭、文芸復興の時を界線として、金沢文庫の歴史的意義は前後相《あい》別れる。而して金沢文庫に就いての観念も、近世に至つては最早中世と相違するが故に、近世の文献を援引して、以て中世の史実を究明せんとする雑駁なる態度は、一先《ひとま》づ之を拒否しよう。

しからば中世に現る丶文献、果して如何。以下、時代を追うて順次点検する事とする。

先づ最初に挙ぐべきは『称名寺結界図《しょうみょうじけっかいず》』である。これは称名寺第三世の住持湛睿律師《たんえいりつし》が元亨《げんこう》三年（一三二三）に作つたものであつて、文庫の位置を明示するものとしては、中世に於ける唯一の史料と考へられ、従来文庫の位置を説くもの、この『結界図』を依拠《いきょ》として、文庫が称名寺の西方、小高い丘陵の彼方に、三棟相並んで立つてゐる事を述べないはない。しかるに極めて奇怪なるは、元亨三年の結界図原本には、何等文庫の記載なき事である。この原本は、現に国宝として珍重せられてゐるが、丁寧に之を検閲するに、三棟並んで立つてゐるといふ文庫は何処《どこ》にも見当らない。（この事、先年荻野《おぎの》〈三七彦《みなひこ》〉氏の発見にかかり、予はその示教を忝《かたじけの》うしたのである。而してこの一事は予の研究に重大なる契機となつたのであつた。）しからば従来『結界図』に文庫の記載ありと伝へてゐるのは、一体何によつたのかといふに、これは全く近藤正斎《こんどうせいさい》の『右文故事《ゆうぶんこじ》』に出づるものである。

近藤正斎といふは、即ちかの蝦夷地《えぞち》探険を以て有名なる幕臣近藤重蔵《じゅうぞう》の事であつて、名は守重《もりしげ》、号を正斎《せいさい》といひ、寛政《かんせい》・享和《きようわ》・文化《ぶんか》の際、屢々蝦夷地へ渡り、就中《なかんづく》寛政十年（一七九八）択捉島《えとろふとう》に渡り、露人《ろじん》建つる所の標柱を撤去し、代りに「大日本恵土呂府《だいにほんえとろふ》」の標柱を立てた事を以て、世に知られてゐるが、文学の造詣《ぞうけい》も頗る深く、寛政十年（即ち蝦夷地出張の年）二十八歳の若年を以て、既に『憲教類典《けんきようるいてん》』凡そ千巻三百冊の編纂《へんさん》を成し、蝦夷より帰つて後、文化五年（一八〇八）には御書物奉行に任ぜられ、幕府秘蔵の図書を通覧し、徳川氏代々文事に関する事蹟を集めて『右文故事』凡そ三十巻を著はした。その附録五巻の内、前三巻は金沢文庫、後二巻は足利《あしかが》学校の研究であつて、この二者に対する研究としては第一に挙げらるべきものであり、事実これより後の両者の研究は、皆この『右文故事』に出発し、或は之を抄録し、或は之を増補せるに過ぎない。而してこの『右文故事』附録巻之一には、元亨三年の『称名寺結界図《けつかいず》』を模写して収めてあり、それには寺の西の方、丘を越えた所に文庫三棟並び立つて居る。これ即ち『称名寺結界図』に文庫三舎ありとなす説の根拠である。

さてかく『右文故事』所載の図には文庫三棟のありながら、今現に存する所の原本にはなしとすれば、この矛盾をいかに解くべきか。最も穏かなる説明は、この『結界図』に多少変化があつたものとして、近藤正斎が見た当時には、今日よりも今少し広いもので、その左端に文庫が図記されてあつたのに、後年表装を改める際に、左端を削り取り、今は文庫の図が失はれたものと解する事である。もし近藤正斎の記述に絶対の信用を置く時は、これは殆《ほとん》ど唯一の説明であらう。しかるにこれに対して困難は二重に起る。

第一には、近藤正斎の記述が、厳密にいへば支離せる事である。即ち『右文故事』附録の本文には、この『結界図』を説明して、

「称名寺ノ後ロ《ウシ》ニ洞門アリ。浮簽《ふせん》ニ、寺僧云伝フ　此処《ここ》ノ洞ヨリ文庫へ通行セシト。相距《へだた》ルコト許《こ》多歩《たほ》、三舎アリ。浮簽ニ云フ、今此辺文庫ケ谷《やつ》ト云フ。此三舎ハ即チ文庫ナルヲ知ル。其古図、後ニ縮写ス、併セ考ベシ。」

とあり、而してその次に掲ぐる縮写図には、洞門の上の浮簽を記して、

「此洞ヨリ文庫へ通《かよ》シト云フ。」

とあり、又三舎の上に「文庫」と記し、その下に、

「今此辺文庫ケ谷ト云フ。」

とあり、前にいふ所とやゝ相違し、多少自家撞着《どうちゃく》の点あるを見る。これ『右文故事』の信用に就いて、先づ疑惑を感ぜしめる所以《ゆえん》である。

第二に、現存『結界図』は、それ丈《だけ》にてよくまとまり、少しも削除の痕跡を残さないばかりでなく、もしこれに所謂文庫の図を加ふる時は、図全体として全く均衡を失ふ事となる。『右文故事』に載する所の図を見れば、この事は極めて明瞭であつて、同図に於いては、左辺の中程に文庫のみが突出して居る状態は、図全体の均衡を破つて、著《いちじる》しく不調和ならしめてゐる。又原図には四辺の中程に東西南北の方角を記入してあるが、これは無論その端にあるべきであつて、ひとり西方のみ方角を記入した背後に

猶かなりの余裕があつて、文庫を画いてあつたとは考へられない。恐らく現存『結界図《けつかいず》』はその本来の面目を伝へてゐるものであつて、文庫は初めよりこの図には記してなかつたものであらう。

而してこの事は、この図の性質を考察する時、一層明かになる。元来この図は称名寺堂舎の位置を示さんが為に作られたものではなく、寺の結界を表示する目的を以て作られたものである。それは本図の周辺に線を引いて結界を示し、又その裏書に、

「大徳僧、聴我比丘為僧唱二四方大界相一、従《より》二当寺東南角雞冠木《けいかんぼく》中心一、旁《よりテ》二山根縄外畔一、随二屈曲一西下、
（中略）随二屈曲一南下、還穿二-入東南角雞冠木中心一。此是大界外相、第一周訖。第二第三如レ是

元亨三年癸亥二月廿四日

羯磨《かつま》師　極楽寺長老　忍公大徳
答法　多宝寺長老　俊海律師
唱相　湛睿《たんえい》」

とあるによつて知られる。かやうに戒律を守らんがために、行法《ぎようほう》の範囲を決定する事は、当時律宗《りつしゆう》に於いて盛んに行はれた所であつて、西大寺の長老睿尊《えいそん》の鎌倉行を侍者《じしや》が記録した所の『関東往還記《かんとうおうかんき》』（弘長《こうちよう》二年）にも頻々《ひんぴん》として現れてゐる。長老が鎌倉下向の途中、尾張の長母寺《ちようぼじ》に於いて寺僧の請により結界を行つた如き、その一例である。称名寺にあつては元亨三年に結界が行はれ、それを明示する為にこの図が作られたのである。従つてこの図はたゞ結界を示せば足り、その結界より外、丘陵を隔てた

る彼方の文庫を、図の均衡を破つてまで、わざ〳〵記入しなければならない必要は全然ない。

かく考察する時は、『称名寺結界図』には、元来文庫の記載全くなかつたものと断ぜざるを得ない。而してその図に文庫ありとなすは、実に近藤正斎に始まる事も亦、之を認めざるを得ない。しからば、正斎は何故にかゝる虚偽を敢てしたか。この疑問を解く為には、彼と金沢文庫との関係を考察する必要がある。

前述せるが如く、近藤正斎は幕府の御書物奉行であつて、職務上、図書の蒐集《しゅうしゅう》には非常な注意を払ひ、古来の文庫の沿革を詳細に調査し、金沢文庫及び足利学校にも深き注意を払ひ、就中金沢文庫の再興を晩年の事業の一としてゐた人である。彼が金沢文庫及び足利学校の再興者として上杉憲実《うえすぎのりざね》をたゝへ、

「上杉憲実将相ノ任ニ居リ文武兼備《かねそな》ヘシ事ハ姑《しばら》ク措《おく》レ之、足利学校ヲ興《おこ》シ、金沢文庫ヲ修《おさ》メ、経本《けいほん》ヲ伝へ、学規《がくき》ヲ掲ゲ、今ニ至マデ学校ノ廃セズシテ、能亘《よくこう》古希覯《こきこう》ノ珍籍ヲ存スルモノハ、皆憲実ガ力ニシテ、中世武将ノ最モ賢ナル者ナリ。（中略）憲実ガ如キハ、是ヲ異朝ニ求メバ孔廟《こうびょう》ニ従祀スト雖モ可ナリ。」（『右文故事』附録巻之五）

といひ、而して『近藤守重事蹟考《こんどうもりしげじせきこう》』に、

「文政五年六月、金沢文庫再興ヲ企テ、金沢文庫考ヲ著ス」

とあるを見れば、彼がいかに憲実に私淑《ししゅく》し、その後継者を以て自任してゐたかを知るに足りよう。而してこの計画を実現せんが為には、文庫の旧位置の如きは之を明確にする必要がある。それ故に文庫再興

に熱心なる余り、彼は元亨三年の『称名寺結界図』に文庫の記載ありと吹聴《ふいちょう》して、その運動に根拠を与へようとしたのであらう。そしてこれが以後百年間の学者を誤らすに至つたのであらう。

かやうに金沢文庫に就いて最も古く現れ、最も重要なる文献と考へられてゐた元亨三年『称名寺結界図』の、実は文庫に就いて何等の記載なく、全然相《あい》関せざるものである事が明かになつた。次にはこれにつぐ古き文献を探るに、先づ挙げらるべきものは、『法然《ほうねん》語灯録《ごとうろく》』(黒谷上人《くろだにしょうにん》語灯録)』印本《いんぽん》の奥書である。即ち知恩院《ちおんいん》に於いて宝永《ほうえい》二年(一七〇五)に印刻した『漢語灯録《かんごとうろく》』には、

「建武四年七月、得了慧上人所集語灯録艸本《そうほん》十八巻、従其初冬至臘月廿五日、与同門老宿四五輩治定之畢。更写一本、蔵武州金沢称名寺文庫者也。　下総州鎬木光明寺良求」

とあり、又これにおくるゝ事六年、正徳《しょうとく》元年(一七一一)十二月に印行した『和語灯録《わごとうろく》』の奥書には、

「和字語灯録全部七巻、了慧上人所撰集刊行也。予以建武五年仲春、与去冬自所校正漢字灯録草本同蔵武州金沢称名寺文庫者也。　下総州鏑木光明寺良求」

とある。而してこの本の発見せられて出版せらるゝに至つた径路《けいろ》に就いては、知恩院の白誉《はくよ》が詳述してゐる所に従へば、彼が豆州《づしゅう》薬王山寺《やくおうさんじ》に於いて発見し、借覧して研究し、諸本の訛偽《かぎ》を正し得るを喜び、義山《ぎざん》法師をして校正して出版せしめたものであるといふ。義山は当時博学を以て聞え、『円光大師《えんこうだいし》行《ぎょう》状翼賛《じょうよくさん》』六十巻其他の著述多く、享保《きょうほう》二年(一七一七)十一月、七十歳を以て寂した人である。

しかるに右に挙げた光明寺良求の奥書なるものは、語句文勢、到底建武の古調を帯びず、近世的色彩

を多量にもつてゐるものである。殊にそのいふ所は、和語・漢語互ひに滅裂で撞着《どうちゃく》してゐる。即ち漢語の奥書には『語灯録』艸本十八巻を得たといひ、一つは特に和漢をことはらず単に『語灯録』といふより、二つは十八巻といふ巻数が、漢十巻・同拾遺《しゅうい》一巻・和五巻・同拾遺二巻、都合十八巻に合ふより、良求は和漢共に艸本を得た事になるのに、和語の奥書に於いては、和語七巻は刊本であつて、漢語のみが草本であつた事になる。矛盾は実はそれのみに止まらず、漢語には同門老宿四五輩と治定《ちてい》すといひ、和語には自ら校正する所といつて居る。殊にその校本を称名寺文庫に蔵すといふは頗る異様の事であつて、称名寺の歴史を考ふるとき、たやすく許容し難いのを覚える。まして此の奥書を有する印本『語灯録』の本文それ自身が、余りに近世的整正の漢文体であつて、法然上人時代のものとはうけとる事の出来ない以上、この奥書を信用して金沢文庫の沿革を見るべき一徴証《ちょうしょう》とせんとするは、殆《ほとん》ど無謀に近いといつてよろしからう。慶証《けいしょう》寺《じ》玄智《げんち》の『浄土真宗教典志』は、早く印本『語灯録』の信ずべからざるを喝破《かっぱ》して、左の如く論じてゐる。

「黒谷上人語灯録十巻、

文永十一年甲戌十二月、鎮西了慧編集源空上人著述諸章。此有新古両本。古本写伝、現在京小川西福寺。（中略）新本、宝永二年乙酉三月、智恩院白誉至心使其徒義山校刻之。刪補縦横殆失旧制、以古本及新旧籍所載諸文対検之。則所損益可知也。且如七条起請文、吉水親書、現在二尊院、摸刻伝世。古徳伝五、指南鈔中末、十巻伝六、舜昌伝廿九等所載、並与彼摸刻本同。

而此録第十所㆑載独有㆓差異㆒。若言㆓親書以下皆贋而此録独真㆒、則誰敢許㆑之。至㆑載㆓諸消息㆒、則有㆘尊公閤下賢旨貴問領㆓芳書㆒審㆓道情㆒等言㆖。宛然今時尺牘家語、豈是吉水所㆑著耶。斧鑿之痕昭晰可㆑見。至心（即ち白誉）跋乃言㆘於㆓豆州薬王山寺㆒得㆓武州金沢蔵本㆒刻㆖之。而欲㆑掩㆓刪修之跡㆒、不㆓亦陋㆒乎。」

この『教典志』は安永《あんえい》七年（一七七八）に出来たものであるから、義山の歿後六十一年である。義山の人物は予《よ》未だ之を審かにしないが、その校合したといふ『語灯録』は、本文既に怪しく、奥書亦《また》疑はしく、而して半世紀の後には真宗の学僧によつて斧鑿《ふさく》の痕跡昭々たりと弾劾せられてゐるものであるから、予は新村《しんむら》（出《いずる》）博士及び藤原猶雪《ゆうせつ》氏と共に、この奥書を否定する。

次には義堂周信《ぎどうしゅうしん》の『空華集《くうげしゅう》』を見よう。同書巻九に、「次㆓韻贈㆘諦観中帰㆑京㆖」三首の中に、「観㆓金沢蔵書㆒作」一首がある。

玉帳修㆑文講㆑武余　遣㆔人来覓㆓旧蔵書㆒　牙籤映㆑日窺㆓蝌蚪㆒　縹帙乖㆑晴走㆓蠹魚㆒
圯上一編看不㆑足　鄴侯三万欲㆓何如㆒　照㆑心古教君家有　収在㆓胸中㆒圧㆓五車㆒

この詩は之を単独に見るとき、頗る難解の文字であるが、幸に新村博士によつて、『青嶂集《せいしょうしゅう》』と参照すべきものである事を教へられた。『青嶂集』は観中中諦《かんちゅうちゅうたい》の詩を集めたもので、その中に「金沢古寺師受㆓相公命㆒為㆓書籍使㆒」と題して、左の七絶が収めてある。

人家都住尽江頭　僧宇独依松桂幽　往我送書天禄後　一竿明月掃扁舟

観中のこの詩と、前にあげた義堂の詩とは、その題詞よりしても、またその内容よりしても、全く同時の作と考へられる。而してそれは応安《おうあん》六年（一三七三）の事であつて、観中は将軍義満《よしみつ》の命をうけて称名寺《しょうみょうじ》の蔵書採訪に下つたのであつた。義堂は彼の法兄《ほうけい》であつて、早くより鎌倉の円覚寺《えんがくじ》へ来て居り、観中も師匠夢窓《むそう》国師遷化《せんげ》の後には、一時義堂を頼つて鎌倉へ来てゐた位であるから、彼が将軍の命をうけて称名寺の蔵書を採訪した時、義堂も亦誘はれて見にいつたのであらう。

予の想像する所によれば、この時観中の相伴《しょうばん》をして金沢の書籍をみた者は、ひとり義堂ばかりでなく、当時鎌倉に居つた学僧は、多く行を共にし、この絶好の機会を利用した事であらう。そしてその中に、恐らくは大岳周崇《だいがくしゅうすう》もまぢつてゐたであらう。彼は漢書に精通した有名な学者であり、丁度この時は鎌倉に来てゐたのであるから、この時一同と共に金沢の蔵書を見にゆかない筈はない。『本朝高僧伝《ほんちょうこうそうでん》』にこの人を伝して「往二相州一閲二金沢庫書一」とあるのは、何によつたか典拠を審かにしないが、必ずや由来する所があつたもので、而してそれはこの時の事をさすものと思はれる。

義堂・観中・大岳三人の、金沢の図書を見るを全く同一時にありと為すは予の想像である。しかし義堂は延文《えんぶん》四年（一三五九）より康暦《こうりゃく》二年（一三八〇）まで鎌倉に居り、大岳来往の年月は明かでないが、貞治《じょうじ》六年（一三六七）より永和《えいわ》二年（一三七六）までは鎌倉に滞在したらうといふ事が、『空華集《くうげしゅう》』及び『日工集《にっくしゅう》』によつて察せらるゝが故に、応安六年には両人とも鎌倉にゐた事となり、既に鎌倉に居る以上、必ず観中訪書の好機を利用するに違ひないのである。或は大岳が鎌倉滞在の十余年間には、他にいつでも金沢訪書の機会があり、必ずしも観中と同時と考へなくていゝといふ反対説があるかも知れない。しかし応安《おうあん》六年より十四年も前から鎌倉へ来て居り、管領基氏《かんれいもとうじ》の崇信を得て居た義堂すらも、未だ曾て金沢文庫の蔵書を見る事は出来ず、而して観中《かんちゅう》が将軍の使者として文庫を開いた時、初めて之を見得たのである。しかもその時、蠹魚《しみ》の縦横に走つたのは、これらの書籍が永年死蔵せられてゐた事を語るではないか。大岳がいつでも自由に之《これ》を見得たとはどうしても考へられない事である。

『空華集《くうげしゅう》』の中には、この外に金沢に関係した詩が数首ある。就中《なかんずく》、左の二首は注意に価する。『空華集』巻第六、「次㆘韻賛《いんさん》上人游㆓金沢㆒懐古㆖」三首の中に、

「凄涼前朝寺　闃寂見㆑僧稀　屋老煙熏㆑壁　池荒水畳㆑衣
戒香焚罷冷　華雨講余飛　客至悲㆓興廃㆒　風揺白版扉」

「山河今猶在　人物一何稀　覇業随㆓黄壌㆒　天容変㆓白衣㆒
衆星仍北拱　孤鵲更南飛　独愛金仙子　持㆑経老掩㆑扉」

これによれば、称名寺は当時非常に衰へて、境内も荒れ寺院も古び、殆んど人影を見なかつたに違ひない。図書館として文運に貢献するなどいふ事は思ひも寄らぬ所である。

下つて室町時代の文献を探るに、『慕景集《ぼけいしゅう》』に、

「二月釈菜、金沢文庫にて行ふよし、三好日向守勝之《みよしひゅうがのかみかつゆき》のもとより申こされければ、隣家梅花といふ
題を聖供にそへてつかはし侍るとて
春なれや夜々友がきのちかきにはとをきもかよふ梅の下かせ」

とある。しかるに第一金沢文庫にて釈奠《せきてん》を行ふといふ事はうけとれない話である。第二は極力《きよくりよく》金沢文庫の文献をあさつて援引これつとめた近藤正斎が、この記事を引用して「慕景集ハ偽書ナレバ是説信ズルニ足ラズ」と断つてゐる以上、本書の価値は頗《すこぶ》る問題であらう。又たとへこれが信用を置けるものとしても、この記事だけでは金沢文庫の性質は少しも明瞭になつて来ない。いづれにせよ、これは金沢文庫の真相を決定すべき史料ではない。

次には『鎌倉大草紙《かまくらおおぞうし》』である。同書に上杉憲実《うえすぎのりざね》の事蹟を記して、

「武州金沢の学校は、北条九代の繁昌のむかし、学問ありし旧跡也。」

といつてゐる。しかし『群書類従《ぐんしょるいじゅう》』本には次に、直ちに足利学校の由来と、憲実が之を再興して種々の書籍を納めた事を述べて居り、金沢の記事は之だけでは意味をなさない未完結のものとなつてゐる。『史籍集覧《しせきしゅうらん》』本及び『右文故事』に引く所は、この句の次に、

「是をも今度かの文庫を再建して、種々の書籍を入置」

とあり、かくすれば意味は通じるが、果してこの句があつたかどうかは一段の研究を要する。一体『鎌倉大草紙』は、康暦《こうりやく》元年（一三七九）より文明《ぶんめい》十一年（一四七九）に至る間の鎌倉を中心とせる関東の動乱を記したもので、たとへ文明十一年を去る遠からざる内に著はされたりとするも、それは鎌倉幕府の滅亡より一世紀半も後の事であるから、その記事によつて、金沢文庫の当初の面目を察する事は、かなり危険な事である。まして今『大草紙《おおぞうし》』の此条はかやうに滅裂の文体であるから、之を信用するには余

程の旁証がなければならない。

『鎌倉大草紙』はかなり古いものと思はれるに拘《かか》はらず、自分は不幸にして一向その古写本を見る機会を有しない。内閣文庫にも数部あるが、いづれも幕末又は明治年間の写本である。而してそれらを調査した結果は、次の様である。

㈠浅草文庫の朱印及び昌平坂学問所《しょうへいざかがくもんじょ》の黒印ある一冊本には、金沢文庫の一条は欠けてゐる。

㈡明治の写本ではあるが、原本には延宝《えんぽう》己未（七年、一六七九）書写の奥書ありと云ふ一冊本には、『群《ぐん》書類従《しょるいじゅう》』本の如く、金沢文庫の由来のみを述べて、その再興の事はなく、加之《しかのみならず》、「武州金沢の学校は」の横に足利学校とある。もしこれが何か古写本によつて校合したものとすれば足利学校の記事のみであつて、金沢文庫の事は一切記載がない事になり、却《かえ》つて文意は通ずるを覚える。

㈢尤《もつと》も明治十二年（一八七九）購求の朱印ある幕末の写本二冊、及び文化十年（一八一三）十一月、武州野火止《のびどめ》住人矢代正泰《やしろまさやす》が武州所沢《ところざわ》斎藤鶴磯《さいとうつるいそ》の蔵本によつて写したといふ四冊本には『右文故事』に引く如き文がある。

かやうな次第であつて、これ等は筆写の年代に於いて、いづれも相伯仲《あい》し、その是非の決定は更に古き写本の発見にまたなければならない。

しかしながら、たとへ古写本に上杉憲実《のりざね》が金沢文庫を再興した記事が発見せられるとしても、猶それは容易に信用し難い様に思はれる。何となれば、上杉憲実が足利学校を修理して書籍を納めた事は、この『大草紙』の記事が大体その真を伝へてゐるらしく、今日足利学校には憲実寄進の奥書あるものが多い。たとへば『尚書正義《しようしよせいぎ》』八冊、『毛詩註疏《もうしちゆうそ》』三十冊、『礼記正義《らいきせいぎ》』三十五冊、『春秋左伝註疏《しゆんじゆうさでんちゆうそ》』二十五冊等これである。

しかるに金沢文庫に伝はつたものには、一向《いつこう》憲実寄進の痕跡を見ない。従つて『大草紙』のある本に、金沢文庫を再興して「種々の書籍を入置」とあつたとしても、それは容易に信ずる事は出来ない。『続《ぞく》本朝通鑑《ほんちようつがん》』が憲実の『五経註疏《ごきようちゆうそ》』を足利学校に納めた事は記してゐながら、（永享十一年条）一言も金沢文庫に言及しないのも併せ考へるべきである。

かやうに、従来金沢文庫の沿革を説くものが、確実なる証拠としてゐた文献は、今日厳密に之を調べて見るに、多くは十分なる証拠とするに足りない様に思はれる。第一に、元亨《げんこう》三年の古図には文庫の記載が無く、第二に、建武《けんむ》五年の『法然語灯録《ほうねんごとうろく》』奥書は偽作の疑があり、第三に、『慕景集』も偽書であり、第四に『鎌倉大草紙』の本文にも疑ひがある。ひとり『空華集』に金沢に古書多しと記する外は、鎌倉より南北朝・室町にかけて、即ち中世を通じて、この文庫に関する正確なる文献は殆どないと云つていゝ。而して文庫の名の大いに著るゝに至つたのは、近世に入つて後、江戸時代の初めの事であつて、『駿府政事録《すんぷせいじろく》』、『慶長年録《けいちようねんろく》』、林道春《はやしどうしゆん》の『丙辰紀行《へいしんきこう》』、『北条九代記《ほうじようくだいき》』、『鎌倉志《かまくらし》』等により、世に知らるゝに至つたのである。しかも其等は、金沢文庫の成立、及びその性質、又は沿革等に就いて、疑惑を断ずる権威の無いものである。

よつて、こゝに従来の所説を悉《ことごと》く棄て去つて、全く新たに文庫の沿革とその性質を見窮めたいと思ふ。

金沢氏と称名寺との関係　金沢文庫は、こゝに伝つた書籍の奥書によつて見る時は、金沢氏及び称名寺と密接なる関係ある事を知る。

金沢氏との関係といふは、古写本の奥書に金沢氏の奥書あるを云ふ。『続本朝文粋《ぞくほんちょうもんずい》』巻二の奥書に、

文永《ぶんえい》九年初冬下旬、以二相州御本一書写校合了。

越州刺史　花押

とある如き、その一例である。「越州刺史《えつしゆうしし》」と云ふは、即ち、金沢越後守顕時《あきとき》である。金沢文庫本には顕時又はその子貞顕《さだあき》の署名したものが多い。

又称名寺との関係と云ふは、金沢文庫の墨印ある『尚書正義』の奥書に、嘉元《かげん》二年（一三〇四）仏子《ぶつし》円種《えんしゆ》の奥書あるを云ふ。円種は即ち称名寺の鐘銘を作つた僧である。よつて先づ金沢氏と称名寺との関係を考ふるに、普通に伝ふる所は、称名寺は金沢実時《さねとき》が本願であつて、顕時に至り寺を建てたと云ふ。今元亨三年の結界図《けつかいず》を見るに、南方、門を入りて北に池あり、池の中に島あり、橋を架して之を渡り、中央に金堂あり、その北に講堂あり、左右に両界堂・僧坊・方丈など並び、東方には方丈よりつゞいて雲堂・庫院・東司《とうす》などあり、西方には僧坊の左右に護摩《ごま》堂・五重塔などあり、西南隅には新宮とその別当坊とあり。而して不思議なる事は、五重塔と新宮との中間に、一群の他とは独立した建物があつて、

それに「称名寺」と注せられてゐる事である。元来この図は称名寺の結界図であつて、こゝに記載されたる建物は、悉く称名寺の建物であり、金堂・講堂などがその中心をなしてゐるに拘はらず、西南隅に殆《ほとん》ど独立して存する一群の建物が、特に称名寺と呼ばるゝは何故であるか。これ実に称名寺の歴史をさぐる一つの鍵と云ふべきである。

而してこの元亨《げんこう》の古図に於いて、特に称名寺と呼ばれたる建物は、後には専ら「阿弥陀《あみだ》堂」と呼ばれた様である。称名寺文書康安《こうあん》二年（一三六二）頃のものに屢々《しばしば》阿弥陀堂の事が見える。これは所謂《いわゆる》称名寺の本来の性質を見る上に頗《すこぶ》る有力な参考資料である。

以上二つの点を確かめて後、『関東往還記《かんとうおうかんき》』に対する時は、称名寺の本来の性質は忽《たちま》ち明白になる。此書は今日前田家に伝はつてゐる本は、首尾が欠けて居て年月の明記もないが、内容によつて、弘長《こうちょう》年間のものなる事が分り、更に大森金五郎《おおもりきんごろう》氏及鷲尾順敬《わしおじゅんけい》氏の研究によつて、それが弘長二年（一二六二）のものなる事が明かになつた。即ちこの書は弘長二年西大寺《さいだいじ》の叡尊《えいそん》が鎌倉に下つた時の侍者《じしゃ》の日録であるが、書中、二月廿七日夕無事鎌倉に着した事を記し、その宿所へ越後守実時《えちごのかみさねとき》が来て歓迎の意を述べ左の如く応答してゐる。

「又立二鎌倉一、不レ幾有二一寺一、号二称名寺一。年来雖レ置二不断念仏衆一、已令二停止一畢。以二件寺一擬二御住所一云々。長老被レ報云、従二遁世以降一、依レ有二別願一、未レ住下有二資縁一之所上。而件寺已有二数多之領所一、頗背二素意一。次為レ宛二愚老之住処一、停二止日来念仏之条一、太以不二庶幾一、旁難二止住一云々。」

（『興正《こうしょう》菩薩《ぼさつ》年譜』によれば、これは侍者性海《しょうかい》比丘《びく》の記録したものであるから、長老は敬語を用ひられてあるのである。）

かくて越後守実時《さねとき》は睿尊《えいそん》の素意を諒《りょう》として、鎌倉の中に無縁の所を尋ねて、釈迦堂を得、此処に住《じゅう》せしめたのであるが、この文によつて知らるゝ事は、

㈠金沢称名寺《しょうみょうじ》は、弘長《こうちょう》二年より、かなり以前に建てられた事、

㈡而してこゝには不断念仏衆《ふだんねんぶつしゅう》を置いた事（即是阿弥陀堂）

㈢又この称名寺は数多《あまた》の所領を有《も》つてゐた事、

又同書三月一日の条には、乗台《じょうだい》なる人の名を記し、その割注に、「称名寺別当越州外舅」とあるのを見る。この外舅《がいしゅう》といふを、大森学士は外祖父と解して、『関東評定伝《かんとうひょうじょうでん》』によつて、天野和泉前司政景《あまのいずみのぜんじまさかげ》とし、『北条系図』に淵名与一《ふちなよいち》とあるを異伝とされた。しかしこの乗台なる人はこの時、実時の為に称名寺の別当《べっとう》であり、又この日は観証《かんしょう》・真鏡《しんきょう》の二人と共に「一向可㆑沙㆓汰僧事㆒之由、越州申付之間」色々奔走したとあるが、当時実時は三十九歳であつて、母の父、即ち外祖父と云へば先づ八十歳に近い高齢であらうし、天野政《あまのまさ》景《かげ》にせよ淵名与一にせよ、かゝる役にふさはしくない。殊に天野政景は天野遠景《とおかげ》の子であつて、『吾妻《あづま》鏡《かがみ》』に散見してゐるが、延応《えんおう》元年（一二三九）五月より後には其子の天野和泉次郎左衛門尉景氏《かげうじ》のみ現れて、和泉前司政景は一向現れず、それより後和泉前司と云ふは政景でなくして、二階堂行方の事であり、而してこの延応元年より八年後なる宝治《ほうじ》元年（一二四七）十二月廿九日の条に京都大番《おおばん》勤仕の結番《けちばん》を記して、

十九番　　　　天野和泉前司跡

とあり、政景の既に亡き事は明かである。この宝治元年は今問題とする弘長二年よりは十五年前である。かた〴〵乗台は天野政景ではない。又宝治二年五月十六日の条には、天野和泉前司の子息兄弟相論の時、母堂を以て証人とした事が見える。遺族の間に争ひがあつたのである。政景の既に亡き事は愈々疑ふべくもない。一体、外舅の実の意味は「妻の父」である。『正字通《せいじつう》』には明かに、

舅　巨又切、音旧。母之兄弟為レ舅。又妻父曰二外舅一。又婦謂二夫之父一亦曰レ舅。

とある。さて外舅を妻の父とすれば、それは何人かと云ふに、実時には妻が二人あつたらしく、『関東往還記』及び『北条系図』によつて考ふれば次の様な関係になつて居たらしい。

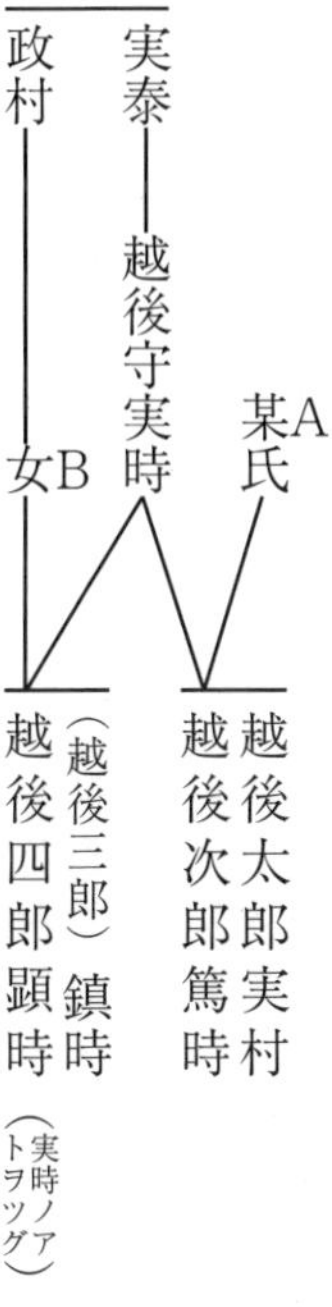

Aは『往還記』に「越州旧妻」として出て来るが、旧妻は前妻の義か、又はAB共に当時も実時の妻であつたか明瞭でないが、恐らくは後者であらう。さてBの父は相模守政村《さがみのかみまさむら》であつて当時連署《れんちょ》であるから、無論乗台はこの人ではなく、恐くはA某氏の父であらう。

ともかく称名寺は、実時がその妻の父を以て別当とし、又そこに不断念仏衆《ふだんねんぶつしゅう》を置き、しかも弘長《こうちょう》二

東
南
寢殿造
東
南
稱名寺

年（一二六二）には、実時《さねとき》が自由に、不断念仏《ふだんねんぶつ》を停止して、審尊《えいそん》を置かうとしたのであるから、この寺は、実時の私寺であつたに違ない。

こゝに於いて更に想出さるゝは、元亨《げんこう》の古図に見ゆるあの寺のプランである。あの寺の堂舎の布置、池や橋の有様、又その方角は、全く京都の公卿の間に行はるゝ寝殿造《しんでんづくり》の様式そのまゝである。

これによつて思ふに、蓋《けだ》しこゝは、越後守実時の別荘であつて、彼は京風を模して、こゝに寝殿造の別荘を設け、その一隅に称名寺を立て、不断念仏衆を置き、それに数多の領所をつけ、妻の父乗台《じょうだい》を以て、その別当としたのであらう。この事は実時の妹が、唐橋《からはし》中将通治の妻となり、又実時の女《むすめ》が二条中将雅有の室となつてゐる事（『北条系図』）を思合す時、一層明瞭となる。さてこの別荘が、後の称名寺に移り変つていつた経路については、二つの考ふべき事がある。

㈠不断念仏の道場が律宗の寺院と変じた経路。

㈡別荘の一隅に存した称名寺が、別荘全部を占領するに至つた経路。

第一の点については、弘長《こうちょう》二年以前にはこの称名寺は不断念仏衆を置く道場であつて、それ故に称名寺と呼ばれたのであるが、弘長二年に実時は律宗に帰依して、不断念仏を停止し、こゝを以て審尊の住所に宛てようとした。審尊の拒絶によつてこの計画は実現せられなかつたが、不断念仏の道場たる事は、恐らくこの時を以てやめられたであらう。その後いつか、審海《しんかい》を招いてこゝに住せしめた。その入寺の年代は明かでないが、弘安《こうあん》七年（一二八四）の二月には、審海が住持として五ヶ条の称名寺規式《きしき》を制定してゐるから、当時は既に律院となつてゐた事が分る。もし文永《ぶんえい》十年（一二七三）に六浦庄《むつらのしょう》世戸堤内入海の殺生禁断《せっしょうきんだん》の厳制の出た事が、称名寺の戒律に関係ありとすれば、それは更に十二年を遡り得る。とにかく弘長二年を以て不断念仏は停止せられ、その後数年の内に審海《しんかい》を招いて住せしめ、戒律の道場としたのであらう。この審海は今日の称名寺の開祖である。

第二の点については、文永六年に、顕時《あきとき》の書いた寄進状《きしんじょう》の写《うつし》といふのが伝はつてゐる。

寄進

武蔵国金沢称名寺々内寺外敷地事

右敷地者、任所副進絵図之際目、可令領知給之状要（如カ）件。

文永六年十一月三日　　越後守顕時在判

又之に関連して次の文書も伝はつてゐる。

態以専使令申候。抑付城入道追討事、依為因縁被残御不審候歟。仍配流之由被仰下候。於今者生涯之向顔不定仁覚候。殊抽丹誠可預御祈念候。付其候天波、文永六年与梨何事と候和須、世上騒乱之間、人之上歟、身之上歟、安ふ（否）更仁難弁時分仁候幾。仍寄進状並絵図を認置候。其後同九年正月十四日、名越尾張入道・遠江守兄弟、倶非分被誅候了。同年二月十五日、六波羅式部丞被誅候。今年又城入道、十一月十七日、被誅候了。皆雖御存知事候、無常之理銘心腑候。凡此十余年之式、只如踏薄氷候幾。今既其罪当身候之間不運之至思設事候。明日払暁、総州下向候。寺家敷地事、以所副進之絵図為際目、向後可有御知行候。金沢郷事不可有子細之由被仰下候之間歎之中喜此事候。猶々所祈禱偏憑存候。以此旨可有御披露候。恐惶謹言。

弘安八十二月廿一日

越後守顕時在判

当寺開山妙性長老

進上　称名寺方丈侍者　御中

この二通は共に『賜蘆文庫文書《しろぶんこもんじょ》』によつたのであるが、後者は又水戸彰考館《しょうこうかん》の『金沢蠹余残編《かねざわとよざんぺん》』にも収められてある。すべて写しであつて、その為に研究は一層の困難を加へ、種々の疑惑が生じてくる。先づ第一号文書は、之を本のまゝとすれば、疑はしいものである。何となれば、文永六年に越後守といへばそれは実時であつて、実時はこの時二番引付頭《ひきつけとう》であつた。顕時も引付衆《ひきつけしゅう》であつたが、左近大夫《さこんのたいふ》将監《しょうげん》と称して、未だ越後守にはなつて居なかつた。この越後守実時が亡くなつたのは、これより七年後の建治《けんじ》二年（一二七六）十月廿三日の事である（『関東評定伝』）。実時卒去の翌年、北条業時《なりとき》が越後守に任ぜられ、弘安《こうあん》三年（一二八〇）十一月に至つて、業時を駿河守に移し、代つて左近大夫将監顕時が初めて越後守に任ぜられた（同上）。従つて文永六年（一二六九）には顕時が越後守と署名する筈はなく、かく署名せる限り、もしそれが後人の加筆でないとすれば、それは明かに偽作である。

次に第二号文書と通じて言へば、両者共に、文永六年中、顕時が金沢の別業《べつぎょう》を称名寺へ寄進したとしてゐるのは、当時父の実時が儼然《げんぜん》として尚評定衆《ひようじようしゆう》の引付頭であり、文永十年には実時が殺生禁断《せつしようきんだん》に就いて通告して居り、建治《けいじ》元年五月には実時《さねとき》が金沢《かねざわ》に隠退し、建治二年十月に卒した事を考へる時、文永六年に、もしこの敷地を寄進するとすれば、それは実時の署名によるべきものの様に思はれる。又第二号文書のみについて云へば、その中に世間の騒乱を述べて、文永《ぶんえい》「九年正月十四日、名越尾張入道・遠江守兄弟、倶非分被㆑誅候了。同年二月十五日、六波羅式部丞被㆑誅候。」とあるは、二つの点に於いて異様に感ぜられる。

(一)名越《なごえ》尾張入道時章《ときあき》、及びその弟遠江守教時《のりとき》が執権北条時宗《しつけんほうじようときむね》の為に殺されたのは、他の諸書皆、文永九年二月十一日の事とし、(『北条九代記』、『関東評定伝』、『武家年代記裏書』、『随聞私記』、『歴代皇記』、『保暦間記』等)当時の事情を考ふる時はこれを事実に近しと認め得るに拘らず、本文書に於いては之《これ》を正月十四日の出来事としてゐる事。

(二)この騒動の根本は、執権《しつけん》時宗の兄に当る式部大輔時輔《しきぶおおすけときすけ》が、母の賤《いや》しい為に家督を続《つ》ぐ事が出来ず、出で、六波羅《ろくはら》南方の探題《たんだい》となつてゐたが、心中頗《すこぶ》る不満で潜《ひそか》に異図《いと》を抱いた為に、時宗が之を誅したのであつて、名越兄弟はその党与なりとして側杖《そばづえ》を喰つたに過ぎない。而して京都に於いて時輔の殺されたのは二月十五日の事であり、鎌倉に於いて名越兄弟の誅戮《ちゆうりく》せられたのは、前に云ふ如く二月十一日の事である。『随聞私記《ずいもんしき》』に、「同文永九年申二月七日、夜騒動。同十一日辰時、新遠江依㆑謀叛被㆑誅畢。尾州依㆑無実自害。寄手同本ノマヽ時輔同、」とあるのは、二月七日夜、事露顕し、時宗は直ちにそれぞれに手配をして、一方名越兄弟を殺すと共に、一方京都に急使を馳せて、六波羅北方の手により南方時輔を誅せしめたのであらう。

しかるに第二号文書に、この二つの事件を全く切り離して、別々の出来事として記述し、しかもその月日を一月も誤つてゐる事は、当時引付衆《ひきつけしゆう》であつて、しかもこの事変に世の無常を痛感したと云ふ顕時《あきとき》の手になるものとしては、余りに迂遠《うえん》である。

しかしながら、城入道、即ち城介義景《じようのすけよしかげ》の子、安達《あだち》陸奥守《むつのかみ》泰盛《やすもり》入道真覚《にゆうどうしんかく》が（この泰盛も亦秋田城介に任ぜり、城入道と云ふはその為の称呼ならん）執権北条貞時《さだとき》の為に兄弟一族共に誅戮《ちゆうりく》せられたのは、この文書に云ふが如く、弘安《こうあん》八年（一二八五）十一月十七日の事であり（『北条九代記』、『鎌倉大日記』、『帝王編年記』、『保暦間記』、『一代要記』、『歴代皇記』、『武家年代記』等）、而して金沢越後守顕時《あきとき》が之に坐して処分せられた事も亦事実であるから（『北条九代記』、『尊卑分脈』、『北条系図』）、この文書にあらはれたる如き事実は、いかにも有りそうな事と思はれる。或は顕時の何等かかくの如き文書があつたのが失はれて、寺僧が記憶の中より之を復原して見たものであるかも知れない。たとへ之を偽作とするとしても、それは何等か根拠のあるものに違ひない。

かやうに此等の文書は、既にその原本は亡びてしまひ、今日伝はる所の写しには、以上の如き疑雲が掩ふて居り、いはゞそれは影のやうなものであつて、この影、しかも疑雲の中にたゞよふ影によつて、その本体を察する事は容易の事ではないが、とにかくこれによつて想像し得る事は、金沢氏が、その金沢の別荘を称名寺に寄進したのは、顕時の時であつて、しかも恐らくは弘安八年の事であつたらうと云ふ事である。実時《さねとき》は建治《けいじ》元年五月こゝに退隠して病を養ひ、翌「建治二年十月廿三日於二六浦別業一卒年五十三」（『関東評定伝』）とあるから、実時の一代は別荘として終つたのであり、従つてその別荘を挙げて寺とするは、顕時《あきとき》の時であらう。殊に彼が嫌疑を受けて、十一年間上総国《かずさのくに》に流され、召還されて後五年にして卒した事を考慮の中に入れる時は、その嫌疑を受けて流罪に処せられ、将来の希望の一切空《くう》に帰した時、即ち、弘安《こうあん》八年こそは、その別業を挙げて寺に寄進するに、尤もふさはしき時と云はなければならない。

弘安八年を以て別荘全部が称名寺に寄進せられたとして、その後十一年の間は、顕時は流されて居り、永仁《えいにん》四年（一二九六）召返されても、五年ばかりの中に卒去し、その子の貞顕《さだあき》が父の後を承けて後は、六波羅探題《ろくはらたんだい》として京都に住む事、前後殆《ほとん》ど十三年、正和三年（一三一四）に鎌倉へ帰つて連署《れんしょ》となつたが、その頃称名寺は既に大寺となり、文保《ぶんぽう》元年（一三一七）には金堂が建立《こんりゅう》せられて、昔の別荘の面影が段々に失はれ、寺院としての面目を整へるに至つた。称名寺文書に金堂建立の時の注文がある。

金堂木作始　番匠事

大工

大夫次郎　銀剣一 二衣一　信海

引頭

左衛門大夫　衣　一　　　　吉　広
弥次郎　　銀剣一　　　　正　音
（中　略）
文保元年五月十五日
引　手
加島五郎
治部又六

称名寺は、かくて次第に別荘たりし外観を改めて、寺院としての面目を整ふるに至つたが、それと共に、金沢氏の私寺たる性質は漸次無くなつて、公《おおやけ》の寺院として幕府より認めらるゝ様になつた。次の文書はその性質の変移を示す。

㈠　当寺祈禱事、蝦夷已静謐之間、法験之至殊感悦候。謹言。
文保二年五月廿一日　　　　高　時（花押）
称名寺長老

㈡　奉　寄
金沢称名寺
多胡平二郎四郎氏家所領事

右為二小笠原彦次郎入道々円跡之替一所レ被二寄進一也、者、依二鎌倉殿仰一奉レ寄状、如レ件。

元亨《げんこう》三年六月廿日

相摸守平朝臣（花押）

修理権大夫平朝臣（同）

ここに、相模守は即ち執権高時《しっけんたかとき》、修理権大夫は即ち連署金沢貞顕である。

㈢　遠江国天龍河　下総国高野川両所橋事、所レ被二仰付一也。早任二先例一可レ致二沙汰一之状、依レ仰執達如レ件。

元亨四年八月廿五日

相　摸　守（花押）

修理権大夫（同）

元亨三年（一三二三）二月は称名寺第三世湛睿《たんえい》が『結界図《けっかいず》』を作つた時である。而してこの図の作られた事は、即ち結界が定められた事を示し、かたがたこの頃に於いて、称名寺の面目は一新した事と思はれる。金沢氏は顕時《あきとき》が失脚してより後、凡そ三十年程は勢力を失つてゐたが、正和《しょうわ》四年（一三一五）に貞顕が、京都より呼戻されて連署となつてより後は、執権高時を助けて幕府の中心人物となつたのである。称名寺に金堂が建立せられたのは、それより二年後であり、幕府より多《た》胡氏家《こうじいえ》の所領を寄進せられたのは、八年後であり、遠江国天龍河及び下総国高野川に於いて、通行税を徴収する特権を与へられたのは、九年後の事であつて、皆貞顕の連署時代の事である。

かやうにして称名寺は、初め金沢氏の別荘の一隅に建てられて、金沢一族の後世菩提《ごせぼだい》の為に不断念仏《ふだんねんぶつ》を唱ふる道場であつたが、後《のち》律宗に改められ、やがて別荘全部もこゝに寄進せられ、別荘と寺とは主客その位置を変ふるに至り、漸次別荘の建物を改めて寺としての面目を整へ、幕府より公の寺として認めらるゝ様になつた。

しかし、その為に金沢氏との関係が段々薄くなつたと考へてはならない。金沢氏が称名寺を段々大きなものとして発達せしめたのは、一つは信仰の為でもあるが、しかし猶一つの理由として、財産の保護といふ事が考へられる。これは当時、他にも例の多い事であるが、中世の様な不安な時代に於いては、個人の財産は到底永久に之《これ》を確保する事は出来ない。之を永久に確保する為には、寺院の名を籍《か》りるに如《し》くはない。金沢氏は何時失脚するかも知れない、而して万一の場合に備へる為には、称名寺を独立した公の寺とし、こゝに財産を寄託するが第一の名案である。金沢氏と称名寺との間には、かくの如き問題に就いて、十分の諒解があつたらしい。かく推察する理由は、

㈠称名寺が金沢氏の別荘の一隅にある不断念仏の小堂に過ぎない時すら、数多《あまた》の所領を有して居つて、審尊《えいそん》をして、その為にこゝに住むのを厭《いと》はしめた程であつた事。しかも、この別荘内の小堂は、即ち金沢氏の持仏堂とも云ふべきものであり、その小堂につけられたる数多の所領は、金沢実時の外舅乗台なる人の管理する所であつた事。

㈡文永六年（一二六九）顕時の寄進状は、或は偽作であるかも知れないが、よし偽作としても、かゝる文書の存する事は、金沢氏が万一の場合にもその別荘を猶《なお》他に奪去られまいとする用意から、あらかじめ寄進状が認《したた》められた事を示す。

㈢貞顕《さだあき》は連署たる事十二年、嘉暦《かりやく》元年（一三二六）に至り、執権高時が病を以て職を去り出家するや、長崎高資《ながさきたかすけ》が、高時《たかとき》の弟泰家《やすいえ》を抑へて貞顕を執権とした為に、貞顕は泰家の為に暗殺せられんとし、急に職を辞して出家した。『本朝通鑑《ほんちょうつがん》』にこの時の事情を記し、

四月、北条泰家議㆘殺㆓北条貞顕㆒解㆗欝恨㆖、貞顕悟㆑之辞㆑職剃髪（号崇顕）退㆓居金沢㆒。

とある。金沢退居の事は何によつたか、外には未だ確証を見ないが、金沢文庫本の奥書による時はこれは是認せられる。

以上、称名寺と金沢《かねざわ》氏との関係を明かにし得たが、この方面よりは金沢文庫に関して何の手がかりも得る事は出来ない。しかしこれ丈《だけ》を明かにして置けば、文庫の背景は明るみへ出されたのであるから、文庫の由来、その性質を察する事もさまで困難ではない。

金沢文庫本の由来　さてかくの如く、古き文献に、金沢文庫の記事が殆んど現れないとすれば、今は直ちに此の文庫の蔵書、即ち所謂金沢文庫本の伝来を辿《たど》つて、文庫の由来とその性質を考へなければならない。予は不幸にして未だ金沢文庫本の原本のすべてを見る機会を有してゐないので、こゝには主として正斎の『右文故事』による事とする。

㈠金沢文庫本なりと伝ふるもの。（又は金沢文庫本によりて写せりと云ふもの）

『右文故事』によれば、『東坡集《とうばしゅう》』『漢雋《かんしゅん》』『太平聖恵方』『続易簡方』『東鑑《あづまかがみ》』『続日本紀《しょくにほんぎ》』。外に林道春《はやしどうしゅん》の『丙辰紀行《へいしんきこう》』（丙辰は元和二年なり、この年道春、江戸より京に入る、その紀行也、）に、『斉民要術《せいみんようじゅつ》』『本朝文粋《ほんちょうもんずい》』などを見た事が記されてゐる。

㈡金沢文庫の印記のみあるもの。

『右文故事』によれば、『論語正義《ろんごせいぎ》』『春秋正義《しゅんじゅうせいぎ》』『太平御覧《たいへいぎょらん》』『世説《せせつ》』『景文宋公集《けいぶんそうこうしゅう》』『楊氏家蔵方』、『外台秘要方』『病源候論』『文選《もんぜん》』『白氏文集《はくしもんじゅう》』『清獬眼抄《せいかいがんしょう》』

道春『丙辰紀行』に、「北条氏天下の権をとる時に、文庫を建て、金沢文庫といへる四字を、儒書には黒印をおし、仏経には朱印をつきて蔵め置ける」とあり、但しこの印が鎌倉時代のものか否かは分らない。只足利学校蔵する所の『文選』（宋二十一冊版）によつて、それが室町時代の末には既に用ひられてゐる事を知り得る。（憲実が果して文庫の整理をしたとすれば、或はその時にかゝる印を作つたのかとも疑はれる。）

『文選』には毎冊「金沢文庫」の黒印あり、九華の奥書によれば、九華が六十一才の時、学校能化職《のうげしき》を辞して、大《おお》隅《すみ》に帰らんとした途中、北条氏康《ほうじょううじやす》・氏政《うじまさ》父子にあひ、為に『三略《さんりゃく》』を講じ、その礼にこの書を貰つた、氏康は之を足利学校に寄進すると共に、九華に請うて学校に再任せしめたと云ふ。

㈢鎌倉時代、金沢氏、其他の奥書あるもの。

『群書治要《ぐんしょちよう》』『左伝《さでん》』『尚書正義《しょうしょせいぎ》』『律令《りつりょう》』『令義解《りょうのぎげ》』『令集解《りょうのしゅうげ》』『続本朝文粋《ぞくほんちょうもんずい》』『法曹類林《ほうそうるいりん》』、『百練《ひゃくれん》抄《しょう》』

目下の問題解決に役立つのは、主としてこの第三類である。よつて更に詳密に、その奥書を点検するに、

(1)『群書治要』、四十七巻、

各巻の奥書を参稽するに、建長《けんちょう》・康元《こうげん》・正嘉《しょうか》年間、実時の請《こい》により、前三河守清原教隆《さきのみかわのかみきよはらののりたか》が之に点を加へ、正元《しょうげん》・弘長《こうちょう》・文永《ぶんえい》中、更に左京兆《さきょうちょう》藤原俊国、右京兆《うきょうちょう》藤原茂範に誂《あつら》へて、点を乞ふた。教隆は建長四年（一二五二）より幕府の引付衆として鎌倉に来てゐたのであるが、俊国・茂範は京都に居たのに、態々《わざわざ》点を加へしめたのである。しかるにその内幾巻かは、文永七年（一二七〇）の火災に焼失したので、先に実時本を写して置いた康有本[(註)]を以て書写し、点を加へた。それは文永十一年・建治《けいじ》元年（一二七五）・建治二年の間の事であるが、建治元年は実時が評定衆を辞して金沢に退隠した時であり、建治二年は彼が金沢の別業に永眠した時である。『群書治要』の奥書は八月廿五日、卒去は十月廿三日、即ち卒去の僅か二月前までこの書の書写校勘に努めてゐたのである。

（註）康有は勘解由判官《かげゆほうがん》三善《みよし》康有（太田氏）の事であらう。康有はこの前後評定衆《ひょうじょうしゅう》であり、問註所執事《もんちゅうじょしつじ》であつた。

(2)『律令』

正嘉元年（一二五七）の頃、前参河守清原教隆は相伝の秘説を以て越後守実時に授けた。しかるにこれもその一部分は文永七年の火災に焼失したので、文永十年に、先に教隆本を写して置いた俊隆《としたか》（教隆の子）の本を以て写し、俊隆（時に音博士《おんはかせ》）をして点を加へしめた。

(3)『令義解《りようのぎげ》』

正嘉・正元《しようげん》・文応《ぶんおう》・弘長《こうちよう》中、清原教隆が三代相伝の秘説を以て実時に授けた。後その子俊隆が重ねて朱を加へてゐる。

(4)『令集解《りようのしゆうげ》』

「文永六年三月一日、合レ本読了。越州刺史」と云ふ奥書がある。その拠つた本は、文応元年（一二六〇）権大納言藤原氏の奥書がある所を見ると、実時は京都から借りて写したものであらう。

(5)『続本朝文粋《ぞくほんちようもんずい》』

文永九年、相州御本（執権時宗であらう）を以て書写し、校合した旨、実時の奥書がある。実時は更に大内記《だいないき》広範《ひろのり》の本を以て点を写した。

(6)『春秋左氏伝《しゆんじゆうさしでん》』三十巻

金沢文庫本の中で奥書の複雑なもの、この左伝に如くはない。今これを整理して左の四項に摂する。

a、建長・正嘉・正元・文応・弘長中、清原教隆がその家伝の秘説を越後守実時に授けた。

b、文永六年中、音博士清原俊隆が越後次郎《えちごじろう》に教授した。奥書に「越後次郎尊閤《そんこう》」と云ふは即ち『関東往還記』弘長二年三月十二日の条に、

「越後次郎（篤時、実村舎弟）」

とある如く、篤時《あつとき》である。

c、弘安元年（一二七八）、音博士清原俊隆が越後左近大夫将監、即ち顕時に教授した。

d、嘉元三年（一三〇五）直講《ちょくこう》清原宗尚が越後守貞顕に教授した。こゝに注意すべきは、貞顕はこの時（三年前より）六波羅探題《ろくはらたんだい》として京都に居た事である。即ち実時が手に入れて、実時・篤時・顕時と父子兄弟相伝へて読み来つた本書を、貞顕は京都へも携《たずさ》へ行き、彼処《かしこ》に於いて公卿に就いて学んだのである。

(7)『法曹類林《ほうそうるいりん》』

「嘉元二年六月八日、書写校合了。貞顕」と云ふ奥書があり、同じく在京中の事である。

(8)『百練抄《ひやくれんしよう》』

これも嘉元二年、貞顕が京都に於いて、藤原定房《ふじわらのさだふさ》・同宣房《のぶふさ》の本を借りて写したものである。

(9)『尚書正義《しようしよせいぎ》』　十七冊

これも金沢文庫の黒印があるが、嘉元二年、仏子円種《ぶつしえんしゆ》が句読を加へた奥書がある。

『右文故事』に於いては、専ら金沢氏より出でたる書籍を挙げて、称名寺《しようみようじ》僧の系統としてはひとりこの『尚書正義』を挙げてゐるのみである。しかし実際は所謂金沢文庫本には、称名寺僧徒の書写又は蒐集に係《かか》るものが頗る多い様である。かの有名な『願文集《がんもんしゆう》』の如きもその一例としてかぞへられる。『願文集』は金沢文庫の印が捺してあるが、奥書によれば、称名寺第三世湛睿《たんえい》（即ちかの『結界図』の作者）の写す所である。

以上列挙する所を概括するに、金沢文庫本なるものは、その奥書の示す所、多くは金沢氏が書写し、研学し、而してその子孫に伝へた所であり、又別に称名寺の僧侶が書写し、蒐集し、研究したものである。しかも、金沢氏と称名寺とは、既に説いた様に、極めて密接なる、寧ろ面《おもて》を異にして体は一なる如き関係を有してゐたのであり、この両系統のものがこゝに纏《まと》めて保管せられた事に、些《いささか》の不思議もない。而して称名寺が金沢氏別業内の私寺より進んで公寺となつた時よりも、遥かに後までこれ等の書籍の幾部分は、金沢氏の手許にあつて、京・鎌倉と転々して居た事を考へる時は、所謂金沢文庫なるものゝ、由来について従来説かれて居つた所は、多大の修正を要する事となるのである。即ち金沢文庫なる建物の、文永《ぶんえい》中称名寺外に建てられて、金沢氏はこゝに貴重の典籍を集め、之を公開して世の読書子の便益を計つたといふ如き事は、啻《ただ》に少しも確証のない事であるばかりでなく、却つてその反証を見るのである。『左伝《さでん》』の如きは、実時《さねとき》・篤時《あつとき》・顕時《あきとき》・貞顕《さだあき》と代々相伝して研学し、建長《けんちょう》より嘉元《かげん》まで少くも六十年間金沢氏個人の手にあつて、その後とても之《これ》が公開せられた形跡はない。只これら金沢氏私有の書籍が、その特別の関係上、何時の頃よりか称名寺に置かれ、（貞顕の持つてゐたものは、嘉暦《かりやく》元年に剃髪して金沢に退去した時に称名寺へ移されたものであらう）金沢氏が鎌倉幕府と共に滅亡してより後は、専ら称名寺の手によつて保管せられたのであらう。而してその後と雖も、これ等の書籍が、一般好学の士の為に公開せられた形跡はない。南北朝時代に於いては、義堂《ぎどう》の如き人さへ、将軍義満《よしみつ》訪書の使に伴随して、初めてこゝに古書を探つたらしい。換言すれば、執政《しっせい》の勢によらずしては、こゝに入つて自由に書籍を見る便宜を有しなかつたのである。

又室町時代に於いては、『鎌倉大草紙《かまくらおおぞうし》』は、足利学校を「日本一所の学校」と云ひ、金沢文庫が究学の道場たりし事は少しも説かない。そして北条氏康《ほうじょううじやす》の如きは、金沢文庫の『文選《もんぜん》』を取り上げて、之を足利《あしかが》学校に寄進して居る。

是を以て見る時は、金沢文庫は、どの時代に於いても、決して公開された自由な研究室とはなつてゐなかつた。それは単に金沢氏の旧蔵書と称名寺伝来の書籍との蓄積保存に過ぎない。尤も、ま丶金沢文庫本の他に転写された形跡はあるが、その故に之《これ》を公開の図書館であつたと云ふ事は出来ない。『廻国雑記《かいこくざつき》』（文明中、道興准后著）『東国紀行《とうごくきこう》』（天文中宗牧著）等に、金沢称名寺に至る事は出てゐるが、名所として之を観賞する外、文庫の事は一切見えてゐない。殊に尤も明確に金沢文庫の性質を示すものは、万里集九《ばんりしゅうく》の『梅花無尽蔵《ばいかむじんぞう》』である。万里集九は応仁《おうにん》・文明《ぶんめい》頃有名な人であるが、その詩集『梅花無尽蔵』第二巻に、左の如き詩序がある。

「二十有七已亥（文明龍集丙午十有八年小春）槃桓瀬戸六浦之浜、……漸進入金沢称名律寺間、西湖梅以未開為遺恨矣。珠簾猫児与竺群書之目録、（称名寺水晶簾、唐猫児之孫、一大時教及群書、蓋先代貯焉）無介者而不能触目（寺秘件件之物容易無使人看之也）東室有律漢対案写巻、遂不揚面。吁《ああ》律縛之伝、但守法而已。」

即ち寺は書籍を秘して容易に人に見せず、万里集九がいかに呼んでも寺僧は返事をもしてくれなかつたのである。しかも彼は決して無名の人ではなく、博学を以て世にきこえ、この時武州にあつては太田《おおた》道灌《どうかん》に厚遇された人である。その人にして猶《なお》文庫の本を見る事は出来なかつた。

金沢文庫は、果して公開図書館では無かつたのである。

金沢文庫の意義　次に考ふべき事は、所謂金沢文庫本の性質である。既に述べた所によつて明らかである如く、此の文庫本は宋版《そうはん》の書、又は宋人《そうひと》の著を少からず含んで居るとはいへ、其学問の性質は明かに漢唐学風の継承に過ぎない。『尚書《しょうしょ》』、『春秋《しゅんじゅう》』、『左伝《さでん》』、『論語《ろんご》』等の経書《けいしょ》を主とし、しかもそれらの経書を解するに、『尚書正義』（漢孔安国伝《こうあんこくでん》、唐孔穎達疏《くえいたつそ》）、『春秋正義』（唐孔穎達等奉勅撰）等の如く、専ら漢唐の註疏によつてゐるのは、我国上代学風の継承であつて、これは金沢氏がその読書を京都の公卿、特に清原氏によつて指導せられた事の必然の結果である。

清原《きよはら》氏は代々明経《みょうぎょう》博士に任ぜらるゝ家であつて、その職業を世襲すると共に、上代の学風を墨守したのである。（後に舟橋《ふなはし》、又は伏原《ふしはら》と称したのは此の家である。）この清原氏が累代之秘説を以て金沢氏に授けたのであるから、金沢氏の学問が上代の学風そのまゝである事は怪むに足らない。越後守実時《えちごのかみさねとき》が建長《けんちょう》以来二十何年の間、清原氏又は藤原氏に請うて、点を加へしめ、熱心に勉強し卒去のすぐ前まで読んで居た『群書治要《ぐんしょちよう》』（四十七巻）の如きも『続日本紀《しょくにほんぎ》』、『三代実録《さんだいじつろく》』等によれば、仁明《にんみょう》・清和《せいわ》帝の頃より盛んに行はれたものである。清少納言《せいしょうなごん》が「文は、文集《もんじゅう》・文選《もんせん》、博士《はかせ》の申文《もうしぶみ》」と云つた様に、平安朝時代に愛読せられた『白氏文集《はくしもんじゅう》』や『文選《もんぜん》』が、金沢文庫にある事も、その学風を示すものである。又我国の書籍としては、律令《りつりょう》・六国史《りっこくし》・正続本朝文粋《ほんちょうもんずい》・願文集《がんもんしゅう》等が写され、読まれてゐる事は、全く公卿の間に継承せられた上代の学問の引継である事を示す。

かく金沢文庫本の内容によつて推測せらるゝ金沢氏の学風が、上代の学問の継承に過ぎない事は、一般に公家の学問を模倣し、未だ独特の面目を発揮するに至らなかつた中世の武家の代表的の例としていゝ。しかる限り金沢氏の学問は、既に説いた上代の学問の名残りの中に数へらるべきものであつて、京都の縉紳《しんしん》の間に行はれた学問の外に、特に別箇の系統をなすものではない。

しからば金沢文庫は、その学風に於いてこそ珍《ちん》とすべきではないが、只その蔵書の豊富なる点に於いて異とするに足るかと云ふに、この点に於いても決して取り立てゝ云ふ程の価値はない。中世の初めに於いては、前に述べた藤原頼長《ふじわらのよりなが》の如き、読書の範囲随分広く、蔵書の数も従つて多かつたと思はれる。少納言通憲《みちのり》の如きはその蔵書目録によれば、八十八合、凡そ四百部を蔵してゐた。中世に於いてもかゝる蔵書家は、京都の縉紳《しんしん》の間には決して稀ではなかつた。就中《なかんずく》、最も多いのは一条《いちじょう》家の文庫であつて、これは応仁の乱に乱民の為に失はれたのであるが、一条兼良《いちじょうかねら》の自ら記す所（『竹林抄《ちくりんしょう》』序）によれば、七百合ばかりあつたと云ふ。金沢文庫の蔵書は数量に於いて到底之《これ》に及ばない。しからば鎌倉に於いて如何《いかに》と云ふに、鎌倉に於いてさへ、金沢文庫は決して独歩の地位を占め得ない。『吾妻鏡《あづまかがみ》』によれば、問注所《もんちゆうじよ》の執事《しつじ》三善康信《みよしやすのぶ》は自宅の脊の山際《やまぎわ》に文庫を立てゝ、多くの文書典籍を納めて置いたのに、承元《しようげん》二年（一二〇八）正月十六日悉く焼失したので、愁歎の余り落涙数行、心神惘然《ぼうぜん》としたと云ふ事であるから、その蔵書は随分多かつた事と思はれる。しからば、金沢文庫は如何なる点に特色を持つてゐるかと云ふに、凡そ左の三項を挙げ得るであらう。

(一)鎌倉武士が京都縉紳の学風を模倣した好適の例である事。

(二)それが鎌倉幕府滅亡後も亡びないで存続した事。

(三)又それが徳川家康の注意する所となり、蔵書の主なるものは、徳川幕府に収められ、近世の儒学再興に役立つた事。

金沢文庫の歴史的意義はこれだけである。それ以外従来金沢文庫に就いて喋々《ちょうちょう》せられた所は、すべて仮想せられたる概念に基づいてゐる。而して今やこの仮想概念が破られたる以上、この文庫が中世に於ける一般国民の教育とは殆《ほとん》ど無関係であつた事も亦自《おのずか》ら明かになつた。金沢文庫は曾て公開せられた事はない。何人も自由にこゝに入つて読書し勉学する自由を有しなかつた。従つてかくの如き単なる書籍貯蔵の文庫は、決して関東の文化の一中心では有り得ない。それは当時の一般国民の精神生活とは関係のないものである。

従来、或は「金沢称名寺の内に文庫を立て、和漢の群書を蔵し、読書講学に志あるものをして貴賤の別なく寓居せしめ」たと云ひ（佐藤誠実氏『日本教育史』）、或は「釈万里《しゃくばんり》の外、当年の大家兼好法師《けんこうほっし》の如き、太田道灌の如き武州金沢の地に遊び、古来の簡編を繙《ひもと》き、以て学を研《みが》き世教を補へり」と云ふなど（川田鉄弥氏、『日本程朱学の源流』）、今に於いては全く否定せられなければならない。

足利学校の由来　足利《あしかが》学校は下野《しもつけ》国足利郡足利町に現存してゐる。この足利学校は、金沢文庫と常に併称せられ、多くはこの二つを以て、中世時代関東に於ける二学府となし、殆《ほと》ど姉妹関係あるかの様に説かれてゐる。

就中《なかんずく》、足利学校は最も有名であつて、これに関する著述も極めて多い。苟《いやしく》も歴史に携る程の人の、之に就いて述ぶる無きは殆んど無いと云つていい。しかも金沢文庫に関する著述の余りに荒唐であつた様に、足利学校に関する著述も、我等を以て之を見る時は、その研究法と云ひ、着眼点と云ひ、実に幼稚なのが多い。従つて之に関する著述の年と共に多くなるにも拘《かかわ》らず、足利学校の真相、その価値の正しき認識には、殆ど貢献する所がないものが多い。

かく言へばとて、予に於いても独創的な研究を積んだ訳ではない。のみならずこの学校の歴史を闡明《せんめい》するに就いて、是非一見すべき根本史料の多くは、自分は未だ触目の機会を得ない。即ち予の意見は、先輩の考説の上に立てるものであつて、更に深くその源泉を穿《うが》つ事は、之を将来にまたねばならない。しかし前に述べた金沢文庫考と雖も、何等新しき材料なく、只従来用ひられた史料を見直しただけに過ぎない。予がこれより述ぶる足利学校考は、それにもまして蕪雑《ぶざつ》である。只その見方に於いて、従来の研究と可成《かなり》立場を殊にするものである。

さて足利学校の起原に就いては、諸説紛々として適従する所を知らない。今その主なるものを列挙すれば、

㈠小野篁《おののたかむら》建立説、

これは平安朝の初め、仁明《にんみょう》天皇の御代に、小野篁が建立した学校であると云ふ説であるが、中世の末専ら行はれたものらしく、『鎌倉大草紙《かまくらおおぞうし》』に、

「此足利の学校は、上代承和《じょうわ》六年に小野篁、上野《こうづけ》の国司たりし時建立《こんりゅう》の所、同九年、篁陸奥守になりて下向《げこう》の時、此所に学校を建てける由」

とあり、永正《えいしょう》十一年（一五一四）に出来た東福寺の笑雲清三《しょううんせいさん》の『論語抄』にも、足利学校を以て、小野侍中《じちゅう》（侍中は蔵人の事。篁蔵人頭に補し、次いで参議となる）即ち小野篁の建立と認めて居る。近世の初め、この学校の校長であつた龍派和尚（寛永十三年卒年九十七）の『寒松稿』にも、

「昔年《むかし》、小野侍中濫《らん》‐觴《しょう》二之一」

とあり、当時に於いては学校自らこの説をとつてゐたのである。それ故に近世を通じて、この説は最も広く行はれ、林羅山の『丙辰紀行《へいしんきこう》』、林家の『続本朝通鑑《ぞくほんちょうつがん》』をはじめ、『王代一覧《おうだいいちらん》』、『和漢三才図絵《わかんさんさいずえ》』、『国史略《こくしりゃく》』など、みなこれに従つてゐる。しかし小野篁が上野の国司として之を建てたと云ふのは、足利が下野の国に属して居て、上野の国司の管轄でない事を考へるときは頗る疑はしい。かりに下野国司の誤としても、篁は下野守に任ぜられた事はない。まして承和《じょうわ》六年（八三九）には、隠岐《おき》へ配流せられてゐたのであるから、（註）足利に学校を立てる筈はない。

（註）篁は、承和元年正月十九日遣唐副使に任ぜられたが、大使に船を換へられて憤慨し、病と称して留つたので、

承和五年十二月その罪を断じて、「准二拠律条一、可レ処二絞刑一。宜下降二死罪一等一処中之遠流一、」とて隠岐へ流されたのである（『続日本後紀』）。

又篁が承和九年六月刑部《ぎょうぶ》大輔《おおすけ》よりうつつて、陸奥守《むつのかみ》に任ぜられた事は、『文徳実録《もんとくじつろく》』仁寿《にんじゅ》二年十二月篁薨ずる条に見えてゐるが、その年八月四日には東宮学士《とうぐうがくし》となり、同十一日には式部少輔《しきぶしょうすけ》を兼ねたのであるから、下野《しもつけ》あたりに滞留して、学校を建ててゐる余裕はない。この疑ひは江戸時代より既に気付かれてゐたのであるが、明治に入つては、小野篁《おののたかむら》建立説は著しくその権威を失墜し、之に代つて盛んに唱道せらるゝに至つたのは、

(二)国学遺制説

である。明治十三年（一八八〇）に川上広樹氏の著はした『足利学校事蹟考』の如きその代表的のものであつて、明治時代にはこの説が最も用ひられた。この説は、『本朝通鑑《ほんちょうつがん》』所引永享《えいきょう》十一年（一四三九）上杉憲実《うえすぎのりざね》の文書に、「本朝州学存者、僅有レ数焉。率亦以レ僧為二之主一、野之学為レ最」とあると、足利学校の印に「野之国学」の四字を刻せるとを主なる論拠としてゐる。しかし「野之国学」の印は後世の物と考へられ、又憲実の文書も国学の遺制たる決定的証拠として、すべての他の説を打破るに足りない。国学は普通国府にあるべきである。下野の国府は都賀郡国府村にあつた。足利は下野国に於いては一隅に偏して居り、こゝに国学を立てる事は頗る疑はしい。

国学遺制説に取つて代つて、近年漸次認められて来たのは、

㈢足利氏創建説

である。この説は、古くは『分類年代記』に見え、『東海談』等之に賛成してゐるが、明治四十三年に藤岡継平氏が「足利学校の研究」（『國學院雑誌』十六の一・二・五・八）を発表し、数年前、八代博士が「足利庄の文化と皇室御領」（『歴史と地理』二の五）を著はしてより、漸く認められて来た。

『分類年代記』には次の記事がある。

「足利義兼、嘗剏《はじメ》学校於足利、納自中華所将来先聖十哲画像・祭器・経籍等。世推曰足利学校、其後百余年而災。源尊氏出奔西海、与菊池戦于多々良浜時、黙禱孔廟遂得勝矣。於是再造聖廟以崇奉之。以先祖之所剏《はじムル》、世々不絶祭祀。」

足利義兼《よしかね》は頼朝に従つて平家を討ち、奥州の秀衡《ひでひら》を討つた人で、母は熱田《あつた》大宮司藤原季範の女であるから、即ち頼朝の従母兄に当り、妻は北条時政《ほうじようときまさ》の女である。頼朝は正治《しようじ》元年（一一九九）正月五十三歳で薨じて居るが、義兼も同年三月、五十六歳で歿してゐる。この人は真言宗に深く帰依し、入道して鑁《ばん》阿《あ》と称した。これを色々疑ふ人もあるが、貞治《じようじ》年間の鑁阿寺《ばんなじ》の古記録に、

一、三月八日鑁阿上人義兼御仏事

などあり、信用してい丶と思はれる。即ち今の鑁阿寺の開基であるが、学問に志篤《あつ》かつたと見え、其後建長《けんちよう》元年（一二四九）正月に鑁阿寺に於いて、『大日経疏《だいにちきようそ》』と『周易註疏《しゆうえきちゆうそ》』とを講書始として講じた時に、奉行はこの講書始は本願の御素意なれば緩《ゆるがせ》にしてはならないと云つてゐる。（註）

（註）講書請定

一、大日経疏　律師重円

一、周易註疏　僧　円憲

右、依レ仰所レ定如レ件。

建長元己酉歳正月七日　公文所大通

（裏書）講書始之事、任二先規一可レ致二其沙汰一。本願之御素意、旁少輔入道殿所レ仰也。緩怠無レ謂歟。奉行慶尊（足利庄鑁阿寺）

この義兼《よしかね》の人格より考へるときは、彼が足利《あしかが》学校を建てたといふ伝説はいかにもありそうな事と思はれる。しかし今日に於いては、自分はまだ十分なる確信を以て、これを説く事は出来ない。

かく足利学校は、中世の初めより既に存在した事と思はれるが、その起原は未だ明瞭でない。しかし足利学校が盛になつて、それが教育上重要なる活動をするに至つたのは、この未だ明かにされざる創建時代の事ではなくして、再興以後の事である。詳言すれば、上杉憲実《のりざね》が之を再興して、領田と書籍とを寄附した永享《えいきよう》年中（一四二九～四一）より慶長《けいちよう》頃に至る約百七十年間が足利学校の最も活動した時代である。『鎌倉大草紙』に上杉安房守憲実の事蹟を記し、

「足利は京都並に鎌倉御名字の地にて、たに異り(マヽ)と、彼の足利の学校を建立して種々の文書を異国より求め納めける。……今度安房守、公方御名字がけの地なればとて、学領を寄進して、弥《いよいよ》書籍を納め、学徒を憐愍す。されば此頃諸国大に乱れ、学道も絶えたりしかば、此所日本一所の学校と

なる。是より猶以て上杉安房守憲実を諸国の人も誉めざるはなし。西国北国よりも学徒悉く集る。」とある、学校の盛んになるはこれより後の事であつて、それ以前の沿革は殆《ほとん》ど曖昧である。それ故稀には足利学校を以て上杉憲実の草創としてゐる書籍すらある。即ち『大日本史』に「相伝、下野足利学校、篁《たかむら》読書処、上杉憲実創為二学校一」と云ひ、益軒は「篁の時はいまだ学校なし。其後、上杉憲実初て学校を建て、鎌倉の円覚寺《えんがくじ》より僧を呼て師とす」と云つてゐる。これは無論誤りと思はれるが、然し学校としての生命より云へば、憲実によつて誕生したと云つても殆ど誤りでない位である。

足利学校が初めて書物に記されたのは、その憲実によつて再興せられた事を記した『鎌倉大草紙』であり、足利学校蔵本の中、最も古き由緒あるものは上杉憲実の寄進にかゝるものであり、足利学校に学んだ人の最も古きも亦憲実再興以後の人であり、校主の歴代も憲実再興以後になつて初めて明かである。即ち足利学校は古き沿革を有してゐるらしいが、それが明かになつて来たのは、上杉憲実再興以後の事であつて、学校としての生命も、この時より賦与せられたと云つてゐゝ。

足利学校の学風　さて上杉憲実寄進の奥書あるものを見るに、

尚　書正義《しょうしょせいぎ》　八冊
礼記正義《らいきせいぎ》　三十五冊
毛詩註疏《もうしちゅうそ》　三十冊

春秋《しゅんじゅう》左伝《さでん》註疏　三十五冊

等あり、又憲実の歿後、その遺命によつて寄進したものに、

古今歴代十八史略《じゅうはちしりゃく》　一冊（二冊合本）

がある。又憲実の子右京亮《うきょうのすけ》憲忠《のりただ》の寄附したものには、

周易《しゅうえき》註疏　十三冊

があり、憲実《のりざね》の孫（憲忠《のりただ》の甥）上杉五郎憲房《のりふさ》の寄附したものに、

後漢書《ごかんじょ》　二十冊
孔子家語《こうしけご》　二冊

がある。上杉氏以外の寄附者は殆んど皆学徒であるが、その寄附書を見るに、

永享頃（一四二九～四一）　洗心易　二冊　王弼注
　　　　　　　　　　　　周易抄　三冊
文安三年（一四四六）　古文尚書序文《こぶんしょうしょ》　一冊
同　六年（一四四九）　周礼《しゅらい》　二冊
文明九年（一四七七）　周易伝　三冊　李中正伯謙撰
長享二年（一四八八）　孟子注疏　七冊　趙子注、孫奭疏
延徳二年（一四九〇）　礼記《らいき》　十冊

同　二年（一四九一）　礼記集説　五冊
同　頃　書経集註《しっちゅう》　六冊
　　　　周易啓蒙　四冊
永正二年（一五〇五）　文公家礼《かれい》纂互集註　一冊
同　十年（一五一三）　詩伝綱領　一冊
大永四年（一五二四）　礼記　十冊
永禄三年（一五六〇）　文選《もんぜん》　二十一冊
天正四年（一五七六）　七書講義　十冊
同　十年（一五八二）　補註蒙求《もうぎゅう》　一冊
慶長十七年（一六一二）　周易伝　三冊
　　　　春秋《しゅんじゅう》経伝集解　十五冊
同二十（ママ）一年（一六一六）　毛詩《もうし》鄭箋《ていせん》　十冊

これら学校の蔵本を通覧して直ちに気附く事は、
㈠漢籍のみであつて、少しも国書を交へない事
㈡儒書ばかりであつて、少しも仏典を交へない事
の二である。これは金沢文庫が、『六国史』・『律令』・『本朝文粋』等の国書や、『願文集』其他仏教関係

の書物を多く蔵してゐるのと著しいコントラストをなしてゐる。即ち足利学校は儒学専門の学校であつた。而してその儒学は多くは漢唐以来の学風の継承であつた。応永《おうえい》年間（一三九四～一四二八）南禅寺《なんぜんじ》に住した岐陽方秀《きようほうしゆう》の『論語集註講義《ろんごしっちゅうこうぎ》』のノートに、

「大唐一府一州、其外及郡県、皆有二学校一。日本纔足利一処ノ学校、学徒負レ笈之地也。然ドモ在レ彼而称二儒学教授之師一者、至レ今不レ知レ有二好書一、徒就下大唐所二破棄一之註釈上、教二誨諸人一。惜哉、後来若シ有下志二本書之一学者上、速求二新註ノ書一、而可レ読レ之。」

とある（桂菴玄樹家法倭点）。又永正十一年（一五一四）に著された東福寺の笑雲清三《しょううんせいさん》の『論語抄』にも、

「小野ハ、正義ヲハ、異義ト取リ、本註ヨリホカハ、不レ取ゾ。サルホドニ新註ナンドハ、申スベキ事デハナイゾ」

とあり、その小野は同書の中に「日本デハ、関東へ、此論語ヲ伝ハ、小野侍中ガ伝ゾ」とあるにより、当時一般に足利学校を小野篁《おののたかむら》の創立と信ぜられてゐた事と併せ考へて、これは足利学校の学風を述べてゐるものと考へられる。宋の程朱《ていしゅ》の学は中世の中頃には既に盛んに我国にも行はれたのであつたが、足利学校に於いては、厳重に本註を守り、固く新註を禁じてゐたのである。即ちこの学校の特色として第三に、

㈢漢唐の古註を墨守してゐた事、

を数へなければならない。これら三つの特色を考ふる時は、足利学校は、金沢文庫よりも遥にすぐれて

上代的であり、上代の学問を墨守して時代の推移に超然としてゐた事が分る。文安三年（一四四六）六月晦日に上杉憲実《のりざね》が制定した学規《がくき》は、この保守主義を遺憾なく発揮して居る。即ちその学規の劈頭《へきとう》に、

一、三註、四書、六経《りつけい》、列、荘、老、史記、文選外、於二学校一不レ可レ講之段、為二旧規一之上者、今更不レ及レ禁レ之。

とある。是に於いて想起せらるゝは『続本朝通鑑』の記事である。

或曰、尊氏曾祈二勝軍之事於足利学校一、称レ有レ験、而招二京師儒官一管レ之。其人依二水土之変一而不レ幾早世。自レ是儒官厭二東行一而不レ来。故禅徒窺二文字一者領レ之云。

これはいかにも伝説的であるが、足利学校が古く、京都の儒官によつて指導せられてゐた事は事実と思はれる。即ちこの学校は京都の儒官によつて、上代の学問を継承し、頑固にそれを保守し来つたのである。

足利学校と僧侶　既に説き来つた様に、足利学校は、その国書を読まず、仏典を講ぜず、只々儒書を中心とする漢籍を、専ら漢唐の註疏を用ひ、漢唐の学者の解釈に従つて講読した点に於いて、その学風は著しく上代的であつた。そしてその再興者上杉憲実の如きも、あくまでこの学風を維持しようとした保守主義者であつた事は、文安《ぶんあん》三年の学規によつて明かである。従つて、この点に於いては、足利学校はむしろ上代の学問の名残りと考へらるべきである。しかるに時勢の力は、この保守主義の学校にさへ中

世的特色を賦与しなければやまなかつた。所謂《いわゆる》中世的特色とは何か。先づ此の学校の教師を見るに、それは前述の如く、古くは京都から招かれた儒者であつた様であるが、後には皆僧侶を以て之にあてた。『鎌倉大草紙《かまくらおおぞうし》』に「近代の開山《かいさん》は快元《かいげん》と申す禅僧なり」とあり、憲実再興の時、快元を以て校長とした事と考へられるが、その後、歴代の庠主《しょうしゅ》は皆僧侶であつた。

第一世　快元和尚　文明《ぶんめい》元年（応仁三年・一四六九）四月廿一日卒。

文明元年と云へば、憲実が再興した永享《えいきょう》十一年（一四三九）よりは凡そ三十年もたつてゐるが、後の例を見るに、一人が二三十年継続して校長となつてゐる人が多いから、快元も三十年間勤続したと見てい、。

第二世　天矣《てんい》和尚　肥後の人、延徳《えんとく》年間（一四八九〜九二）卒、二月十六日卒。在職凡そ二十年。

第三世　南斗《なんと》和尚

第四世　九天《きゅうてん》和尚　永正《えいしょう》中（一五〇四〜二一）、六月二日卒。

第五世　東井《とうせい》和尚　諱は之好《しこう》、俗姓は吉川氏、大永《だいえい》中（一五二一〜二八）、三月五日卒。

第六世　文伯《ぶんはく》和尚　某年七月十六日卒。

次の九華《きゅうか》和尚から逆算すれば、天文《てんぶん》十七年頃であらう。さうすれば在職期間二十五六年になる。

第七世　玉岡《ぎょくこう》和尚　諱は端璵《たんよ》、自ら九華と号す、

大隅伊集院《いじゅういん》氏の一族、天文十九年（一五五〇）より天正《てんしょう》六年（一五七八）まで在職実に廿九年なり。

この間、学校最も盛んであつて、生徒三千人といふ。天正六年八月十日卒、年七十九。
第八世　宗銀《そうぎん》和尚　日向人、在職九年、某年十月廿日卒。
第九世　閑室《かんしつ》和尚　諱元佶《ぎんきつ》、一名三要、俗姓多々良氏、肥前人、在職十六年、慶長十七年（一六一二）五月廿日卒、六十五歳。
元佶は徳川家康に用ひられ、政務に参与して色々功績があつたが、家康から活字十万個を貰つて『孔子家語《こうしけご》』『貞観政要《じょうがんせいよう》』『七書』等を印刷し、出版界にも功績があつた。
第十世　龍派和尚　号は寒松、武蔵の人。慶長《けいちょう》七年十一月、徳川家康の命により校長となる。寛永《かんえい》十三年（一六三六）四月二十日卒、年九十七。
第十一世　明徹和尚　号は睦子、甲斐の人、在職七年、寛文《かんぶん》十二年（一六七二）四月二十七日卒。
その後、沢雲《たくうん》・伝英《でんえい》・久室《きゅうしつ》・天叔《てんしゅく》・月江《げっこう》・千渓《せんけい》・青郊《せいこう》・実巌《じつがん》・太齢《たいれい》・松嶺《しょうれい》・謙堂《けんどう》と相つぎ、謙堂の代に明治維新になり、僧侶を以て校主とする事を廃止せられた。第一世快元より数へて丁度二十二世に当る。即ち足利学校は、上杉憲実再興以後は、常に僧侶をいたゞいて校長とし、僧侶によつて教授せられ、その流風は近世を通じて絶えず、明治維新に至つて、初めて儒者に改められたのである。尤もこの保守主義の学校に於いては、僧侶を教師としながら、教育には仏教を用ひず、僧侶をも、長老又は和尚と称しないで、先生と言つてゐた。『続本朝通鑑《ぞくほんちょうつがん》』に、

中葉以来、僧徒住焉。然不レ称二長老・和尚一、而称二先生一、以教二授児童一。

とある。又前にも述べた文安《ぶんあん》三年（一四四六）六月晦日憲実の制定した学規《がくき》に、禅録《ぜんろく》・教乗《きょうじょう》等を講ずるを禁じ、儒学のみを奨励してゐる事は（註）、その学風の保守主義なるを示すと共に、やがて当時既に仏教の講説がこゝに於いても行はるゝおそれがあつた事、換言すれば、これより前既にこの学校が僧侶によつて導かれてゐた事を示すものではあるまいか。

（註）「禅録・詩註・文集以下之学、幸有二都鄙之叢林一、又教乗者有二教院一、於二庄内一自二儒学外一偏禁レ之者也。」

前述の如く、僧侶司業の跡の明かなるは上杉憲実《うえすぎのりざね》再興以後の事であるが、『続本朝通鑑《ぞくほんちょうつがん》』に引く所の永享《えいきょう》十一年（一四三九）の憲実の状に、

「凡漢土自二国学一至二郷校一、非二儒者無一司業一、聞綿竹惟以レ僧為二之主一。今本朝州学存者僅有レ数焉、率亦以レ僧為二之主一。野之学為レ最、」

とあるを参照すれば、この風習は憲実に始まつたものでなく、それよりもかなり前から、僧侶がこの学校を司つてゐたらしい。足利学校はその学風に於いて、あれほど頑固に保守主義であり、即ち歴史的には、上代の学問の名残りと解せらるゝに拘らず、時代の影響を全く脱する能はずして、その教師には僧侶を用ひ、この点に於いては中世の特色を発揮してゐる。

更に進んで、この学校に学んだ学生を見るに、管見の及ぶ限り、殆《ほと》ど皆僧侶であつた。前に述べた学徒寄贈の図書の奥書に、寄贈者の身分の明かなるものを列挙すれば、

周《しゅ》　礼《らい》、　文安六年（一四四九）、　洛陽僧砭愚《ぼうぐ》置レ之。
周《しゅう》　易《えき》伝、　文明九年（一四七七）、　紫陽大奇《だいき》写レ之。
孟子註疏、　長享二年（一四八八）、　奥州天輔《てんほ》置レ之。
礼《らい》　記《き》、　延徳二年（一四九〇）、　建仁寺大龍庵一牛蔵主《いちぎゅうぞうしゅ》寄レ之。
礼記集説、　同　同上、
周易啓蒙、　同頃　同上、
書経集註《しっちゅう》、　同頃　近江宗理《そうり》置レ之。
文公家礼《かれい》纂互集註　永正二年（一五〇五）、　武州児玉党吾那式部小輔《あなしきぶしょう》寄進。
詩僧綱領　永正以前　如道《にょどう》寄進。
文　選、　永禄三年（一五六〇）、　北条氏政《うじまさ》寄進。
補註蒙求《もうぎゅう》、　天正十年（一五八二）、　沙門《しゃもん》魯窮《ろきゅう》於二関東下野国足利一……書写畢。
周　易　伝、　慶長十七年（一六一二）、　睦子、（後校長となる）
春　秋《しゅんじゅう》　経伝集解、　同　奥之会津人宗祥《そうしょう》蔵主入二杏壇一称二津梁一不幸逝矣、遺二此本作一当庠什物。一（『寒松誌』）
毛詩鄭箋《もうしていせん》、　慶長二十年（一六一五）　相国寺心甫西堂《しんほせいどう》寄附。

となり、十四部の内十二部までは僧侶（しかも禅僧）であり、残り二部は俗人であるが、これとて、北条氏政は領主であつて、その寄進は恐らく学問奨励の為であり、自らこゝに学んだ為ではなからう。吾那式部少輔のみは或は遊学したかも知れないが明かでない。其他の僧侶に至つては、必づ自らこゝに遊学して、その謝恩の意を表す為に書籍を寄附したに相違ない。

尚、五山の僧徒の詩文集の中に、禅僧が足利に学んだ記事は数多く散見してゐる。

㈠延徳《えんとく》元年（一四八九）示寂《じじゃく》した相国寺の桃源瑞仙《とうげんずいせん》の著『百納襖《ひゃくのうおう》』（『周易《しゅうえき》』の抄なり）に、江州永源寺の柏《はく》舟宗趙《しゅうそうじょう》が葭玉《かぎょく》と共に足利学校に在つて、『易《えき》』を学んだ事が記されてある。

㈡永正十五年（一五一八）に示寂した相国寺《しょうこくじ》の景徐周麟《けいじょしゅうりん》の遺稿『翰林葫蘆集《かんりんころしゅう》』に、嘗て霊亀山天龍寺《れいきさんてんりゅうじ》に登つて記室となつてゐた石室観瑩《せきしつかんきょう》が、遂に笈《きゅう》を負ふて東関の儒席に遊んだとある。恐らく足利であらう。

㈢享禄《きょうろく》二年（一五二九）示寂した建仁寺《けんにんじ》の悦岩東悆《えつがんとうよ》の『悦岩集』に、建仁寺の文伯蔵主《ぶんはくぞうしゅ》が、六年余の間、東関に遊学したとある。

㈣天文《てんぶん》二年（一五三三）示寂した建仁寺の月舟寿桂《げつしゅうじゅけい》の『幻雲稿』に、建仁寺の功甫《こうほ》が曾て足利に在学した事が見える。

㈤天文五年に示寂した建仁寺の常菴龍崇の文集に、関西の羊角なる老僧が十余年間も足利に六経を学び、西国の寺へかへる途に、京都で建仁寺を尋ねた事が見える。

㈥殊に豊富な材料を提供してくれるのは、鎌倉建長寺の玉隠永璵《ぎょくいんえいよ》の語録であつて、これによれば、

(a)円覚寺の器朴上人が、文明の終頃、足利学校に入り、数年在学した事、
(b)建長寺の僧、祖養首座《しゅそ》が足利学校に学んで、学成つた事（享禄四年の記）、
(c)建長寺僧隠甫が足利学校に学んで止る事二年に及んだので、玉隠は詩を贈つて帰寺を督促した事、
(d)長門の人で南禅寺に入り蔵司《ぞうす》職を掌つた瑞元なる僧が、文字禅に参ぜずんば、仏語、祖語難」明として、遂に足利学校に入り、儒学を学ぶ事十五年に及んだ、功成つて後、寺に帰り禅宗を振起しようとした事（永正五年の記）、
(e)肥前の法泉寺の僧存公蔵主《ぞうす》が足利に学び、功成つて帰国せんとし鎌倉に立寄つた事。

(七)弘治《こうぢ》元年（一五五五）示寂《じじゃく》した東福寺の彭叔守仙《ほうしゅくしゅせん》の『猶如昨夢集《ゆうにょさくむしゅう》』に、紀伊《きい》に生れて、讃岐《さぬき》の得月庵の住職になつてゐる正叔蔵主が、数年前、遠く東関の村校にゆき、螢雪の功を励んだ事が記されてある。

(八)天正二年（一五七四）になくなつた相国寺の仁如集堯《にんにょしゅうじょう》の『縷氷集《るひょうしゅう》』に、日向の長楽寺の僧、承貞書記《しょき》が、元亀《げんき》元年（一五七〇）笈を負ふて、学問の為に、関東足利に赴かうとした事と、又薩摩の人で、今は常陸《ひたち》正宗寺《しょうじゅうじ》に居る宗紹座元が、壮年の昔、千里を遠しとしないで足利に遊学した事が見えてゐる。

(九)文禄二年（一五九三）に歿した東福寺の凞春龍喜《きしゅんりゅうき》の『枯木集《こもくしゅう》』には、彼が壮年時代に足利学校に在学し、玉岡大禅師即ち九華和尚に就いて『易』の講義を、百日ばかりで聴いた事が見える。

(十)元和六年（一六二〇）に薩摩で示寂した有名な朱子学の首唱者文之玄昌《ぶんしげんしょう》の『南浦文集《なんぽぶんしゅう》』に建長寺雲夢和尚の徒弟、崇春が、十九才にして東関の郷校に赴き、五六年間在学した事が見える。

(十一)『寒松稿《かんしょうこう》』を見るに、後に信濃開善寺に住職となつた蛮宿《ばんしゅく》和尚は、天正の初年足利学校に於いて、寒松と共に、九華《きゅうか》の講義をきく事五六年、九華歿してより、学徒四散した事、又摂津龍淵寺の僧寛公が慶長十八年（一六一三）春の暮、再び足利に学んだ事などが散見する。

是等の実例を見るに、足利学校に学んだものは、殆んど皆僧侶であつた様に思はれる。

『ザビエル書簡集』第五巻第三章第八十六信（一五五二年正月二十九日、即ち天文二十年十二月二十五日条）に、

「坂東《ばんどう》の大学は……諸大学中最も有名なり、多数の僧侶その教法を学ばんとて絶えずかしこに至る。」

とあり、又永禄《えいろく》・元亀《げんき》・天正《てんしょう》の間、日本に於いて布教に従事してゐたフロイスの著した『日本史』に、

「日本には綜合分科を有する唯一の大学あり。そは坂東地方、足利と呼ぶ処に在るなり。」

と云ひ、

「日本の諸大学と云ひても、そは欧洲の諸大学に類似せりとは想ふべからず。学生の最多数は僧侶か然らずんば僧侶たらんと学ぶ者どもなり。」

とあるは、愈々《いよいよ》足利学校の生徒が殆《ほとん》ど皆僧侶であつた事を力強く証明するものである。（ザビエル及フロイスは、共に新村博士「足利学校の盛時と西教宣伝」による。）

而して慶長《けいちょう》十七年に寒松《かんしょう》が記した「学校前住位牌記」に、

「夫志学之徒入㆓庠内㆒、新題㆓名字於僧籍㆒、而不㆑分㆓宗旨㆒、龍蛇混雑、共励㆓学業㆒矣。」

とあり、又文安三年（一四四六）憲実《のりざね》の『学規』三条の中、第二条は、足利に不律の僧侶の居住を許さない事、

第三条は平生疎行にして身を置くに所なき僧侶が学文の為と号して足利に来り、学問を疎かにして徒に山に遊び水を翫《もてあそ》ぶを禁じ、第二・第三共に、か丶る僧侶を下宿せしめた士族又は土民をも処罰する旨の規定であるを見れば、足利学校は始終を通じて僧侶のみを教へる所であつたといつていい。

既に説き来つた如く、足利学校はその教師も、又その学生もすべて僧侶であつた。それ故に憲実等の有力者が、極端に保守主義をとつて、あくまで学校に仏教を排斥し、教職にある僧侶を呼ぶにも、長老和尚とは呼ばず、皆先生と称し、その講義も仏典に及ぶを厳禁したにも拘《かかわ》らず、仏教の勢力は漸次伸張し、遂にはこ丶に孔子を祭るは末であつて、初は薬師如来を祭つたのであり、是非之を再興しなければならないと云ふ運動さへ起すに至つた。

『寒松稿』に、

「野州撃放客殿本尊薬師如来安座、（中略）

南《なん》剡《えん》浮《ぶ》提《だい》扶《ふ》桑国《そうのくに》関東道下野州足利郡有学校。昔年小野侍中濫觴之。敗壊不知何代。其後永享己未年（十一年）関東総副元帥上杉房州刺史藤原朝臣憲実、法名長棟庵主、為檀越《だんおつ》、而中興之。以孔る聖人画像三幅並五経疏本、寄附于講堂。……偶考前住東井（第五世大永中歿）手沢之交割帳、初有講堂、次有客殿、以薬師如来為本尊。其外随禅刹之例、而仏具等載以詳矣。文伯老人司業之時、享禄年中、学校値回禄《かいろく》之難、灰燼、不足嗟嘆之。爾来前住三代之間、関左江山尽入戦図、当庠亦為瓦礫之場者一両回、不遑下修造之手、亦良有以哉《まことにゆえあるかな》。消竭者七十余年、以故世人不知薬師之為本尊、只知孔子之為本尊而已。感激有余哉。……維時慶長十一年丙午秋八月、修葺講堂之次、纔分数間、傍構客殿。加之命鎌倉之大仏匠、雕造薬師如来尊像一躯、以安置壇上。興七十余年之巳墜、以復其旧焉。」

即ち足利学校は遂には薬師如来を本尊とする所の寺院と化しつゝあつたのである。

この性質は足利学校の分校と見るべき伏見の学校に於いて一層明かである。慶長の初め、徳川家康は足利学校があまりに東国に偏して不便であるから、之を京都附近に移して大に文教を盛ならしめようとした。よつて伏見に学校を立て、足利学校の校主三要《さんよう》(元佶《げんきつ》)和尚をして兼務せしめた。『山州名跡志』に、三要をして、「都鄙の国学を掌らしむ」とある。尤も『寒松稿《かんしようこう》』を見るに、寒松は慶長《けいちよう》七年(一六〇二)十一月に足利学校を董《ただ》したのであるから、三要が都鄙両校兼務の間は数年に過ぎないが、両者に姉妹の関係あるは疑はれない。此妹分の伏見の学校は、円光寺と呼ばれ、千手観音《せんじゆかんのん》を本尊とする寺院であつた。宝暦《ほうれき》十二年(一七六二)提出の「円光寺由緒書」に、

「慶長年中於伏見円光寺、新規に御取立被遊上方之学校に被仰付。寺領二百石、山城国朱雀村・同吉祥院村之内にて被下置。」

とある。足利《あしかが》学校と姉妹関係あり、その分校とも云ふべき伏見の学校が、円光寺と呼ばれ、千手観音を本尊とした事は、足利学校そのものが当時いかに深く仏教化してゐたかを示すものである。事実中世の末期以来、足利学校は寺院と見られてゐた。天正八年(一五八〇)十月三日武田勝頼《たけだかつより》の学校に下した禁制に、

「禁制　　学校
　当手軍勢甲乙人等、於二彼寺中一、濫妨狼藉堅被レ停二止之一訖。……」
とあり、天正《てんしよう》十一年（一五八三）北条氏政《ほうじようううじまさ》の制札《せいさつ》にも「右於二当寺中一」云々とあり、江戸時代に於いては、朱印寺格《しゆいんじかく》を以て遇せられ、寺社奉行《じしやぶぎよう》の管轄に属してゐたのである。足利学校が、あれほど保守主義をとつて、仏教を禁じてゐたに拘らず、これ程迄に仏教化したのは、その教師・学生共に悉く僧侶であつた為である。足利学校が中世に於いて最も有力なる教育機関として、世人教化の任に当つた様に考へられたのは、その師弟共に僧侶のみであつた事実によつて、是正せられなければならない。

師範学校としての足利　足利学校及び金沢文庫が、中世の教育界に於ける真相は今や明かにせられた。一は公開せざる書籍の蓄積保存であり、一は只僧侶の研究室であつた。しからば一般世人は何処に学んだか。予は之《これ》を、従来足利学校又は金沢文庫に学んだと云はれてゐた人々の伝記の上から闡明《せんめい》の糸口を得たいと思ふ。川田鉄弥氏著『日本程朱学の源流』に、釈万里《しやくばんり》の金沢に遊ぶ事を記し、

「釈万里の外、当時の大家、兼好法師《けんこうほうし》の如き、太田道灌《おおたどうかん》の如き、武州金沢の地に遊び、古来の簡編を繙き、以て学を研《みが》き世教を補へり。」

とある。他はしばらく措《お》き、太田道灌は関東の人であつて、足利にも金沢にも近く、殊にこの人は当時稀に見る好学の士であつたから、もし足利学校や金沢文庫が、従来考へられてゐたやうな学校であり図

書館であれば、彼がこゝに学ぶといふ事はいかにも自然な事である。しからば彼は果して足利や金沢に学んだか。

『結城戦場記《ゆうきせんじようき》』といふ書がある。これは大体に於いて『永享記《えいきようき》』と同じものであるが、その末節に「太田道灌事」などの四条があつて、これは『永享記』にはないものである。その太田道灌事の条に、

「爰《ここ》ニ扇谷《おおぎがやつ》殿ノ老臣ニ太田備中守入道資清、法名道真ト云者アリ。武州都筑郡太田郷ノ地頭也。若年ノ昔ヨリ文ニ心ヲカケ、道ヲ以政道ヲ佐《たす》ケ、武ヲ以逆乱ヲ治メケル程ニ、関東ノ諸将、靡順事、草木ノ如」順」風。然ニ彼道真ノ一男鶴千代丸トテ無類童形有。此人九歳ノ比ヨリ学所ヘ入、十一歳ノ秋迄、終ニ家不」帰、螢雪ノ功積テ、五山無双ノ学匠タリ。十一歳ノ冬ノ比、父入道方ヘ作文送リケレバ、其時父初テ家ヘ迎ヘトリ玉フ。其名誉、天下ニキコヘシ程ニ、管領ノ重宝、政務ノ器量トモ可」成トテ……」

とある。鶴千代丸は元服して資長と云ふ、即ち道灌《どうかん》である。道灌は長禄《ちようろく》元年（一四五七）に江戸城を築いたが、時に年齢廿五歳といふから、その学所入《いり》は嘉吉《かきつ》元年（一四四一）に当り、退学は嘉吉二年に当る。（嘉吉元年は憲実《のりざね》が足利学校を再興した永享十一年より二年後である）

こゝに学所といふは何処か明かでないが、下に「五山《ござん》無双の学匠たり」と云ふを見れば、これは鎌倉五山（即ち建長寺・円覚寺・寿福寺・浄智寺・浄妙寺）の中である事疑ひを容《い》れない。これによれば、太田道灌は九歳より十一歳まで家を離れ、鎌倉五山に入学して勉強したのである。又『鎌倉大草紙《かまくらおおぞうし》』には享徳《きようとく》

四年（一四五五）に戦死した千葉介胤宣《ちばのすけたねのぶ》について、

「爰《ここ》に哀なる事有。下総国金剛授寺の中納言坊迚《とて》、いと若き僧有。能書《のうしょ》にて胤宣稚き時より手習の師にてありけるが、胤宣父子切腹の由を伝へ聞、弔《とむらい》の為に彼《かの》如来堂（胤宣父子切腹の所）へ参詣して御経を読、焼香念仏しける。……近きあたりの流水の深き淵に身を投、終《つい》に空しくなりにけり」

とあり、彼が学んだ所は明かに寺院であつた。これらは足利学校や金沢《かなざわ》文庫が、当時一般士人の教育に直接の関係のなかつた事を示すと共に、一般士人が何処《どこ》に学んだかを語るものである。更に直截《ちょくせつ》に云へば、中世に於いて、一般士人が学んだ所は寺院であり、その教師は僧侶であつたのである。

この事情は万里集九《ばんりしゅうく》の伝を見る時、愈々明かである。万里集九は金沢に遊んだ事は遊んだが、川田氏其他が考へるが如く、金沢文庫に於いて研究したのでなく、一切文庫の蔵書を見るを得なかつた事は既に述べた。彼は幼にして相国寺《しょうこくじ》の玉龍庵に投じ大圭宗价《だいけいそうかい》に学んだ人であるが、応仁の乱に京都を逃れ出でて江・濃・尾三州の間に流浪し、遂に還俗《げんぞく》して美濃の鵜沼に住した。その当時の有様を自ら相国寺の景徐周麟《けいじょしゅうりん》に報じて、

「寓残骸於東濃鵜水北湾、斎扁梅花無尽蔵以万里為名、以漆桶為表号。毎日漁人樵子業徒習之。有二子、一号千里、一号百里。辛丑（文明十三年）五月千里逝矣。今也百里一人而已。」

と云ふを見れば、彼は文明中、美濃に於いて私塾を開き、庶民の子弟を教育してゐたのであつて、所謂寺子屋の最も古き例と思はれる。

かくの如く足利学校及び金沢文庫に学んだと云はれ、又は学ぶ可能性の多き人々の伝記によつて、はしなくも当時一般士庶の教育には、足利も金沢も殆んど無関係であつて、実に寺院と僧侶とが専《もつぱ》ら教育に当つてゐた事が明かになつた。従つて、従来中世教育界に於ける二大光明として喧伝せられてゐた足利学校と金沢文庫とは、その名誉を寺院に譲らなくてはならない。寺院こそ専ら中世の教育を掌《つかさど》つた所であり、それ故に僧侶こそ中世人の精神生活を指導したものであつた。

但し、足利学校のみは、かゝる教師を養成する所、いはゞ師範学校として、その功績を認めなければならない。ザビエルの書翰（天文二十年）に、坂東の大学について述べて、

「坂東は山口より遥に北方にあるを以て、宣教師は酷寒に堪へざるべからず。又彼地は米穀蔬菜類の外、食ふべきもの殆んど絶無なるが故に、彼等は食物の欠乏を忍ばざるべからず。」

とあるは前に説いた『続本朝通鑑《ぞくほんちょうつがん》』の「招二京師儒官一管レ之、其人依二水土之変一而不レ幾早世。自レ是儒官厭二東行一而不レ来。故禅徒窺二文字一者領レ之云」とあるを連想せしめるが、更に、

「板東の大学には四方より攻学の徒雲集す。かくて学徒その郷国に帰るや、おのが学びたる所を以て郷人に授くるなり。」

とあるは、足利学校が師範学校として立つてゐた事を明かにし、而してわが中世人が一般に僧侶によつて教育せられた事を示す。この意味に於いて、足利学校は初めて一般世人と交渉をもち、従つて中世人の精神生活と関係をもつたのである。

七　指導者としての僧侶

寺院に於ける教育

『三州法蔵寺御由緒書《さんしゅうほうぞうじごゆいしょがき》』と云ふものがある。これは寛政十二年（一八〇〇）九月日、法蔵寺より寺社奉行に提出したものである。この由緒書には、徳川家康が八歳の時、天文十八年（一五四九）正月吉日、岡崎の城を出で、当山に入り、教翁上人《きょうおうしょうにん》を師として学聞（問カ）した趣が詳細に記されてある。その余りに詳細なる記事は却つてその信用を下すものであり、殊に寛政十二年と云へば、徳川時代も末の事であつて、直ちにこの記事を信ずる事の出来ないのは云ふまでもないが、しかしか丶る記事が出現したと云ふ事は、中世に於いて、寺院に入学し、寺にて初等教育を授ける事が普通一般の風習であった一つの証拠とするに足る。

徳川家康については、更に異説がある。『武徳編年集成《ぶとくへんねんしゅうせい》』等によれば、天文二十年十月十歳の時、駿府伝馬町智源院に於いて筆法を学んだと云ひ、又『駿国雑志《すんこくざつし》』に載せたる伝説によれば、彼が智源院の住持知短上人に筆道を学んだのは八歳より十九歳に至る十二年間であると云ふ。又駿府の郊外安倍郡大岩村の臨済寺に伝ふる所は、家康はこ丶に入学して、雪斎長老を手習の師と頼んだと云ひ、今日其書斎と云ふものが残つてゐる。又別に、彼が学んだ寺は三河のある小寺であつて、後に江戸浅草新寺町に移されて、東照院興源寺《とうしょういんきょうげんじ》と云ふものがそれだと云ふ説もある（『駿国雑志』）。即ち単に寺の相違によつても、法蔵寺・智源院・臨済寺・興源寺の四説があつて、いづれも軽々に信ずる能はざるものであるが、しかも、いづれにせよ当時寺に学ぶ風習の一般的なる事を察するに足る。

同様の例はその頃に頗る多い。

織田信長は十三の年（天文十五年）毎日天王坊へ登つて学問したと『総見記《そうげんき》』に見え、『甲陽軍鑑《こうようぐんかん》』には、

「織田信長公、十三の御年、寺へ上り給へども、中々手をばならはずして、万ふるまひあしく、手習朋友共、食物すれば、うばひ取りて食しなどして、種々恥辱なる事、不レ可二勝計一。しかあれば、寺の法印も、もてあつかひ、かたへの人も見レ之、物の用に立つべからず、弾正忠の子にてはあるまじき、など丶申しあへり。」

とある。弾正忠は織田信秀、那古野の城主で、清州の織田大和守の奉行の一人であつた。

上杉謙信は天文五年（一五三六）、七歳にして林泉寺に入り、天室光育に就いて学問した。林泉寺は越後春日山城下にあり、曹洞宗の寺である。今日、上杉家に伝はる『伊呂波尽《いろはづくし》』折本は、彼が嗣子景勝の為に特に揮毫したもので、漢字の左右に音と訓とを書き添へたものであり、これ即ち彼が林泉寺にて学んだ所であらう（『上杉謙信伝』）。榊原康政は家康幕下の驍将であつて、本多忠勝・酒井忠次・井伊直政と共に徳川家の四天王と称せられた人であるが、弘治二年（一五五六）、九歳にして松応寺に学んだと云ふ（『白賁堂先生遺書』）。或は松応寺ではなく、大樹寺だとも云ふ。

仙石秀久は美濃の人、秀吉に仕へて戦功あり、後年信州小諸《こもろ》五万石を領した人であるが、少年時代に、

美濃国感応寺に入り、貞快長老を師として学問した。天正十五年（一五四六）、秀吉の九州征伐に従ひ、軽挙して大敗した為、秀吉の怒りにふれ、讃岐高松を没収せられた時、諸所を流浪したが、遂に本国に帰り、この感応寺に暫く寓居したのはその縁によつたのだと云ふ（『改撰仙石家譜《かいせんせんごくかふ》』）。

以上は中世の末に於ける実例を挙げたのであるが、学童の寺に入る事は、当時の文藝に屡々現れてくる。『堀江物語』と云ふ小説には、下野国に堀江頼純と云ふ武士があつて、上野の住人原新左衛門の女子、才色ならびなきを娶り、一子月若丸を生んだ。しかるに国司三位中将、頼純の妻の容色絶倫なるをきゝ、丁度、堀江の零落したのに嫌気がさしてゐた強慾なる原新左衛門と通謀し、頼純を邀撃して之を殺し、三位中将はその妻を奪つたが、女は頼純の死をきゝ自殺して了つた。よつて月若丸は中将の為に、じやけんが原の麓なるないりの池に沈められたが、不思議と命助かつて、奥州の岩瀬《いわせ》権頭《ごんのかみ》の養子となり、寵愛せられた。権頭は月若が七歳となるや、学問の為に日光山に登せ、十五歳にして元服せしめて、岩瀬の小太郎いへむらと名乗らせた。この子が後に父母の仇討をして叡感にあづかり、上野・下野・武蔵三国を賜はり、兵衛佐に任ぜられ、行末永く栄えたと書いてある。

又、謡曲『丹後物狂《たんごのものくるい》』も、かゝる寺入《てらいり》の風習を語るものの、一つである。

シテ詞「是は丹後の国白糸の浜に、岩井の何某と申す者にて候。我いまだ子を持たず候間、橋立の文珠に、
一七日参籠申し、祈誓仕り候へば、或夜の霊夢に松の枝に花を添へて給はると見て、程なく男子をまうけて候。御霊夢に任せ、名をも花松と付け申し候。又学問の為に、あたり近き、成相

寺と申す山寺に上せ置きて候。久しく対面せず候程に、寺より呼び下して候。此方へ呼び出し、学問の様をも尋ねばやと存じ候。」

とて花松を呼び出し、

シテ「久しく見候はねば、抜群に成人して候。いかに花松、汝を寺より呼び下す事、余の義にあらず、学問をば、なんぼう御きはめ候ぞ。」

子「我学問の奥義は知らず、経論聖教は申すに及ばず、歌道の草子、八代集、習ひ覚えて候。たゞし法華には法師品、又内典には倶舎論《ぐしやろん》のうち、七巻、いまだ覚えず候。」

シテ「是はねんなう覚えて候。又花松が学問の事は申すに及はず、又ことなる事に何事か能のある。」

トモ「さゝら八撥が御上手にて候。」

シテ「やあかしまし、それは汝が子の子の事にてあるか。」

トモ「いや花松殿の御事にて候。」

シテ「是は誠か、やあ花松、心を鎮めて聞き候へ。それ児の能には歌連歌の事は申すに及ばず、鞠小弓などまでは仔細なし。さゝら八撥など申す事は、鉾のもとにて囃す。京わらんべのわざにてこそ候へ。学問のやうを尋ぬる処に、法華経には法師品、又倶舎論のうち七巻覚えぬと承る。其さゝら八撥のひまになど七巻をば覚えぬぞ。いや〳〵言葉多きものは品すくなし。総じて今日よりは某が子にては有るまじいぞとよ、急いで立てとこそ、いよ〳〵得罷り立ち候はじ。某罷り立てうずにて候。」

勘当されたる花松は、橋立に身を投じたが、筑紫彦山の麓の人に助けられ、彦山に登つて学問を極め、再び家に帰つて父を尋ねた所、父は子を思ひて狂人となり、所々放浪して狂ひありき、遂に文珠堂にて再会すると云ふ筋である。

又、朝鮮の金東溟《きんとうめい》の『聞見雑録《もんけんざつろく》』に、日本の風俗を記して、「其俗、自天皇至衆庶、不識字。凡百文書、惟僧主之」と云ひ、又これらの僧のなす所を記して、「或教授生徒」とある。金東溟の来朝は崇禎九年丙子、即ち我が寛永十二年（一六三五）であつて、こゝに云ふ所はやゝ当らない感があるが、中世末に於いて寺院にて教育を授ける風習の盛んであつた事を示すものであると考へうる。

以上は専ら例を中世の末期にとつた。しかし中世の中期に於いても、中世の初期に於いても、これは大体あてはまる事である。

先づ中世の中頃に例を求むれば義堂周信《ぎどうしゆうしん》がある。義堂は土佐国長岡の人であるが、正中二年（一三二五）に生れ、元弘元年（一三三一）七歳の時、松園寺《しようおんじ》に入り、浄義大徳について学問をした。後十四歳の時、剃髪して僧侶となつたが、当初入学の時は僧侶となる意志はなかつたらしい（『空華日工集』）。

謡曲『仲光』は世阿弥の作であると云ふ。世阿弥は足利義満に寵愛せられた人で、応永年間（一三九四～一四二八）を盛りで送つた人である。その仲光、一名満仲に、シテ詞「是は多田の満仲に仕へ申す藤原の仲光と申す者にて候。扨も御子美女御前は、あたり近き中山寺に登せおかれ候所に、学問をば御心に入れ給はず。明暮武勇を御嗜み候由聞こしめされ、以ての外の御憤りにて、某に罷り上り御供申せとの御事にて候程に、今日中山寺へ参り、美女御前を御供申し、只今御所へ参り候。如何に申上げ候。美女御前を御供申して候。」

満仲《みつなか》詞「いかに美女、久しく寺より呼び下さゞるは、学問能くせよとなり。まづ〳〵御経聴聞せんと、紫檀の机に金泥《こんでい》の御経、それ〳〵読誦《どしよう》し給へと、美女が前にぞさし置きたる。」

美女「美女は父御の仰せに付きても、住むかひもなき浅香山(註)手習ふ事もなかりしかば、ましてや御経の一字をだに読まざりければ、今更に涙に咽ぶばかりなり。」

（註）浅香山といふ句は左の歌より出てゐる。

あさかやまかけさへみゆる山の井の　あさくは君をわがおもはなくに

これは「難波津にさくやこの花冬ごもり　いまをはるへとさくやこのはな」と同じく手習に用ひられたもので、『古今集序』にも左の如く見えてゐる。

「難波津の歌は帝のおほむ始なり、安積山の言の葉は采女《うねめ》のたはぶれよりよみて、この歌は歌の父母のやうにて、手習ふ人のはじめにもしける。」

かくて満仲は、美女御前が文字を知らず、歌をよまず、管絃の道にもくらきを見、大にその怠慢を怒つて切り捨てやうとする。仲光、美女御前をにがしやり、満仲をなだめたが、きかず、止むを得ず家に帰つて思案するを、子の幸寿が聞いて身代りに立ち、満仲に美女を斬つたと報告する。その後、叡山の恵心の僧都が美女をつれてきて、事実を伝へ、美女を許さん事を請ふ。こゝに目出度く親子対面の盃があつて、美女は恵心の僧都に伴はれて、重ねて寺へ登り、手習学問する事になつたが、仲光はその輿を見送り乍ら無限の感慨にうち萎《しお》れるといふ筋である。

この謡曲に於いて、寺入りして学問するのが、女子である事は注意を要する。女子が寺に入つて学問する事は、余り実例を見ないが、かゝる謡曲が出来た所を見れば、これは全く無い事ではなかつたと思はれる。以上を中世の中頃に於ける例証とする。

次に中世初期に於いては、先づ一遍上人をあげる事が出来る。一遍上人は伊予の人、河野七郎通広の次男で、延応元年（一二三九、将軍頼経の代）誕生し、幼名を松寿丸と云つたが、寛元三年（一四六二）正月十一日、初めて得智山継教寺に入学した、時に七歳である。これは決して僧侶となる為ではなく、その僧侶となる志を起したのは、宝治二年（一二四八）、十歳の時、母の死亡によつて世の無常を悟つてから後の事である。（『一遍上人年譜略』）

又、鎌倉初期に作られたと思はれる『長谷寺霊験記《はせでられいげんき》』を見るに、中世の初めに摂津国住吉の里に、藤五といふ者があつて、一人の男子を持ち、幼少の程は、俗書など読ませんとて、和泉国巻尾寺へ登せたが、十六、七にも成つたから（後文より推せば十六、七歳は嘉応元年・二年の頃で、平治の乱より十年ばかり後の事である）父母之を呼んで郷に置、跡を続がせんと云つたけれども、宿善にや、真言止観に心をかけて、在家の住居をいとひ、終に十七歳にして出家し、法名を信誉《しんよ》聖忍房《しょうにんぼう》と云つたとある。

後京極摂政良経（その摂政であつたのは建仁・元久の際で、将軍実朝の時代である）の作である『新十二月往来』の中、七月三日の往復の書状二通は頗る注意すべきものである。

染付直垂一具、扇子三本、七日料献之。常令経廻洛陽給之条、不便之事也。為学問、早可令登山之状如件。

七月三日

今若殿

直垂扇等、謹以給候了。住京之条、存外之事候。阿闍梨為貴所御祈、数日不被登山之間、自然令経廻候。於学問者、雖在京不怠候也。恐惶謹言

七月三日　今若丸請文

これを見るに、貴族の子弟が叡山あたりに登つて学問する風習が一般的であつたらしい。宮中の御持僧には、東寺・叡山・三井寺の僧を選ばれる例であるが、順徳天皇の『禁秘抄《きんぴしょう》』に、御持僧について、

「口入叙位除目、尤不可然事歟。大望不叶、定腹立。自児召仕者、近頃多元服、望蔵人、申官位。末代弥此儀多《カラン》歟。可有用意。」

とあるを見れば、いよ〳〵明かである。

従来、中世の教育を説く者は、金沢文庫と足利学校との二つを非常に重大視してゐたが、しかしなが

ら事実はこれに反して、金沢文庫は単に金沢氏及び称名寺の蔵書を保管する書庫であつて、その図書を公開して一般の繙読にまかせる図書館ではなく、即ち書物の死せる貯蔵所であつて、そこに蔵せられた書物はいかに貴重であり、いかに多数であつたにせよ、中世の終りに至るまで、殆んど何等の活用を見なかつた。まして学生に教授する学校では無論なく、従つて中世の教育界とは全く没交渉のものであつた。又足利学校は名の如く学校ではあつたが、こゝに学ぶものは殆んどすべて僧侶であつて、フロイスの『日本史』に、所謂「学生の最多数は僧侶か、然らずんば僧侶たらんと学ぶものども」であつた。従つて、この二者は従来考へられてゐた様に、一般中世人の教育の機関ではなかつたのであつて、この二者の歴史上の意義は、今や改められねばならないのである。而してこの二つに関係して緒を得た所から、中世人の一般に学んだ所は寺院であり、寺院こそ中世の教育を掌つたところ、それ故に寺院の住職なる僧侶こそ、中世人の精神生活を指導したものである事を明かにした。

さて上には、中世の初中末にそれぞれ実例をあげて、之を証したのであつたが、こゝになほ付説すべきは「寺小屋」なる詞の意義である。「てらこや」は今日は普通に「寺小屋」と書くけれども、寺小屋では意味をなさない。「てらーこや」ではなく、「てらこーや」であつて「寺子屋」と書くべきである。寺子は屋と離れて独立しても用ひらるゝ詞であつて、寛延四年（一七五一）鱗形屋《うろこがたや》出版の『小節用集《しようせつようしゆう》』に題して、『寺子《てらご》節用《せつよう》錦袋《きんたい》鑑《かがみ》』と云ふも、その一例であるが、寺子は学校の生徒、特に初等教育を受くる生徒をさす詞である。即ち寺子は学童である。之を寺子といふ理由は、『古状揃《こじようそろえ》証註《しようちゆう》』に於いて、高井蘭山《らんざん》が説明してゐる。

「いにしゑは、手習、寺に登せし也。弟子を寺子と云し也。」

「てらこや」はかゝる学童を集めて教育する家であつて、「や」は米屋・質屋の屋であるが、かやうに卑俗な屋を添加した所から考へると、てらこやは最早寺院ではなく、私塾を開いて、初等教育を授くる事を業とする俗人である。而して近世には専らこの第二段のてらこやなる詞が現れてくる事より考ふれば、第一段のてらこが行はれたのは、即ち寺院に於いて専ら教育を掌つたのは、それより一段古い現象であつて、即ち中世の現象である。中世に於いては、てらが初等教育を授け、その学童を「てらこ」と云つたのである。『古《こ》状《じょう》揃《そろえ》精《しょう》註《ちゅう》鈔《しょう》』（天保十四年版）に、

「むかし幼稚児の手習はなべて寺院にて教へし事にて、今も田舎辺鄙《へんぴ》にては大かた寺の住憎を頼むなり。されば繁花の地は、別に筆道のみを業として教ゆる者あり。町家なれども、其家を寺屋といひ、習ひにゆく子を寺子といふ。又南都にては彼指南家をあしちといふ。是も庵室の訛言と知るべし。皆寺にて教へし名残なり。」

とあるのは、この事情を尽して頗る要領を得てゐる。こゝには寺子屋の事を、「てらや」ともいつてゐるが、又単に「寺」とも呼ばれた事は、『和《わ》漢《かん》三《さん》才《さい》図《ず》会《え》』に、「按集二民間子女一令レ習二書筆一家、称レ寺。」とあるによつても知られる。

中井竹山は『草《そう》茅《ぼう》危《き》言《げん》』（松平定信に奉呈する所）に於いて、

「此寺ト云名目ハ、由来モ久シカル可。数百年前喪乱ノ時等、世人ハ金革ヲ衽ニシ戈ヲ枕トスルノミニテ、書ヲ読者ハ浮屠《ふと》ヨリ外ハ無リシ故、タマサカ冊ヲ挟ム者有バ、僧法師ノ様ナリト嘲リタルヨシ、記録ノ物ニ見ヘタリ。夫故、民間ニテ子弟ニ読書ヲサセント思フ者ハ、皆是ヲ近辺ノ寺院ニ遣シタル事ニテ、辺土遠境ハ今トテモ尚然リ。夫故、児輩ノ寺ヘユクト云ハ読書ノ事ニ成タリ。御治世以来、俗間文字ノ用ハ追々弘クナリ、都会ノ地ニハ手跡・算術ノ指南、又少々ノ素読《そどく》、或ハ諸礼・小諷等教ル者頗多クナリ、諸浪人モ之ヲ以テ口ヲ餬スル様ニナリ、在郷ニモ相応ニ算筆ニ通ジタル者ヲ引寄セ置、子弟ヲ教ヘ、或ハ村方年分公私ノ書キ物、金穀ノ勘定等サスル様ニ成タレバ、今ハ上国ニテハ何モ寺院ニ拘ル事ハ無ヲ、昔ノ積習ニテ、矢張寺屋・寺子・寺入ト覚ヘ、世間一統ナルハ余リ文盲至極ノ事、此御時節ニ甚不相応也。何卒其師ヲ手跡師抔ト呼セタキ者也。或ハ俗ニ従ヒ、司ノ字ヲ用ルモ可也。屋ヲ付ネバ合点セヌ習俗ナレバ、細民は手跡屋ト覚エテヨシ、寺子ヲ手習子、寺入ヲ入門、又ハ門人等、云ハセタキ事成可。」

といふ意見を提出してゐる。

之を要するに、中世に於いては、寺院が学校であつて、この学校を当然「てら」と云ひ、こゝに学ぶ学童を「てらこ」と云ひ、入学を「てらいり」と云つた。しかるに近世には、寺は次第に廃して庶民の素読・算筆を教へて生計を立つるものが之に代り、初等教育を掌つたが、「てら」「てらこ」「てらいり」なる言葉はそのまゝ用いられた。言葉のみは中世と同じで、実質は既に変化してゐるのである。而して近世の後期には、中井竹山の様に、これらの言葉をも改めて、全く中世と絶縁せんとする意見さへ現れてゐる。

かやうに近世に入つては既にその実質が変化して了つてゐるにも拘らず、「てら」「てらこ」「てらいり」等の言葉が天下を風靡して了つて居たのを見るとき、中世に於ける寺院の教育上の活動が、いかに広汎に亘り、又いかに根底の深いものであつたかゞ察せられる。

実際、寺院が庶民の教育を掌る事は、その由来頗る遠く、上代の初めにも溯り、『僧尼令』には左の規定がある。

「凡僧聴《ハセ》下近親・郷里取《ニ》二信心《ノ》童一子供侍《スル》上、至二年《ヲ》十七一各還《セ》二本色一。」

この侍童が僧について学問した事は寺院が初等教育の学校となる最初である。かくて上代の末には既にかなり盛んであつたらしく、『東山往来拾遺《ひがしやまおうらいしゅうい》』の序に（『東山往来』の下巻なり）、

「昔田夫誘レ子令レ住二叡岳一。子学二聖教一、不レ了二世路一、同伴来謁言、汝子如二文殊一也。父聞歓誉。子適来到。父勧令レ書二借文一、又問二世法一。子不レ書不レ答。父瞋曰、汝為二愚人一、豈是文殊哉、子還学二世間雑事一、遂成二内外達者一云々。」

とあるが、この書は其内容より見て、寛治五年（一〇九一）の清水寺焼亡より程遠からざる頃の著作と考へられ、更に『諸宗章疏録《しょしゅうしょうそろく》』によつて僧定深の作なるを知り、而して定深は、『中右記』によれば、嘉承元年（一一〇六）二月に清水寺別当に任ぜられたのであるから、（嘉承元は寛治五を去る事十五年後）本

書は其後数年の間に作られたものであらう。さすれば、鳥羽天皇の御代であつて、保元より三、四年前である。その頃「昔田夫誘レ子令レ住二叡岳一」と云ふを見れば、庶民の子弟が叡山に登つて勉強する風は、それより遥かに古くから、既に一般に行はれて居つた事が分る。

只それが中世に入つて益々盛んに行はれ、中世の末、戦国時代に至つてその頂点に達したのである。戦国時代にこれらの初等教育を授くる寺院にて作られたと思はる丶ものに、『初登山手習教訓書《はつとざんてならいきようくんしよ》』がある。これは『古状揃《こじようそろえ》』の中にあるが、その作られたのは中世の末、戦国時代の事と考へられる。登山は即ち寺に登る事であつて、寺入、即ち入学を意味する。この一篇は児童の入学を以て武士の戦場に向ふに譬へたもので、師匠は大将軍であり、硯・墨・紙等の文房具は武具であり、卓机は城郭、筆は太刀・長刀に相当すると云ひ、文字を一々覚ゆる事は、武士一人で以て大敵を亡ぼすが如く、一字一句も覚えないで藝能のない事は宝の山に入りながら手を空しうして帰るが如きであるばかりでなく、もし師匠の命をきかず寺を逃げ下るならば、武士が臆病にも合戦の場を逃げ帰る様なもので一生の恥辱であるといつて、児童の専心に手習すべき旨を教訓してゐる。これは戦国時代に文事を軽じて武勇にはやる児童に対する教誡書としては、実に巧妙に作られたものである。この『古状揃』は、

今川了俊対二愚息仲秋一制詞条々

初登山手習教訓書

腰越状（東鑑）

義経含状（新作）
西塔武蔵坊弁慶最後書捨之一通（新作）
熊谷状（源平盛衰記）
経盛返状（同）
曾我状（梶原景時より曾我太郎へ）（新作）
同返状（新作）

の九篇を集めたものであつて、これらの多くは戦国時代に作られ、近世の終りにいたるまで、最も盛んに用ひられたものであるが、初等教育の教科書に、かくの如き教材を選んだ事は、当時既に義経・弁慶・敦盛・曾我兄弟等の話が人口に噲炙《かいしゃ》して一般世人の同情を集めてゐたからであるが、近世を通じてこれらの人々は国民に最もファミリアであり、人気の焦点となつてゐたのは、初等教育に『古状揃』が用ひられた事なぞと関係があるであらう。初等教育が一般世人に与ふる感化影響の大なる事は、今更云ふまでもない事であつて、この点より考ふる時は、中世の精神生活を探る為には、当時、寺院に於いて行はれた教育が、何を教材として、どんな風に行はれたかを見る必要がある。

而してこの目的の為には、『身自鏡《しんじかがみ》』なる一書が、余りに中世の末に偏してゐるとはいへ、最も確実な、又最も詳細な記事を含んでゐて、頗る珍重に価する。『身自鏡』は、毛利の家臣玉置土佐守吉保の自叙伝で、元和三年（一六一七）に書かれたものである。彼は安藝の広島の北方温井村に生れ、十三歳の時に（天文二十一年の生であるから、永禄七年の事である）寺へ入学した。その次第は『身自鏡』に詳かである。

「漸々《ようよう》十三歳ニモ成ケレバ、毛利陸奥守元就様ノ御前ニテ、正月十一日ニ元服シテ、又三郎吉保トゾ名乗リケル。其二月九日ニ、為㆓学文㆒、勝楽寺ト云ケル真言寺ヘゾ登山シケル。院主ノ名ヲバ権大僧都大阿闍梨俊弘法印トゾ申シケル。其日吉日ナレバ、いろはノ筆立ヲゾ被㆑教ケル。五日ノ内ニ習納、清書シテ父ノ見参ニ入ル。其後、仮名文・真名文ヲ次第〳〵ニ習也。読物ニハ看経ノ為ニトテ、先心経・観音経ヲ読、朝ニハ早ク起、手水ヲ遣イ髪ヲ結、先本堂ニ参、本尊ヲ奉㆑拝。其侭、梵天・帝釈・四大天王ヲ拝シ、下界ノ鎮守ニハ、伊勢天照太神・春日大明神（中略）日本朝中大小神祇・諸仏諸菩薩奉拝、武運長久・子孫繁昌・現世安穏・後生善所ト奉㆓回向㆒、御堂ヨリ下向シテ、朝食終レバ楊枝ヲ遣、ウカイシテ髪ヲ結ヒ衣裳刷ヒ、宗祇短歌ノ如ク身ノ耆（嗜カ）ミ、机ヲ立、墨ヲ摺、終日迄手習シテ、日モ夕陽ニ傾ケバ清書シテ師匠ノ御目ニ懸ルニ、一心不乱ニ習タル時ハ、一段神妙ナリト誉メ、疎学不用時ハ、杖ヲ以テ被㆑打、追籠ラル、時モ有。扨又宵ニモ成ケレバ螢雪ノ光ヲカ、ゲテ書ヲ読、庭訓・式定・童子教・実語教、其外往来分ノ物ヲバ、十三ノ年読了リケリ。

十四ノ歳ハ、読物ニハ論語。朗詠・四書五教（経）、六稲（韜）三略、其外文書多分読明タリ。（中略）十五歳ハ草行ノ字ハ如㆑形書覚タレバ、真ノ物ナド少シ習之也。読物ハ古今・万葉・伊勢物語・源氏一部、八代集・九代集、其外歌書ノ口尺（講釈）ヲ聞、和歌ノ道ヲ学ビ、人丸・赤人ノ跡ヲ尋、定家・家隆ノ流ヲ知ル。（中略）

十六ノ歳、下山シ、此二三ヶ年在寺シテ窮屈ナリケレバ、暫ク令㆓休息㆒ケル。」

これによれば、吉保は十三歳にして勝楽寺に入学し、寺に寄宿して権大僧都俊弘法印の教をうけ、第一学年にはイロハより漸次漢字を習ひ、『庭訓往来《ていきんおうらい》』を始めとして色々の往来物、『童子教』『実語教』等を続み、又「心経・観音経」を読み習つた。第二学年には『論語』『朗詠』、四書五経、六韜三略を学び、第三学年に於いては、習字は草行を終つて、真の字を習ひ、読物には、『古今』『万葉』『伊勢』『源氏』、八代集・九代集を学んだ。之を表示すれば大体左の如き課程である。

学年	習字	読書
第一学年	草	往来
第二学年	行	漢文
第三学年	真	国文

而してこれは、玉置吉保に於いて、又は勝楽寺に於いてのみ見られた所ではなく、一般の学習のコースは実際かくの如きものであつたらしい。

さてこの『身自鏡』に「宗祇短歌の如く身の嗜《たしな》み」とある「宗祇短歌」は恐らく宗祇の『児教訓』の類であらう。『児教訓』は群書類従にも収められて世に知られてゐるが、これは形式から言へば、七五調三百五十三行の長歌であるから、『身自鏡』に短歌と云ふに合はず、又内容から言へば、『児教訓』は不良少年の行ひを述べて、そのあさましさを説き、反省を促したものであるから、『身自鏡』に「宗祇短歌の如く身の嗜み」とあるに符合しない。察する所、宗祇は、不良少年の振舞を述べた長歌と共に、模範とすべき学生の行ひを述べた短歌を作り、学生の教訓に資し、それが一般に読まれたのであらう。その模範生の方はまだ一見する機会を得ないが、不良少年の『児教訓』は、かなり脱漏《だつろう》はあるが、とにかく今日に伝はつてゐる。その中に「世のなかの、わるき若衆のふるまひを」述べては、

朝起はせで　昼寝して
手ならふ事は　いやがりて
戸かべ障子《しょうじ》に　ものかきて
里ずきはして　手はすかで
たゝみ柱に　墨つけて

と云ひ又、

友の若衆と　からかひて
日にいく度も　つかみあひ
親や坊主の　上いひて
物しか〴〵と　をしへねば
手のあがらぬも　道理やと
我とわがみに　理をつけて

と云ひ、

かくてはせめて　四五年も
寺のすまひを　するならば
すこしるしも　付べきに
三年さへも　くらしかね
ほどよく里へ　引込みて

と云ふを見れば、当時、天下の少年は定つて寺入をして寺子となり、少くとも三年間は、坊主を師として学問する風習であつた事が知られる。この寺院に寄宿してゐる学生々活は、中世に於いて盛んに作られた「児《ちご》物語」によつて、其一面を窺ふ事が出来る。

「児物語」はこれらの寺子、即ち「児」にまつはる主として同性の間の恋愛を取扱つたものであつて、『秋夜長物語《あきのよながものがたり》』（三井寺聖護院の児、梅若丸《うめわかまる》）『鳥部山物語《とりべやまものがたり》』（武蔵国のある寺の弟子民部卿を主人公とす。こゝに「さいつころ武蔵国のかたへに、物まなぶさうさ〈精舎〉なん有ける。そのつかさ何がしの和尚とかや、聞えし人の御弟子に、民部卿《みんぶのかみ》といひしは」云々とあり、「物まなぶさうさ」と云ふを見れば、この寺院は、むしろ学校といつていゝ程、教育を主としてゐたのである。）『松帆浦物語《まつほのうらものがたり》』（藤侍従《とうのじじゅう》を主人公とす。これは中納言兼右衛門督《うえもんのかみ》なる人の子であつて、横川《よかわ》へ登つて三年の間学問をした。「十ばかりの時に、このわか君、いたづらにおひ出給はむよりは山にのぼせて物ならはし給へかしなど、より〳〵すゝめ申されしかば、横川へそのぼせられける。大かたの学文にも和歌のみちにも心を入れて、筆とる事もたど〳〵しからず。はかなきすさみごともつき〴〵しく、心ざま人にすぐれたりしかば、一山のもてあそび、ちご童子もむつまじきことにおもひしほどに、三年ばかり此山に送りけるになむ」とある。）『あしひき』（奈良の東南院にありて物学ぶ民部卿得業の若君を主人公とす。）等数多く作られてゐるが、それらの中には、『弁《べん》の草紙《そうし》』の様に実説であるのもあり、（註）又実説でないとしても、当時の寺院に於ける学生生活を背景として作ったものであつて、これによつて、中世の学生々活の一面を窺ふ事が出来る。

（註）『弁の草紙』については、拙著『我が歴史観』所載「弁草紙考」参照。

これらの「児物語」は中世の小説界に於いて頗る重要なる位置を占め、今日の少女小説や、学生ローマンスの比ではない。これ中世に於ける寺院の文化が、当時の一般社会に対して比較にならない程高く、この寺院に於ける学生々活が、中世人の一生に於いて最も美はしい最も奥行のある時期であつたにもよるであらう。

ともかくも現代の学生々活と、近世の漢学塾生活（広瀬淡窓の「柴扉暁出霜如レ雪、君汲二川流一我拾レ薪」がその趣を表してゐる）と、中世のこの寺院生活とを比較して見るとき、各の時代に於いて感じ方や考へ方が、いか様に変つてゐるか、その思想や感情の色合の相違を察する事が出来る。

当時、寺院と檀家との関係は、単に宗教的にばかりでなく、教育的にも深い連鎖があつて、中世の人達がその少年時代を寺に送り、僧侶より教育を受けた事は、近世の宗門帳制度による義務的な関係の及びもつかぬ深い愛着を、その寺院に対して抱かしめた。今一、二の例を挙げるならば、前に述べた玉置土佐守吉保も、廿一歳の時に、勝楽寺の後住俊賀の為に、発起人となつて金を集め、出世の用に供してゐる（『身自鏡』）。又前に説いた様に、享徳四年（一四五五）に千葉介胤宣が戦死した時には、その手習の師であつた下総金剛授寺の中納言坊は、胤宣が切腹した如来堂へ弔にゆき、その近辺の川に身を投げて自殺した（『鎌倉大草紙』）。天正十五年（一五八七）仙石秀久が、九州征伐の失敗から秀吉の怒りにふれて所領を没収せられ、諸国に流浪した時は、遂にその本国美濃に帰り、少年時代に寄宿してゐた感応寺《かんのうじ》をたより、寺内にかくれてゐた事がある（『改撰仙石家譜』）。

師檀の関係の親密なる事は、これらの例によつて察する事が出来る。従つて寺の僧侶は、寺に寄宿し又は通学する寺子に対してばかりでなく、それらの少年が成長して社会へ出ていつた後にも、猶之を指導したのである。即ち僧侶は宗教上の導師であり、学校教育及び社会教育の指導者であつたのである。この関係は、言葉の上にもあらはれてゐる。

『名目鈔《みようもくしよう》』恒例諸公事篇《こうれいしよくじへん》に、

「元日宴《グワンニチノエム》　今世諸人以㆑僧為㆑師。爰僧云㆓元日《ゲンニチト》㆒、故為㆑誡㆑之注㆑之。」

と云ひ、又、

「乞巧奠《キカフテン》　今世僧云㆓キツカウテン㆒《ト》、不㆑足㆑言云々。」

とあるのを見れば、上代からの言葉も、僧侶の為に違つて教へられて、読みかたが変つて来た事が分る。

この『名目鈔』は洞院実凞《とういんさねひろ》の著で、実凞は康正・長禄の交、左大臣であつたから、こゝに「今世《こんぜ》」といふは室町中期の事である。

これは読み方がちがつて来た例であるが、言葉そのものが、新しく寺院から生れて世間に通用するに至つたものは頗る多い。少しくその例をあげれば、

因縁《いんねん》　因果　因業《いんごう》　浮世　有頂天《うちょうてん》　優曇華《うどんげ》　縁起《えんぎ》　閻魔《えんま》　往生　観念

勘弁　餓鬼《がき》　我慢　境界　果報　功徳《くどく》　供養《くよう》　玄関

玄は黒なり、奥深い仏道に入る関門を玄関と云ひ、それが寺の入口をさし、今日の通俗語と変化したのである。

金輪際《こんりんざい》

大地の底。三千世界の最下に風輪あり、その上に水輪あり、その上に金輪あり、この金輪の上に妙高山初め九つの大山あり、四大洲はこの第七山の外にある。

外道《げどう》　化生《けしょう》

化生は四生（胎生・卵生・湿生・化生）の一。依託する所なく、忽然《こつぜん》として生ずるもの。諸天の如き、劫初《ごうしょ》の人の如きそれである。

化現《けげん》　眷属《けんぞく》　極楽　後生《ごしょう》　今生《こんじょう》　業《ごう》　三昧《ざんまい》　三界《さんがい》　在家《ざいけ》　懺悔《ざんげ》

娑婆《しゃば》　衆生《しゅじょう》　成就《じょうじゅ》　成仏《じょうぶつ》　慈悲　執念《しゅうねん》　嗔恚《しんい》　常住　修羅《しゅら》　七宝《しっぽう》

修羅（阿――の略）は非天と訳す。常に帝釈と戦ふ神、天に似たれど天に非ず。六道の一なり。

七宝は金・銀・瑠璃《るり》・硨磲《しやこ》・碼碯《めのう》・真珠・玖瑰《くかい》、又は金・銀・瑠璃・玻瓈《はり》・珊瑚《さんご》・碼碯・硨磲といふ。

自在　自業自得《じごうじとく》　邪見　助老

助老は脇息《きようそく》の類、老僧が坐禅の際用ふるもの、

出世　支度《したく》　修行　世界　世間　世事　雪隠《せつちん》　殺生《せつしよう》

雪隠は、『禅林象器箋《ぜんりんしようきせん》』に、西浄《せいちん》より来ると解した。他に諸説あれど、これがいゝか。之を廁《かわや》の通名とするが、西浄は西序の廁、東序にては東浄と云ふ。東浄は又東司《とうす》とも云ふ。

息災《そくさい》　道具

『禅林象器箋』に、道具を釈して曰く、

「忠曰、凡三衣什物、一切資㆓助進道之身㆒物具名為㆓道具㆒。則此目、斉㆓于僧家㆒。然和俗通㆓‐称度㆑世器物㆒為㆓道具㆒、失㆑義遠矣。」

檀那《だんな》　堕落　退転　智慧　畜生　地獄　聴聞《ちようもん》　挑灯《ちようちん》（提灯）　貪着《とんちやく》　貪欲《どんよく》

内証《ないしよう》　奈落《ならく》

仏心中の妙理を内証といふ。

南無三宝　人間　忍辱《にんじく》　暖廉《のれん》

暖廉は、『禅林象器箋』に「忠曰、綿布覆㆓廉面㆒、防㆓風気㆒、故言㆓——㆒。勅修清規月分須知云、四月候㆓天気㆒、僧堂内、下㆓——㆒——上㆓涼廉。㆒」と見えてゐる。

方便《ほうべん》　坊主《ぼうず》　法被《はっぴ》　平等

法被は、『禅林象器箋』曰「覆裏椅子之被也、」

非業《ひごう》　不思議　普請《ふしん》　煩悩《ぼんのう》

普請は、『禅林象器箋』に「忠曰、集衆作務曰――。伝灯録禅門規式云、行――法、上下均力也。僧史略別立禅居云、共作者謂之――、」と見えてゐる。

発起《ほっき》　満足　名聞《みょうもん》　無常　無明《むみょう》　無我夢中　無垢《むく》　無縁　滅法《めっぽう》　妄念《もうねん》

余念《よねん》　輪廻《りんね》

利根《りこん》　利益《りやく》

余念は、心所対の境に一ならず、余事を思ふことである。『大宝積経』に「此諸衆会無――」とある。

ひとり言語のみならず、建築に於いても玄関・書院等が寺院より起つて一般に行はれる様になり、食物に於いてもその由来を尋ぬる時は、寺院に帰するものが多い。（羊羹《ようかん》・豆腐《とうふ》・饅頭《まんじゅう》など、或は寺院の精進《しょうじん》料理より出で、或は僧侶によつて伝へられたのである。）其等は一切こゝには省略する事とするが、とにかくこの言語にあらはれたる所のみより見るも、中世に於いて寺院が教育の中心であつた事の影響が、いかに大きいかを察するに足る。

寺院の数　しかるにこゝに説明を要する事は、当時の寺院がその数如何程であつたかといふ事である。

『古事類苑』には、古今寺院数の変遷を述べて、

「推古天皇ノ三十二年ニハ既ニ四十六所ノ寺アリ。鎌倉幕府ノ比ハ、一万三千有余ノ多キニ及ビ、徳川幕府ノ時ニ至リテハ、実ニ四十余万ノ巨数ニ達セリト云フ。」

と云つて居るが、これによれば、中世は僅《わずか》かに一万三千余ヶ寺に過ぎず、之を近世の四十余万に比較するときは、三十分の一と言つてゐゝ。もし之を正しとするならば、中世に於ける寺院の力は、その数に於いては近世の足許にも及ばないのに、その実際の活動に於いては中世は中世の足許にも及ばないといふ奇妙な現象を見るのである。しかしながら、まづ江戸時代の寺院四十万といふはすこぶる疑はしい。『古事類苑』は左の『吹塵録《すいじんろく》』の記事に従つたものである。

「天王寺勧化《かんげ》に付《つき》、取調諸宗寺数

摂州四天王寺は、聖徳太子建立にて、仏法最初の寺たる事は、普《あまね》く世人の知れる所なり。先年諸堂修覆《しゆうふく》の助力として、日本国中の諸宗の寺院に寄進の事あり。其節の寺数を左に記す。

一、禅　宗　　一万百箇寺
一、黄檗宗《おうばくしゆう》　　九千百箇寺
一、真言宗　　一万千百箇寺
一、法相宗　　九千三百廿箇寺
一、天台宗　　千八百廿箇寺

一、浄土宗　　十四万廿箇寺
一、遊行宗　　六万四千六十箇寺
一、大念仏寺　千五百十箇寺
一、西本願寺　四万五千十箇寺
一、東本願寺　八万八千三百五十四箇寺
一、高田門跡　七千五百廿箇寺
一、日蓮宗　　八万三千廿箇寺
右寺数、総而四十六万九千（「七千」歟）九百三十四箇寺
寛政十二庚申年正月より壱ヶ月、銭三文づゝ、十七ケ年之間、天王寺へ可二差出一旨、寺社奉行より
諸宗へ被二申渡一。」

『吹塵録』にはこの外にも、

㈠文化二年（一八〇五）より五年へかけて、天王寺再建の為の勧化ありたりとして、寺数四十五万九千四十四箇寺となすもの。

㈡享和二年（一八〇二）七月、京都大仏再建の為に、日本全国の寺院より今後十七年間、一寺一ヶ月三文宛出銭すべしとの令下れりとして、寺数四十六万千七十七ヶ寺となすもの等が見えてゐるが、出所はいづれも明かでない。

同様の記事は他にも多く散見し、

(a)『昔日叢書聞見雑録』には　四十六万九千九百三十四ヶ寺
(b)『長周叢書虚実見聞記』には　四十六万三千四十一ヶ寺
(c)『甲子夜話続篇《かつしやわぞくへん》』には　四十七万千九百七十九ヶ寺
(d)史料叢書『天明年中国中仏寺之数』には　四十六万三千四十一ヶ寺
(e)『寺格帳付録』には　四十六万五千四十九ヶ寺

とし、遂に之が一般に信ぜられて、文政八年（一八二五）会沢安（正志、天保二年彰考館総裁となる）の著はした『新論』に、

「天下仏寺殆五十万、通二‐計僧尼及奴隷一不レ知二其幾百万一。」

と云ひ、その註に、

「唐伝奕上二‐書高祖一言、令二僧尼匹配一、即十余万戸云々。武宗廃二仏寺一。其上都及東都留二一寺一、節鎮各留二一寺一、毀レ寺四千六百余区、提提蘭若四万四区、帰俗僧尼二十六万五百人、収二良田数千万頃一、奴碑十五万人。拠レ之則唐国土地之大、而仏寺之多、不レ及二神州十分之一一。然時人尚以為夥。則神州仏寺亦可レ謂レ盛也。」

と慨歎してゐる。

これら、寺院数五十万となす諸書の多くに共通なるは、この統計が四天王寺勧化に関係ありとなす事であるが、しかし四天王寺諸堂修復の為に、幕府の強制的命令を以て、かくも大規模に全国諸宗の寺院

すべてより、その費用を徴発する事は、㈠正確なる記録を探るに、享保・天明・寛政・享和・文化、其他いづれの年にもなく、㈡享保・安永・天明中、天王寺修復の為に勧化を許した事があるが、それは信仰の輩の志《こころざし》次第であつて、㈢その志次第といふ事は、幕府に於いては常に変らぬ方針であつたのである。思ふに天王寺修復の為に、全国の寺院に課税すとするは、架空の想像であらう。『寺格帳付録』の「日本諸宗寺数大概」に、各宗の寺数をあげて、

「〆四十六万五千四十九ヶ寺

右之寺院より一ヶ年十二両宛上納之金高

　金五百五十八万六百六十両

年頭独礼之寺院、御朱印高一石に付、金壱両宛、壱ヶ年上納之金高

　金八万千三百五両余

外に村庵五拾万軒程

右庵壱軒より壱ヶ年金壱歩宛上納之金高

　金拾弐万五千両

惣〆五百七拾八万六千九百六拾五両」

とあるなども、何等確実なる統計でも実際の必要でもなく、只好事家《こうずか》閑日《かんじつ》の悪戯《いたずら》に過ぎぬ。蓋し江戸時代の人口総数をかりに三千万とすれば、戸数は約六百万に過ぎず、而して寺院四十六万とすれば、民家

十二戸に対して一寺の割合をなし、もし『寺格帳』に従つて寺庵合計約百万とすれば、民家五に対して寺庵一の比をなし、到底信用の限りではない。

然らば、江戸時代の寺院数は正しくはどれ程であつたかと云ふに、今日の寺院数七万一千六百七十六ヶ寺に加ふるに、維新当時㈠廃仏毀釈の為に、㈡経済的変動の為に、廃絶した寺院数を加へたものである。（明治・大正の間は寺院の創立を許さない）それは恐らく総寺数の二割又は三割と考へられ、それより推して江戸時代の寺院総数は九万より十万の間と察せられる。

次に中世の寺院一万三千有余となす説も、『古事類苑』のみならず、従来の諸書の殆んどすべてが、一致して採用してゐるもので、『大日本史』仏事志にも、

若㆓後嵯峨・亀山・後宇多諸帝㆒、皆有㆓英明之資㆒。又崇㆓尚仏法㆒。(増鏡)是時天下積有㆓一万一千三十七寺㆒矣。(日蓮書)

とあるが、すべてその出所は日蓮の書翰に在る。即ち『諫暁八幡鈔《かんぎょうはちまんしょう》』（弘安三年十二月日）に、

「日本六十六箇国二ツノ島一万三千三十七ノ寺ノ仏ハ、皆或ハ画像或ハ木像、或ハ真言已前ノ寺モアリ。或ハ已後ノ寺モアリ、此レ等ノ仏ハ皆法華経ヨリ出生セリ、以㆓法華経㆒眼トスベシ。……而ルヲ日本国ノ習ヒ真言師ニモ不㆑限ラ、諸宗一同ニ仏眼ノ印ヲ以テ開眼シ、日大ノ真言ヲ以テ五智ヲ備ヘシム等云云。此等ハ法華経ニシテ成《レル》㆑仏《ニ》衆生ヲ、真言ノ権経ニテ供養スレバ、還テ仏ヲ死《コロ》シ眼ヲクジリ寿命ヲ断《タ》チ咽喉《ノンド》ヲサキナンドスル人人也。」

といひ又、

「今又日本国一万三千三十七ノ寺、並ビニ三千一百三十二社ノ神ハ、国家安穏ノ為ニ被レ崇メ候。而ルニ其寺寺ノ別当等、其社社ノ神主等ハ、ミナミナ崇ムル本尊ト神トノ御心ニ相違セリ。彼彼《カレガレ》ノ仏ト神トハ其ノ身異体ナレドモ其心ハ同心ニ法華経ノ守護神也。別当ト社主等ハ、或ハ真言師、或ハ念仏者、或ハ禅僧、或ハ律僧也。皆一同ニ八幡等ノ御敵也。」

とあつて、これが鎌倉時代の寺院総数一万三千余となす説の本拠をなしてゐる。しかしながら日蓮に於いては、日本国すべての社寺が法華経を本とするを論ずるが主意であつて、寺院の正確なる統計を示すが目的ではない。日蓮は只すべての寺院と云ふ代りに、しばらく一万三千と云ふ数字を借り来つたに過ぎず、その数には何等の原拠も意味もない。今、日蓮のこの数字の信用すべからざる理由として左の二ヶ条を挙げる事が出来る。

(1)同じ『諫暁八幡鈔』の中に、

「遠クハ三千大千世界ノ一切衆生ハ釈迦如来ノ御子也。近クハ日本国四十九億九万四千八百二十八人ハ八幡大菩薩ノ子也。今日本国ノ一切衆生ハ八幡ヲ奉レ憑様ニモテナシ、釈迦仏ヲ奉レ捨、影ヲ敬テ、体ヲアナヅリ、子ニ向ツテ親ヲノル（罵）ガ如シ。本地釈迦如来ニシテ月氏国ニ出テハ正直捨方便ノ法華経ヲ説給ヒ、垂迹日本国ニ生レテハ正直之頂ニ栖給フ。」

とある事。今日、日本内地の人口は、五千五百万であり（大正九年十月現在、国勢院調査）世界全体の人口を総計するも十七億に過ぎないのに、日本国四十九億九万四千八百二十八人とは、荒唐も亦甚だしい。日蓮の数字の信用し難いのは之により明かである。

(2)同じく日蓮の書である『垂迹法問《すいじゃくほうもん》』には、

「日本国中社数一万三千三十二所アリ。仏法ノ住所ハ十七万一千三十七所也。水ハ濁リテ流ルレドモ又スミ、月ハ雲カクセドモ又ハル、コトハリナリ。仏法ヲバ、第六天ノ魔王外道モ怨ヲナセドモ仏法弥弘マリヌ。」

と云ひ、『秋元御書』には、

「神社ハ三千一百三十二社、寺ハ一万一千三十七所」

とあり、『弥源太入道殿御返事』には、

「仏ノ御寺ハ一万一千三十七所、其ノ内ニ僧尼、或ハ三千、或ハ一万、或ハ一千一百、或ハ十人、或ハ一人候ヘドモ、其ノ源ハ弘法大師・慈覚大師・智証大師、此ノ三大師ノ御弟子ニテ候。」

とあり、又『神国王御書』には、

「我ガ日本国ハ一閻浮提ノ内、月氏漢土ニモ勝レ、八万ノ国ニモ超ヘタル国ゾカシ。其故ハ月氏ノ仏法ハ西域等ニ被」載候ハ、但七十余箇国也。其ノ余ハ皆、外道《げどう》ノ国也。漢土ノ寺ハ、十万八千四十所也。我ガ朝ノ山寺ハ、十七万一千三十七所也。此ノ国ハ月氏・漢土ニ対スレバ日本国ニ伊豆ノ大島ヲ対セルガ如シ。寺ヲ数フレバ漢土・月氏ニモ雲泥《うんでい》過ギタリ。」

と云ひ、又、

「日本国ノ叡山七寺・東寺・園城寺《おんじようじ》等ノ十七万一千三十七所ノ山山寺寺ニイサ、カノ御仏事ヲ行フニハ、皆天長地久、玉体安穏トコソ祈リ給ヒ候へ。」

と云つてゐる。

『神国王御書』は建治元年（日蓮五十四歳）のもの、『秋元御書』は弘安三年（五十九歳）のもの、『垂迹法問』は康元元年（三十五歳）のものと云はれてゐるが、それはいづれにせよ、寺院数が数年の間に十六万も増加する筈はないから、『諫暁八幡鈔』（弘安三年五十九歳）との間の莫大なる差異は、双方の信用を失墜せしめるに十分である。

かくして鎌倉時代の寺院数一万三千有余となす説の信用し難き事は明かになつたが、しからば、当時の実際の数は如何と云ふに、固より明確なる統計はある筈はなく、只大体を推定して満足するより外はない。

今その大体を推定する一つの規準は、近世に於ける新寺建立の禁である。既に明治・大正の間の寺院創立不許可の方針が現況より推して近世の寺数を知るべき手段となつたのであるが、今又同様の方法を中世に対しても採り得る。

江戸幕府は、終始一貫せる政策として新寺の建立を厳禁してゐた。即ち早く、元和元年（一六一五）七月の『浄土宗諸法度』の中に既に、

「一、大小之新寺、為レ私不レ可レ致二建立一事」

と云ひ、元和八年八月には京都市中に触れて、

「一、新寺建立制止之事
右、近年為私称寺号・院号事、自由之至也。向後《きょうご》令厳制事也。先規御定如此。依之度々此旨相触之。若相違之輩、新寺造立之所有之者、早奉行所へ可申来事」

と令してゐる。この禁令が殊に厳重になつたのは、寛永八年（一六三一）よりの事であつて、この年は日本の寺院史に於いて注意すべき時である。即ち、幕府はこの時、厳重に諸宗寺院を調査し、この年を分界線として、古跡新寺を分け、新寺に対しては、出来る限り破却の方針をとつた。尤もこの禁令にも拘はらず、新寺の建立は猶かなり多かつたのであるが、それらの虚偽を別として、大体に於いて近世には新寺の建立は政府の禁止する所であつた。しかるに猶十万ばかりの寺院があつたのである。

而して中世より近世への過渡期に於いては、維新当時に比して、遥かに多数の寺院が廃絶した。それは主として戦乱の為であり、殊に織田信長の寺院に対する圧迫による所が多い。その代表的なものは比叡山延暦寺である。叡山は『源平盛衰記』『太平記』等すべて、三千の大衆《だいしゅう》といつてゐるが、クラッセの『日本西教史』によれば、こゝには元、三千八百の仏閣と、殆んど同数の美麗なる僧院とあり、戦国の末頽廃の後も猶五百余を存したといひ、之を近世の百二十六坊（宝暦九年、『天台宗本末記』による）と比較すれば格段の相違がある。

叡山三千坊と云ふは、一見架空の様にさへ思はれるが、叡山より微力であつた三井寺が、『近江輿地《おおみよち》志略《しりやく》』に坊数八百五十九院と云ひ、それは左に掲ぐる『扶桑略記』永保元年（一〇八一）、三井寺焼亡の条によつて是認せられる事を考ふれば、三井寺の八百に対して、叡山の三千は決して不当ではない。

「六月十八日、勅《みことのりすらく》、遣右大史江重俊並史生等、勘録寺塔房舎焼失。其記云、御願十五所、堂院七十九処、塔三基、鐘楼六所、経蔵十五所、神社四所、僧房六百廿一所、舎宅一千四百九十三宇也（已上官使実録記也。）九月十五日、未時《ひつじのとき》、山僧引率数百兵衆、行向三井寺。重焼残堂舎僧房等畢。云《いへらく》、堂院二十処、経蔵五所、神社九処、僧房一百八十三処。但舎宅不注載之。不知其数幾千而已《のみ》。門人上下各皆逃隠山林、或含悲入黄泉。或懐愁仰蒼天。今年入末法、歴三十年矣。」

又高野山については、石川丈山の『覆醤集《ふくしようしゆう》』に、

「寄贈林春斎依僧徒之訴獄、同両三官奉承台命上金剛寺。（淮陰王鳴鶴曰、如紀伊頭陀僧、三千八百房専習武芸殺人、今吾頸聯効其数。）

海李飄零起訟争、　官臣卿命自江城、　少留洛邑酬親旧、　高踏野山施使令、

五十長亭伝馬逸　三千余院唖羊驚、　更為後会難相逐、　預計帰期幸寄声。」

とあり、これは恐らくは正保二年（一六四五）の事である。さてその数字は、淮陰の王鳴鶴の云ふ所を用いたものであるが、『厳助往年記』によれば、永正十八年（一五二一）二月十二日に焼失した高野の寺家伽藍は、三百余宇、塔婆十九基、衆徒行人等の坊三千九百余宇に及んだと云ふから、野山の僧坊が三千を超過する事は決して不稽ではない。

高野山の分身とも云ふべき根来山《ねごろさん》は、天正十三年（一五八五）三月廿一日に秀吉に征伐せられて焼払

はれた時、堂社寺院すべて二千七百余宇と伝へてゐるが（『紀伊国名所図書』）、秀吉の右筆《ゆうひつ》として従軍した大村由己の記す所によれば、

「僧房伽藍懸火、谷谷甍成焰上天、山山梢成烟連雲、三日三夜照百里。」（『紀州御発向之事』）

とあつて坊々甍をならべた盛んな有様が想像せられ、こゝにも三千近くの寺があつたと考へられる。

下野の日光山も、永正六年に宗長が瀧の尾に詣で、

「此より谷々を見おろせば、院々僧房凡《およそ》五百坊にも余りぬらん」（『東路の津登』）

と記してゐるから、随分多くの寺があつた事であらう。

この外、南都の諸大寺より、書写山・大山寺・彦山・阿蘇山・白山・羽黒山等、いづれも相匹敵する大寺であり、この大寺の外に箇々散在せる寺の数は、もとより非常な数に達してゐたから、全体としては近世より遥かに多かつたと思はれる。

先是、延喜十四年（九一四）四月、式部大輔三善清行の『意見封事』に、

「推古天皇以後、此教盛行。上自群公卿士、下至諸国黎民、無建寺塔者、不列人数。故傾尽資産、興造浮図。競捨田園、以為仏地。多買良人、以為寺奴。」

とあるが、この勢ひは益々進展して、遂に全国寺を以て埋まる勢ひをなしたのである。承安四年五月、最勝講の第二日夕座の導師、山門の権少僧都澄憲の啓白に、

「凡上自群公卿士、下至諸国黎民、競捨田園、皆施仏地、争傾財産、悉献三宝。不修仏事者、

不為生類、不立堂塔者、不列人数。……。南都七大諸寺比甍、田園皆為三宝之地。東京数代御願接軒、立錐無非精舎之地。弘法大師、卜紀州高野山、溢三密流於四海。伝教大師、点江州比叡嶺、扇十乗風於一天。此外七道諸国、九州卒土、山無大小、皆松坊比檐、寺不弁公私、悉国郡卜領。……然則天人不護我国者、即不護常住三宝。龍神若悪我国者、即奉悪三宝福田。」（この啓白は旱魃の為に雨を祈る趣旨であつたから、かく云ひ、この論理によつて龍神を服し忽ち大雨があつたといふ）

『源平盛衰記』巻三

と云つてゐる。これは中世の初めの事であるが、この勢は何等阻害せられないで進んでいつたのである。殊に寺院の創立については、上代にも近世にも禁令があつて、政府としては法の上に於いては新寺の設立を許さなかつたのである。近世の事はすでに述べた。上代に於ける禁令について云へば、延暦二年（七八三）六月の太政官符が、よくこの精神を表してゐる。

　禁断京職畿内・諸国私作伽藍事。

右奉勅、定額諸寺其数有限。私自営作先既立制。比来所司寛縦、曾不糺察。如経年代無地不寺。自今以後私立道場、及将田宅園地捨施、并売易与寺、主典以上解任見任、自余不論蔭贖決杖八十。官司知而不禁者亦与同罪。

　延暦二年六月十日　（『類聚三代格』）

かく厳重なる禁令がありながら、猶あの様に寺院はどん〳〵建立せられたのである。而して中世に於いては、かゝる制限は非常に弱かつた。滔々として寺院が全国を風靡したのは亦怪むに足らない。それは決して一万三千位に止まらない。恐らくは近世の十万よりも遥かに多かつたであらう。中世人が学校として、その少年時代を送つた寺は、実にかやうに多数に上つたのである。

僧侶の数　而して寺の多きは僧の多きを示す。数の多きは既に一の勢力であらねばならない。しかも又それはやがて質の下落を伴ふものである。

元来、上代律令の制度に於いては、僧となるには一定の試験を経なければならないのみならず、その数には限りがあつて、勝手に多くの人が出家する事は許されなかつた。その出家して僧侶となるには、即ち得度するには、二つの機会があつた。

(一)年分度者《ねんぶんどしゃ》

一条兼良の『樵談治要《しょうだんちよう》』に、

「度者といふは、今の世のやうに思ふさまに出家する事はかなはず。公方のゆるされをかうぶりて髪をそり、衣をそめしかば、我宗をも相承せしめ、又年よりて杖ともせむがためこれを申うけし也。毎年人数を定めゆるされをかうぶりて其寺につけをくをば、年分度者と申也。出家をゆるさるゝをもて、是を功徳とも称し、又朝恩とも思ひ侍る也。」

とある。

延暦二十五年（八〇六）正月廿六日の規定によれば、十二律に准じ各宗の年分度者を十二名とし、その割当は左の通りであつた。

1. 華厳業　二人　五教指帰網目ヲ読ム。
2. 天台業　二人　一人ハ大毘盧舎那経。
一人ハ摩訶止観。
3. 律　業　二人　梵網経等。
4. 三論業　三人　二人ハ三論。
一人ハ成実論。
5. 法相業　三人　二人ハ唯識論。
一人ハ倶舎論。

但、法華・金光明の二部はすべてに共通であり、経論の中、大義十条を問ひ、五以上に通ずるを得度を聴した。

その後、承和二年（八三五）正月廿三日に至り、真言宗に年分三人を度し、承和九年には延暦以来の十二人の外に、二人を増加し、一人は『法華経』、一人は『最勝王経』を学ばしめた。延長七年（九二九）には真言宗四人となり、嘉祥三年（八五〇）には天台も四人となり、同十二年には天台六人となり、仁和三年（八八七）には天台八人となつた。この外、弥勒寺・高雄寺・海印三昧寺・嘉祥寺・元慶寺・仁和寺・円成寺等に、それ〲年分度者一名、又は二名を置かれた（『類聚三代格』）。

定額の年分度者の外に臨時に度者を許される事がある。それは次の如き機会である。

(二)臨時度者

(1)天皇・皇后等の病気御平癒を祈る為。

『続日本紀』孝謙天皇天平勝宝四年（七五二）正月巳丑の条に、「是日、度僧九百五十人・尼五十人、為太上天皇不悆也」とあり。太上天皇は聖武天皇である。

(2)先帝の御菩提を弔ふ為。

『続日本紀』孝謙天皇天平宝字元年（七五七）正月庚戌朔条に、「廃朝、以諒闇故也。勅、度八百人出家」とある。これはこの前年即ち天平勝宝八年五月二日に、聖武天皇が崩御せられたからである。

又『類聚国史』に、「平城天皇大同元年（八〇六）六月乙巳、奉為先帝、度僧一百五十人尼五十人」とあり。これは桓武天皇の御菩提を弔ふ為である。

(3)流行病を絶つ為。

『類聚国史』に「淳和天皇天長六年（八二九）四月丙寅、勅曰、如聞、諸国頃日、疫癘《えきれい》間発、百姓夭死。出家功徳、不可思議。宣度百僧弭《やむ》此凶《きょう》禍《か》」云々とある。

以上二種の度者以外に、私に随意に入道出家して僧侶となる事は官の厳禁する所であった。即ち『僧尼令』にも、

「凡有《ソラム》私度、及冒名相代《シテ》並已《ラム》判《コトワリテ》還俗、仍《テ》被《キタラ》法服《バヨ》者、依律科断《セヨ》。師主三綱及同房人《ノ》知情者、各還俗《セシメヨ》。雖非同房。知情容止《メ》、経一宿以上、皆百日苦使。」

とあり、淳仁天皇天平宝字三年六月廿二日の官符には、元興寺教玄法師の奏状に、

「窃惟私度僧者、深乖《そむき》仏法、更作亡命。伏請須《すべからく》天下勿住、国内彼此共《ともに》検勤還本色。」

とあるを採用して私度僧を禁断せられた（『類聚三代格』）。行基が禁獄せられたのも、私に沙弥を度したからであつて（『元亨釈書』）、この禁令の厳重であつた事は察するに足る。この禁令の実行力を持つてゐた間は、僧侶の数は少く、その質はすぐれて居た。

しかるに中世に至り、十数万の寺院が建立せられ、それより遥かに多数の僧侶が現れたのは、この禁が破れ、従つて試験を経ず、官許を得ず、勝手に自ら出家する風潮となつたからである。実はその風潮は上代の末より著しい事であつて、延喜十四年（九一四）の三善清行の『意見封事』によれば、当時、私度多く、又手続を踏んで得度するものもその数、非常に多く、その質は全く下落してゐた事が分る。曰く、

「伏以、諸寺年分及臨時得度者、一年之内或及二三百人也。就中半分以上、皆是邪濫之輩也。又諸國百姓、逃課役逋《のがるる》租調者、私自落《おとし》髪、猥《みだりに》著法服。如此之輩、積年漸《ようやく》多。天下人民三分之二、皆是禿首者《これとくしゆしや》也。此皆家蓄妻子、口啖《たんじ》腥羶《せいだん》。形似沙門、心如屠児。況其尤甚者、聚為群盗。窃鋳銭貨、不畏天刑不須仏律。若国司依法勘糺、則霧合雲集、競為暴逆。前年攻囲安藝守藤原時

善、劫二略紀伊守橘公廉一者、皆是濫悪之僧、為二其魁師一也。……」

僧侶は中世に入りて愈々その数を増したが、しかしその実質は暗愚の俗人と少しも異る所なく、只その剃髪染衣の姿が僧侶らしき外観を有つてゐたに過ぎない。

僧侶の質　ここに先づ考ふべき事は、中世の僧侶が恐ろしく無学であつた事である。大僧正慈円は『愚管抄』に於いて、

「惣ジテ僧モ俗モ今ノ世ヲ見ルニ、知解ノムゲニウセテ、学問ト云コトヲセヌ也。学問ハ僧ノ顕密ヲマナブモ、俗ノ紀伝明経ヲナラフモ、是ヲ学スルニシタガイテ、智解ニテソノ心ヲウレバコソヲモシロクナリテセラルル事ナレ。スベテ末代ニハ犬ノ星ヲマボルナント云ヤウナル事ニテ心得ヌ也。」

「スベテサスガニ内典・外典ノ文籍ハ一切経ナンドモキラ〳〵アムメレド、ヒバノクルミヲカ、ヘ隣ノ宝ヲカゾフルト中事ニテ学スル人モナシ。」

などゝ歎じてゐるが、無住の『沙石集』を見ると、僧侶の無学驚くべきものがある。即ち同書第七巻、「愚痴之僧文字不レ知事」の条に、

「有山寺ニ所ノ習《ならい》トシテ、法華・仁王ノ二経、僧コトニ暗誦シツケタル中ニ、文字ニモ向ハデ覚エタル愚僧多シ。其中ニ或ルワカキ僧、師ノ譲リアタヘタル大般若ヲ虫ハラハントテ、トリヒロゲタルヲ、隣房ノワカキ僧キタリテ、ナニ経ゾト問。イザ何経ヤラン。先師ガユヅリテ侍ナリト云フニ、

タベ、ソノ経十巻、法師ガ法華経ヲモタヌニ法華経ニセントイヘバ、トクトリ給ヘト云。一帙トリテ帰ヌ。又隣房ノ僧来リテ此経ヲ問ニ、隣ノ某房ガモトニアマタ見ヘツレバ、法華経ニセントテトリテ来レリト云。法華経ハ八巻コソアレ。タベ二巻ハ法師ガ仁王経モタヌニ、仁王経ニセント云ニ、トクトリ給ヘト云。サテ二巻ハトリテ帰リケリ。文字ニカ、ハラズ手ニマカセテ取来コトハ是ニ似タレドモ愚痴ノ程オカシクコソ。」

「或ル在家ニ大般若ヨマセケル中ニ、愚僧アリテ、経ヲサカサマニモチタルヲ、奉行シケル俗、アノ御房ノモチ給ヘル経ノサカサマニ候ハトイヘバ、ヨク持チタル僧トリナヲシテ、サカサマニモチテケリ。サテサカサマニモチタル僧ハ我ハヨク持チタル気色ニテ、ソバノ僧ヲオコガマシク思テサ見候ツルトイヒケリ。」

『沙石集』は弘安年中の著述であるが、中世を通じて、か丶る愚痴文盲の僧侶は多かつた事であらう。こ丶に中世の僧侶が無学であつて、それ故に、彼等が書籍を読むに正しく読み、正しく解する事能はずして、荒唐無稽の珍説をなした例として、『童子教注抄』を挙げようと思ふ。

『童子教』は『実語教』と姉妹関係をなすものであつて、往来物と相並んで中世に専ら行はれ、近世に入つても廃れずに用ゐられた普通教育の数科書である。中世に於けるその流布のあとを尋ぬれば、文明三年（一四七一）蜷川《にながわ》親元の写本があり、又文安元年（一四四四）の『下学集』はこの書等の註解の為に作られたものであつて、その序に、

「彼之実語・童子為《ノ》教、琵琶之為引、長恨之為歌、庭訓雑筆為《ノ》往来也。至若《シカノミナラズ》糸竹曰楽府、詩歌曰朗詠者、巻夥文繁。」

とあり、更に古く貞和三年（八三六）八月には青蓮院の尊円親王が武家の所望により『童子経』（教に通ずるならん）を書写せられた事が『華頂要略』に見えてゐる。当時一般に読まれた事はこれによつて分る。さて今述べんとする『童子教注抄』は、本文僅々二十六枚の小冊子であるが、永禄三年（一五六〇）三月十七日書写の奥書があり、奥書によれば、当時相当に行はれて居た書物で、この本は関東天台宗僧侶の手により写され伝へられたものらしい。ともかくも永禄以前の著述で、中世後期の僧侶の無学無智を尤もよく示してゐるものである。

先づ『童子教』の著者について考察し、しかる後、『注抄』の云ふ所と対比して見よう。『童子教』は普通に五大院安然和尚の作と云はれてゐる。左の『見好書』に記す所が普通の説である。『見好書』は壱岐の僧猷山の著述で、観音の利益、伊勢神宮の霊験、殺生の罰など、すべて勧善懲悪の物語を集めたもので、享保十一年（一七二六）に京都に於いて出版せられた上下二巻の書物であるが、その中「梨核《ノヲ》施《シテ》蟻《ニ》得福」の条に、

「伝《ヘ》聞《ク》和国《ノ》童子教《ハ》五大院《ノ》安然和尚《ノ》述作也。安然《ハ》（中略）或夜被籠《ラ》山王、権現夢告《ニテ》云。汝雖為学匠、於過去無施、故今世貧者也。但七生《シ》以前汝《ハ》近江国《ノ》商人也。或越《トキ》越前国《ニ》於木目嶺《トウゲニ》食梨捨核、有一《ノ》蟻、喰之、悦無限。其蟻今生《レ》人《ニ》西京《ノ》麹屋《ノ》子是也。汝行彼所不可有貧、安《キコト》然夢覚《テ》再拝《シ》到西京尋之。

亭主恭敬以《シテ》吾子奉願弟子。終作童子教、教彼子。自夫和国以此教救小童。」

とある。この通説に対しては、学者の疑ひを挿む人も往々あるが、就中、最も明快に之を否定したのは、文学士高橋俊乗氏の『日本教育史』であつて、

「童子教は中に大江匡衡《まさひら》の宋学を述べてあるが、此の人は安然よりずつと後の人で、鳥羽天皇の御代に卒してゐる。又末学の語らしい「教性案義理」といふ句がある。してみると本書は鎌倉末期を上らないやうに思はれる」

と論じてあるが、教性案義理の句は兎も角も、匡衡の一項は全々誤である。即ち『童子教』に「匡衡《きようこう》為夜学、鑿壁招月光」とあるは、『史記』『漢書』等に見ゆる匡衡、字《あざな》は稚圭と云ふ支那の学者であつて、大江匡衡《おおえのまさひら》の事ではない。一体『童子教』には支那の故事のみを引き、（匡衡・孫敬・蘇秦・俊敬・車胤・宣士・休穆・高鳳等）一人も我が国人を挙げてゐない。その例によるも匡衡が支那人である事は疑ひがない。従つて折角の高橋氏の説も必ずしも決定的に安然説を覆す事は出来ないが、全体の匂は、安然よりはもつと新しく或は上代の末まで下る様にも思はれる。只明確疑ひを容れない事は、これは日本人の作、しかも僧侶の作であると云ふ一事である。しかるに今『童子教注抄』の説く所は実に奇想天外である。曰く、

「白居易此《ノ》文《ヲハ》秦始皇《ノ》紫晨殿南西成文対堂而作リ玉ヘリ。白居易ハ光浄菩薩ノ再誕也。仲尼トモ孔子トモ同名也。白居易ハ異名也。母ノ胎内ニシテ五体ヲ不共玉故ニ居易ト云也。白トハ生レタマイシヨリ白髪也。故ニ白居ト云也」。

『童子教』の著者を白楽天なりとなす説は、かなり広く行はれたと見え、『見好書』にも、前の続きに「或説《ニ》此《ノ》教《ハ》白居易《ノ》述作《ト》云《ハ》非也」とあるが、之を白楽天の著作と云ふさへあるに、孔子と同一人とし、秦始皇と同時代の人とし、生誕の時より白髪あり五体不具となすに至つては、言語道断の文盲である。

更にその本文に就いては、妄誕笑ふべき解釈に充ちてゐる。左にその一例をあげよう。

「一人眼者懸二天陰一而勿二犯用一事　季子曰、人ノ目ヲ恥テ天目ヲ不レ恥是非也。大唐ニハ吠友ト云人有。此人ニハ日カ九ツ有。大サ日月ノ如ク也。我為ニ悪キ人ノ有ル方ヘハ、此ノ目ガ自在ニ一ヅツ飛テ其ノ人ノ魂ヲヲビヤカス。夜ルハ敵ノ家ノ上ニ星ノ如クニシテ夜ヲ明ス。昼ルハ日月ノ如クニシテ其ノ人ノ臆ニ身毛立テ人ヲ悩ト云也。財宝多ク持タル人ハ友ヲ憑シカバ、目一ヅツ遣シテ見レバ、人不レ取。其時盗人共ガ集テ何カセントテ、天ノ眼ヲ祭テ祭落シテ所望ニ随テ福ヲ与ヘケル。此人ハ一切ノ人ヲ守ル人也。九曜ノ星ノ父天親狗覚王ト申ス王ノ再誕也。昼ルハ日月ニシテ御座ス也。」

又口は是れ禍の門、舌は是れ禍の根といふを注して、炎州国の鬼神共、人間を取り来つて極熱山の山頂にて五躰を喰ひ畢るに、只舌ばかりを喰ひ残して串にさして六道の辻に立てゝ置く。地蔵菩薩問ふて、それ程の物を何故喰はないかといふに、鬼神悪きものはえ喰ひませんと答へた。人の舌は鬼神も喰はない程に悪い物である、といつてゐるなども妄誕の甚しいものである。

中世に於いて殆んど教育の全権を握り、従つて国民の精神生活について指導者の位置を占め、重大なる責任を負つてゐた所の僧侶が、その数極めて多きに拘らず、その質の頗る貧弱であつて、中には一文不知の尼入道も多く、自ら学者なりと信じて、著作講義をする者の中にも、この『童子教注抄』の如く、荒唐無稽の説をなして得々たるものが多かつた事は、これに指導せらるゝ中世人にとつて不幸な事であつた。就中、彼等が国史の智識に於いて最も欠乏してゐた事は、その影響より考へて、之を看過する事の出来ないものである。或は中世の後期に於いて歴史に注意する学風が起り、史学研究の機運が生じ、史学概論又は史学研究法とも云ふべき著述さへ見らるゝに至つたといふ説があり、即ち桂林徳昌の『史学提要抄』がその代表的著作であつて、その有する意義は頗る重大なりと云ふのであるが、予の考ふる所を以てすれば、この書は今日未だ発見されないが、恐らくは宋の黄継善の撰した『史学提要』の註解であつて、原書が四言を一句として支那の歴史の極大体を述べたに過ぎないものであり、徳昌の註解も只字句の解釈に止り、史学について特別の意義ある著述とは考へられない。徳昌は建仁寺に学び、延徳元年（一四八九）その住職となつた人であるが、この外に『古文真宝』『三体詩』等の註解をも作り、特に史学に興味があつたとは考へられない。当時五山の僧が作つた『史記』『古文真宝』『三体詩』其他の抄を見るに、いづれも訓詁諺解、即ち字句の註釈とその大意の口語釈に過ぎない。徳昌の『史学提要抄』の如きも、必ずかゝる種類のものに過ぎなかつたであらう。従つて彼にこの著あることは、当時史学が特別の興味を以て迎へられ、歴史研究の機運が勃興して来たからでは断じてない。

固より当時五山の僧侶が『史記』や『漢書』に読み耽り、ある程度まで支那の歴史に通じてゐた事は、之を疑ふ事は出来ない。『左伝』『史記』等の抄物もいくつか残り、桃源瑞仙が、応仁の乱を江州に避けて、貧寒と戦ひ乍ら、『史記』の抄を作つた事は有名であり、又竺雲等璉《じくうんとうれん》は『史記』『漢書』を暗誦し、好んで之を講じたので「漢書璉」の名を得たと云ふ。『碧山《へきざん》日録』(大極蔵主の日記)長禄三年(一四五九)五月十日の条に、この日、著者が北山の等持院へゆき、竺雲が『後漢書』を講じたのをきいた記事があつて、その終に、

「竺雲和尚博二洽内外一、尤善二於漢史一、無レ書則暗誦空授、其克熟二知此矣。壮時叢社有二同名者一、時人喚二和尚為二漢書璉一以別レ之也。」といつてゐる。

かやうに五山の僧侶の間には、支那の歴史には相当に通暁してゐる人もあつたが、眼を内へ転じて我が国の歴史となれば、少しも分らない人が多く、或はすべてが国史の智識を欠いてゐたといつてい丶。有名な虎関師錬《こげんしれん》は壮年の比、建長寺に寧一山《ねいいちざん》を訪ひ、種々質問した時、一山が転じて我国高僧の事蹟を問ふに及び、多く答へられなかつたので、一山が外国の事のみ博識洽聞であつて、自国の事を知らないのは何だと責め、虎関はこの言に慚ぢて、刻苦して本朝僧伝の編纂に力め、遂に『元亨釈書』三十巻を成した事は有名な話である。これは偶々五山の学風が国史に対して極めて冷淡であつた事の一支証となるものである。

事実、彼等の国史上の知識は非常に貧弱であつた。『碧山日録』を見るに、長禄・寛正の頃、既に楠木正成の如何なる人かを知らない。『碧山日録』長禄四年(寛正元年、一四六〇)三月二十八日の条に曰く、

「南朝将軍之孫楠木某、与二其儻一、窃謀反、既而事発、遂遭二囚擒一下二於大理一。是日於二六条河上一、吏刎二

其頭、日録曰、楠木氏往昔領天下兵馬之権、斬人頭、不知幾万級、強半戮殺無辜之民潰亡之後、其遺孽被獲於官者、咸死刑官之手。惟積悪之報也。可悲矣也。」

楠木河内守正虎が朝敵赦免の歎願は、この雰囲気の間にあつて初めて了解せらるゝ事であるが、実に歴史を知らざるの甚しき、驚くべきものである。僅かに百二十年ばかり前の楠木正成すら、天下兵馬の権を領して、無幸の民幾万人を殺戮した悪逆無道の人として了つた位であるから、それより古き歴史に対する盲の程度は推察せられる。

将軍義政の時、鹿苑院《ろくおんいん》に住して僧録司に任ぜられた瑞渓周鳳《ずいけいしゅうほう》は、『善隣国宝記』を著して日支交通の概略を記し、足利義満が明に遣す書に「日本国王臣」と書する事の不可なるを痛論し、又当時の外交文書が明の年号を用ふるを非とした卓見家であつたが、歴史の知識は頗る乏しかつたと見え、その日記『臥雲日件録《がうんじつけんろく》』を見るに、

一、北条氏を法条とかき、

二、二位尼政子を寿百二十歳、又は百二十五歳とし、（政子は『吾妻鏡』によれば嘉禄元年七月十一日薨じ、寿六十九歳）

三、頼朝を五十八歳にして卒すと云ひ、（実は五十三歳）

四、『神皇正統記』の著者を知らず。

五、『吾妻鏡』がいかなるものなるかを知らず。

六、六国史を知らず。

その国史に対して全く盲目なるを示してゐる。而してこれは瑞渓周鳳に特有の欠点ではなく、五山の僧徒いづれもこれに類し、東福寺大慈院の了庵桂悟の如きは、永正六年八十三歳の高齢を以て、幕命を奉じて明国に使し、強硬なる態度を以て、明の官吏と折衝して使命を辱しめなかつた傑僧であるが、驚くべき事には、我国が万世一系の皇室を戴いてゐる事を知らなかつた。『実隆公記』明応五年（一四九六）十二月八日条に曰く、

「抑了庵和尚、以レ僧送二書状一。故安禅寺芳苑春大姉影像賛語事、草レ之。就レ其、日本天子者、悉一姓同宗歟。他姓若昇二天子之事在一レ之哉否。不審之条被レ尋レ之。吾国不レ交二他姓一之由答レ之了。」

南風競はず、楠木正成の誠忠を以て悪逆無道視せらるゝは、まことに所以ある哉である。足利義満の外交上の失態も、又その懐抱したと推定せられる非望も、かくの如き歴史を知らざる社会に於いて始めて生じ得る事である。

又、後醍醐天皇の御代に、円月は、『日本紀』を作つて呉の泰伯の後と称したと伝へてゐるが、想ふにかやうな考へをもつてゐたものは円月一人ではあるまい。林氏の『本朝通鑑』の初稿に「日本始祖、呉泰伯之胤也」と書いたと云ひ、又、熊沢蕃山の著と伝へらるゝ『三輪物語』にも同様の説があるのを見れば、これは中世に於いてかなり広く行はれた説らしい。

五山の僧侶は当時、学識に於いて天下に独歩の観があつたのに、国史の知識はかくの如く皆無であつ

た。まして其他の俗僧に至つては思ひ半《なかば》に過ぐるものがあらう。

而して彼等が国史の知識をいづこより得たかと言ふに、まゝ、三条西実隆《さんじょうにしさねたか》、又は清原業忠《きよはらのなりただ》など有識の公卿に問ひ、従つて正しき返答を得た事もあつたが、多くは琵琶法師などより聞いたもので、それは面白い話ではあつたが、しかし極めて不正確なものであつた。瑞渓周鳳の『臥雲日件録』には、左様な記事が多い。

㈠文安四年（一四四七）二月廿日の条、琵琶法師城呂より、富士の煙の由来をきく。曰く。

「昔天智天皇代、富士山下市、常有老人。来売竹。人怪之。一日行尋其帰処、富士山中一村、翁家有処女、太艶美。翁曰、女初於鶯巣中得一小卵、卵化為此女、撫養日久。我毎々売竹以為家資。故世名我為竹採翁云々。此事聞于朝廷、勅求此女、遂納為帝妃。名曰加久耶妃《かぐやひめ》。々一日白帝曰、妾以有夙縁、来侍左右、今当帰天上。因出不死薬・天葉衣及粧鏡奉之、曰若思見妾、則可見此鏡。々中必有妾容。言畢不見。後帝披天葉衣飛去到富士山頂、於此焼不死薬与鏡。其煙徹天。凡歌人所因本於此也。富士亦曰不死蓋由此也。」

㈡文安四年四月十七日の条、城呂座頭より、厳島神社の歴史をきく。

「昔、推古天王御宇、一美婦人乗舟来、今所謂厳島神主之先祖。其問婦人自何来、曰、我回観海上莫如此島之厳、将垂跡。此間婦人遂化成大蛇。所謂百八十間回廊之形、盖象大蛇蟠屈也。」

㈢文安五年八月十九日、最一検校より、いろ〳〵の事をきく。その中に曰く、

「天照太神・春日明神・西宮明神・出雲大社、如次四人兄弟也。」

かく座頭の物語によつてのみ、僅《わず》かに我国の歴史を知る有様であつて、しかも当時学問に於いて最も高き位置を占めた五山の僧がこの通りであつたから、当時一般国民が少しも正確なる国史の知識なく、而してその歴史に関する知識は著しく伝説的又は童話的色彩を帯びてゐたのに不思議はない。『臥雲日件録』享徳元年（一四五二）十一月六日の条に、

「南禅杲蔵主来。話次曰、去月廿日比、自山階送弁慶石置于南禅門前。蓋此石、在奥州衣河中流。昔弁慶立此石上而死矣。此石有霊告人要到京城五条橋。此石出河時、水逆流者三日矣。由是郡県遞相送已。到此云。石縦横一尺七八寸、色紫、又小石三相加。亦紫色也。」

とあるのは、記者が瑞渓周鳳なる事を考へる時は、滑稽を感ぜざるを得ない。中世の後期には童話が多く出来、『御伽草子《おとぎぞうし》』が頻《しき》りにもてはやされて、

文正草子、　鉢かつぎ、
小町草子、　御曹司島わたり、
唐糸草子、　小幡きつね、
七草々子、　猿源氏草子、
物艸太郎、　さゞれいし、
蛤の草紙、　子敦盛、

二十四孝、　　梵天国、
のせざる草子、　猫の草子、
浜出草子、　　和泉式部、
一寸法師、　　さかき、
浦島太郎、　　酒顚童子《しゆてんどうじ》
横笛草子、

等、続々世に行はれた。実に中世の後期はお伽噺の時代といつてよい。これらの『御伽草子』は、これまで考へられたる如く、ひとり婦女・童蒙の間に行はれたるのみならず、もつと広く弄《もてあそ》ばれたものではないかと思はれる。而してかゝる『御伽草子』が数多くあらはれ、又これに類した物語が、五山の僧侶の間にも頻《しき》りに行はれ、真面目に記録せられてゐるのは、当時、国史の智識が殆んど欠けてゐた事と、密接不可離の関係がある事と思はれる。正確なる歴史の知識なく、神秘的にして又幼稚なる宗教的情熱の存する時、空想的伝説が発生するのであらう。或は従来も存してゐた民間の伝説が、頭を抬《もた》げてくるのであらう。上には専ら五山の僧侶についてのべたが、天台・真言の僧侶についても、大体同じ事が云はれる。尤《もつと》もこの系統の寺院に於いては、禅宗に比しては遥《はる》かに盛んに我国の古典が読まれてゐたので、断片的にはかなりの知識があつたが、しかも彼等は之をまとふに神秘の衣を以てした。神仏習合の思想がこの時代に於いて最もよく発達し、社寺の縁起が牽強《けんきよう》付会《ふかい》の説に充ちてゐるのはその為である。

『渓嵐拾葉集』《けいこんしゅうようしゅう》は鎌倉時代の末、南北朝の初めに天台宗の沙門光宗阿闍梨《あじゃり》の著述であり、光宗は有名な慧鎮《えちん》の弟子であって、天台を慧鎮上人の外、伝信和尚・義源僧都《そうず》、其他二十四名の碩学《せきがく》に学び、真言を公慶僧都・恵顗上人以下三十二名の大徳に受け、其他、禅・華厳・悉曇《しったん》・三論・法相・倶舎・浄土の諸宗を学び、更に、医法・俗書・歌道・兵法・術法、耕作業即ち農業、工巧即ち工芸、算術等をも具《つぶさ》に研究した人であって、その著せる『渓嵐拾葉集』百巻は中世に於ける天台の知識の集成とも云ふべきものであるが、その中に我国を大日本国と号する由来を説明して曰く、

「密談云、忠快或人物語云、大日如来色界《ノ》頂《ニ》成道《シテ》、南閻浮提之海中《ヘ》、天《アマノ》逆鉾《ヲ》投下給。入海之時泡沫凝《テ》二成州《ト》一、所謂日本国是也。日本国ハ南州ノ二中州ノ内、遮末羅州也。倶舎テハ此州ヲ羅刹婆居ト云。其羅刹婆ハ伊勢大神宮是也。　私云、大日ノ垂迹也。」

神仏習合、本地垂迹の説は、古くは最澄・空海の捏造《ねつぞう》する所とせられたが、先年、辻（善之助）博士の研究によって、その素地は古いが、この説の成立は藤原時代にあり、その成熟は鎌倉時代にある事が明かにされたが、これは丁度国史が閑却《かんきゃく》されていった道程と相応ずるものであって、両者の間には密接なる関係がなければならない。国史の撰集が、『三代実録』の後絶えて了ひ、国史の智識はこれより漸次失はれ、藤原頼長の如きも、自らその欠陥あるを歎いて子孫に遺誡して居り、『更科日記』《さらしなにっき》の著者の如きは、天照大神を念じ申せと云はれて、いづこにおはします神仏か知らずに当惑した位であって、国史は已に閑却せられて久しい事であるが、今や中世に入っては、学問の上に指導者の地位を占めた僧侶

がかやうに歴史を知らなかつたので、この国史閑却の弊は愈々甚しくなり、こゝに異様なる世界観・歴史観・人世観を容るゝ余地が生じて来た。

凡そ我が日本人は、その心が広くして外国から入つて来た色々の思想を皆とり入れて我物となし、すべてを渾然《こんぜん》として融和せしめる特色があると説かれて、神仏習合の如きも、その例としてあげらるゝ事があるけれども、我等の見る所を以てすれば、中世に於いて著しく発達し、又は完成した所の各種宗教の融合は、実は歴史的無知と哲学的低能より来たものである。もし我が国の歴史に通じてゐて、神道や神社の発達を熟知し、又儒教・仏教・道教等の各の発達伝来の歴史を知つてゐるならば、俄《にわか》に是等を混雑して一つのものと考へる事はなかつたであらう。又もし、我国民が哲学的に秀でた思考力をもつてゐたならば、本質的にあれほど違つた種々の宗教を、訳もなく混同して了う事はなかつたらう。仏教が渡来してより幾百年を経過しても教理は一般には容易に理解せられず、従つて更に発達せず、只仏を拝してその功徳をたゝへるのみであつた。即ち仏に対する信仰を以て終始し、教理即ち哲学的方面は少しも顧みなかつた。彼等の説くのは霊験であり奇瑞であり、その宗派の教理は殆んど相関せざる有様であつた。すべては只霊験に関してのみ知られ、信仰せられ、参拝せられた。神仏が習合せられるのに不思議はない。神とは何ぞ、仏とは何ぞ、それらは問ふ所ではない。我等を助け我等の祈願を叶へるものとして、二者は等しく我等の救済者である。

それ故に、貞応元年（一二二二）五月『播磨清水寺衆徒等解文』に、

「夫、云仏云神者、是本地垂跡之異也、内心全无隔別。」

とあり（『清水寺文章』）、又鎌倉時代の中頃に作られて、室町時代に増補せられたものであらうといはれてゐる『耀天記《ようてんき》』にも、

「夫、日本国、本ヨリ神国ト成テ、国々里々ニ鎮守明神イカキヲナラバ、鳥居ヲ顕シテヲハシマス事、延喜式ニ定メ被載数三千一百廿二所トゾ承ル。一万三千七百余座トモ申ス。夫ハ慥《たしか》ノ説イマダ不承及。神々皆是本地ハ往古ノ如来、法身ノ大士也。……実ニ日本国ハ小国ニアリテモ小国ナレバ、出世成道ノ地ニモカナフマジ。小根薄善ノ人ノミ浅近鈍昧ノ族バカリ集マレル所ナレバ、説法教化ノ器ニモアタハズ。タヾ様ヲ替テ神ト現シテ、不浄ヲ誡メ不信ヲ懲《こら》シ、懈怠《けたい》ヲタタリ、精進《しょうじん》ヲスヽメテ、信不信ニ付テ賞罰ヲ正シクシテ、現世後生ノ願ヲ満ント思食シケル也。委《くわし》ク思ヘバ尺《（釈）》尊ノ善巧、身ニシミテ哀《あわれ》ニ思ボユ。」

と説いてゐる。かくて神々はすべて一仏の垂迹顕現なるが故に、神々は仏を媒介としてすべて一致する。

『渓嵐拾葉集』に、

「一、天照大神・山王一体事　五大院云、於天照社者、為大日応迹神明、於日吉社者、為尺迦応現明神。顕密且雖殊一致幽冥、為神通已上。」

とある（大黒弁財天）はこれを示す。

信仰の対象である神仏が、すべて習合し、融和し帰一するのみでなく、教理も亦すべてその根本は一

であつて、その千態万状であるのは、只一時の方便に過ぎないと考へられた。それ故に、頼瑜の『諸宗教理同異釈』には、

「聖教万差《ナレドモ》不㆑出㆓顕密㆒、教理千殊《ナレドモ》亦摂㆓同異㆒。」

と云ひ、又、

「於㆓究竟真実理㆒、雖㆑無㆓優劣㆒、但教門力致㆓遅速㆒耳。」

と云つて居り、凝然《ぎようねん》の『内典塵露章《たいてんじんろしよう》』には、

「三乗一乗旨異《ナレドモ》、真性理同。一性五性事別《ナレドモ》実体如㆑等。」

と云ひ、存覚の『歩船鈔』には、

「釈尊出世シテ八万四千ノ法門ヲトキタマフコトハ、三乗五乗ヲシテオナジク一実真如ノ理性ヲ覚セシメムガタメナリ。」

と云つてゐる。

上来度々引用した『沙石集《しやせきしゆう》』の著者無住は、其経歴を見るに、既に八宗兼学であり、即ち常陸の山寺に入り、幸円僧都に『倶舎頌疏《ぐしやしようそ》』を学び、法身大徳に就いて『法華玄義』を学び、長楽寺に入つては朗誉に師事し、三井寺に至つては実道法師に止観を聴き、奈良に遊びて戒律を伝へ、菩提山に留りて真言を究むる事五年、後、聖一国師に謁して心印を伝へたのである。その宗旨は後には臨済宗とされてゐるが、本人は禅教兼ね弘め、殊にその著書『妻鏡』をよむに、禅・天台・浄土等をすべて勧め、就中真

言を以て最高究竟の法門と見做してゐる。

「此外ニ真言密教トテ、大日法身・三世常恒・自受法楽ノ説アリ。其機ニ非レバ十地ノ菩薩ナレドモ入事希也。……此ノ法是、諸宗ノ最頂、万法ノ惣体、生仏一如ノ根本、事理倶密ノ秘法也。……諸宗ハ皆釈迦応化ノ説也。真言ハ大日如来、自性法身ノ説也。仏果ノ上ノ法ナルニ依テ、三賢十聖ノ位モ窺ガフ所ニ非ズ。」

しかも、すべての法門は皆同じものであるから、もし真言の機に叶はないものは、他のいかなる法門をとるもよく、その終極は同じ所に出るのであると説いてゐる。

「希ニ人身ヲ受、適仏教ニ値テ修行セバ、同クハ此ノ法ヲ修行シテ直ニ即身成仏ノ位ニ叶ベシ。若シ其機ニ不《ズ》レ叶者《バ》、イヅレモ〳〵心ノ引ンニ任セテ仏道修行スレバ、遅速ノ不同ハ有レ共、終ニハ生死ノ苦海ヲ渡テ菩提ノ岸ニ到ル者也。仏ハ直ニ大乗ヲ説テ衆生ヲ度シ給フベシトイヘドモ、中下ノ機ハ多ク漏ル、ニ依テ、小乗権教等ノ法ヲ兼テ説給フ也。」

と云ひ、又、

「機根一ニ非レバ、教モ万差也。大小権実ノ教法ハ、皆釈尊一師ノ説也。然ル間、試ニ略々ノイハレヲホノメカシテ有縁ノ類ヲ引入レンガ為ナリ。適々仏道修行スル人ハ、我宗ニ違ヒヌレバ誹リ妬ム事、謗法ノ咎ヲ遁難シ、自法愛染ノ故ニ毀二此他人《ノ》法一、雖二持戒行者一、不レ免二地獄《ノ》苦一云《ヘリ》」

等云つてゐる。而してこれは当時の多くの僧侶、又国民大部分の思想を代表するものである。本地垂迹、神仏習合・万法一致の思想は、かくの如くに、中世人の歴史的無知と哲学的浅薄とが、その主要の原因をなすものと考へられる。

中世の僧侶が無学であつた事、殊に国史の知識に著しき欠陥のあつた事は、上述の通りであるが、更に注意すべき事は、彼等の道徳的頽廃である。

親鸞が妻帯した事は、普通には僧侶持律の歴史の上の革命と考へられてゐるが、当時の世情を省る時は、しかく大きな変革とは考へられない。僧侶妻帯の例は上代にも数多く、中世には非常に多数に上つてゐた。これは当時の僧伝や（『元亨釈書《げんこうしゃくしょ》』、『拾遺往生伝《しゅういおうじょうでん》』の如き）記録（『中右記《ちゅうゆうき》』の如き）文書等に散見する所であるが、一例を挙げれば、鬼界島に流された俊寛は、木寺法印寛雅の子であつて、自分にも亦妻があり娘があつた。有王が島へ下つたのはこの娘の手紙を持つていつたのである（『平家物語』）。又後白河法皇の寵愛を受けて、非常な権勢を振ひ、政治的手腕を発揮した丹後局《たんごのつぼね》は、延暦寺の執行澄雲の娘で、名を栄子といひ、父の澄雲は又阿波上座章尋なる山僧の子であつた（『尊卑分脈』『盛衰記』）。『沙石集』には、

「八幡山ノ辺ニナニガシノ上人トカヤキコエシガ……妻ヲモチタリケルガ悩ム事有テウセニケリ。人トブラヒテアサマシク候事哉。上人ノ御房ノ御前ニオクレ給ヘルトイヘバ、イカニトシ候ハンゾ。妻モタズ、ヒヂリニテコソ候ハメトイヒケル。勿論ニ覚テオカシケレドモ、末代ニハツマモタヌ上人年ヲ逐テ希ニコソ聞シ。後白川ノ法皇ハ、カクスハ上人、セヌハ仏ト仰セラレケルトカヤ。コノヒジリハカクスマデモナカリケリ。今ノ世ニハ、カクス上人猶スクナク、セヌ仏弥希ナリケリ。」

と云ふ話があり、この外にも妻帯した僧侶の話がのせられてゐる。恐らく当時は妻帯の僧侶は、決して珍らしいといふ考へを起させない程に多かつたのであらう。殊に旧仏教の中にも天台等に多く、新仏教に於いては真宗がこれを通則としたのであらう。律宗は云ふまでもなく、真言や浄土、さては禅宗には、流石に妻帯したものは少かつたらしい。

しかるに、この妻帯しないもの丶間には、又男色が非常に流行してゐた。西洋に於いては、キリスト教は男色を最も厳重に禁じ、St.Paul は不徳の極点とし、St.Basil は男色を犯すものを殺人・偶像崇拝・妖術等と同様の厳罰に処すべしと主張し、the Council of Elvira の法令によれば、少年を犯したものはその臨終にすら Communion（聖餐拝領）を拒絶せられた。この思想は中世を通じて力強く存続し、教会の法律家は、火焙りの刑のみこの罪を償ひ得るとし、イングランドでは或はこの罪を犯すものを生埋めにする話もあるが、やはり焚殺が正当の刑罰となつてゐた。（Westermarck: The Origin and Development of the Moral Ideas II P.480-482）しかるに我国中世の寺院は、これを犯すものを焚刑に処する峻厳な戒律の道場でなかつた事はいかにも残念至極といはねばならない。その印信が伝はり、これに関した著書があり、絵巻物が伝はつてゐる事は、寺院内部の事とて、世に余り知られてゐないが、男色に関した物語、即ち、「児物語《ちご》」は世間周知の事である。前にも述べたが、『秋夜長物語《あきのよながものがたり》』は叡山の桂海律師と三井寺聖護院の稚児梅若丸との関係を記し、『鳥辺山物語《とりべやまものがたり》』は武蔵の僧民部と京の少年藤弁との関係を記し、『幻夢物語《むげんものがたり》』は大原の僧幻夢と、叡山に参詣せる日光の僧大輔公と弁公昌信との関係を記してゐる。これらの中には実説もあり架空の小説もあるが、五山の僧侶の日記を見るに、やはり男色の形跡があり、又往々にして彼等の往復した書状が残つてゐる。『三益艶詞』と云ふ書の如きはその代表的なもので、『続群書類従』に収められてゐる。三益は名を永因と云ひ、三益はその字、建仁寺の僧であつた。中には又異性と関係あるもあり、一休の如きは確かにそれである。その詩集『狂雲集』は実に淫猥な詩句に充ちて居り、唾棄すべきものである。一方には又真言宗の中に立川流なる一派が発生し、これが性慾を是認して猥褻云ふべからざる教義を立て、武蔵より越中、大和等にひろまつてゐた。その概略は高野山の沙門宥快が著した『宝鏡鈔』の中に見える。室町時代の初めに出来た『豊原寺縁起』にも、

「粤建長之比、於北国以邪法称正法、以外法号内法族、当国並近国仁令充満之間、彼上人心定強歎此事。東寺・醍醐・賀茂・高野仁多年令住寺列公請修法之人数、件邪法之体具以洛陽仁令披露之処不可混正法之由、天気依在之、則当寺仁令下向、於国中之邪法者、如所存絶血脈被破印信畢。加賀・越中両国者仰付五人御弟子悉被破之畢。邪法記両巻、彼御作在之本寺本山随分許容之抄尺云云。」

とあり、一時猖獗《しょうけつ》の状を察する事が出来る。

中世に於いて、一般国民の教育を掌り、随つて精神生活の指導者であり、道徳の支持者であるべき筈の僧侶が無学のもの多くして、殊に歴史の知識と哲学の素養がなく、而して道徳的にはかくの如き堕落者であつた事は、決して看過すべからざる所である。これはもとより一般社会のデカダンの反映でもあるが、しかも又これが社会に影響してゆく所は更に大きかつたであらう。

八　闇黒の世界

憂鬱《ゆううつ》と恐怖　以上、中世に於いて教育の全権を掌り、従つて国民の精神生活の指導者であつた僧侶の性質について、その不幸なる一面を注意し来つたのであるが、更にかゝる指導者によつて率ゐらるゝ一般国民の心が、上代の末中世の初めに於いて、著しく気力を失つて倦怠《けんたい》の気と鬱悒《うつゆう》の情とに充ち、人世に対する希望を失ひ、恐ろしく厭世《えんせい》的になつてゐた事を注意しなければならない。

上代の初めに於いて、大化の改新を断行し、一切の人民を解放し、一切の土地を国有とする程の社会的大改革を敢てして、その理想に向つて邁進した精神が、何故に上代の末には社会的変動に只驚き怖れながらひきづられていつたか（註）。

（註）上代末より中世へかけての公卿の日記は泣言に充ちてゐる。かの大化改新の大業を助けた鎌足の子孫で、賢明の誉高かつた関白兼実すら、事件の起る毎に左の如く只愁歎《しゅうたん》するのみであつた。

「万人無㆓正念安堵之輩㆒云々。天魔偏得㆓其力㆒、仏神失㆓威力㆒歟。悲哉云云。」（『玉葉』治承四、三、十八）

「凡異議紛紜、巷説縦横、緇素貴賤以㆓仰天㆒為㆑事、只天魔謀㆑滅㆓朝家㆒。可㆑悲可㆑悲。」（同治承四、六、二）

其第一の原因としては、泰平無事の日が余りに長く続いた事を挙げよう。大化の改新より平安朝末期まで約五百年、都、平安京に遷《う》つてより三百五十年、その間著しき変動なく、泰平の春が永く続いた。

而してその間に大化改新当時の意気と理想とを失ひ、庄園は増加し、官職は世襲となり、すべての人は、大抵の場合、その性質才智によつて、即ち自己の人格才能によつて、その前路を切りひらく代りに、生れたる家の社会的位置によつて、一生の運命を決定せられた。その為に人々は安逸に慣れ、遊惰に流れ、身心共に弛緩し切つて、気力を失ひ、生活に倦むに至つたのである。これはいづれの国いづれの時に於いても、又個人についてみるも共通の現象である。殊に延喜・天暦の頃より、大陸との交通絶えて、他の国家、又は他の文化よりの刺戟《しげき》を失ひ、それと共に、国家観念は著しく薄弱となり、歴史の編纂事業も止み、縦にも横にも全体といふ観念から離れて、個人主義、否、利己主義の渦中へ投じていつた。(註)

（註）万葉（巻二十）には天平宝字元年（七五七）十一月十八日内裏に於いて肆宴の歌として、

あめつちをてらす日月の極みなくあるべきものをなにかおもはむ（皇太子）

いざ子どもたはわざなせそあめつちのかためし国ぞやまとしまねは（内相恵美押勝）

など云ふ歌があり、興国の気に充ちてゐるのに、平安朝の末には、偏に自己一身の栄華と後世とを祈り、しかも「常に天照大御神を念じ申せといふ人あり。いづくにおはします神仏にかはなど、さはいへどやう〳〵思ひわかれて人に問へば、「神におはします、伊勢におはします、紀伊の国にきのこくぞうと申すはこの御神なり、さては内侍所《ないしどころ》に皇神《すべらかみ》となんおはしますといふ。伊勢の国までは、思ひかくべきにもあらざんなり、内侍所にもいかでかは参り拝み奉らん、空の光を念じ申すべきにこそはなどゝうきておぼゆ」（『更科日記』）と云ふ様に、天照大神のいかなる神におはしますかも知らず、従つて歴史を忘れ、国家と歴史とより遊離して、自己一身の生をもて余す有様であつた。

殊に藤原時代の淫靡《いんび》な風俗は、只美にあこがれ、人にもてはやさるゝ事をのみ重んじて、良心による生活の統制を失ひ、即ち理想によつて生活を支配する代りに、慾望によつて身心を蹂躙せられて、遂に人世の目的を見失つて了ふに至つた。かくの如く倦怠に充ち、又かくの如く没理想な心に於いて、上代末の自然と社会に対する時、彼等が悒鬱《ゆううつ》となり、絶望的となり厭世的となつたのは自然の径路である。

昔の人の自然に対する心持を、今日の都会生活をしてゐる我々の心を以て類推する事は、頗る危険である。現代の都会生活に於いては、科学の力が自然を征服して、人は自然の荘厳に感動する事もなく、又自然の脅威に戦慄する事もない。こゝに於いては夜が昼よりも明るく、花やかであつて、都会生活の中心は寧ろその夜間にあるといつていゝ。

しかるに昔は、夜を照す灯は至つて幼稚であつて、従つて夜は即ち闇であり、闇はその陰鬱な翼をひろげて人の心を憂愁の中に包んだ。我国へ電灯が入つたのは明治十五年（一八八二）であり、瓦斯《ガス》灯の入つたのは明治五年であり、石油を用ふるランプは幕末に入り、蝋燭《ろうそく》は中世の中頃に初めて出来たので、燭台・提灯などいづれもそれより後に起つた。それ以前には脂燭（松へ油を塗つたもの紙燭ともいふ。）を其儘に持ち歩く事もあつたが、主として油を用ひ、平安朝の末には高杯《たかつき》（元来は食器なる高杯をさかさまに伏せその上に油の皿をのせたもの。）切灯台（高灯台の丈を切つて、ひくゝしたもの。）又は短檠（実用向で簡素、多く白木造、受は柱の上端より少し下にある。）釣灯籠などが邸宅に於ける照明器として用ひられた。『枕草紙』に、

「宮に始めて参りたるころ、物の恥しきこと数しらず、涙も落ちぬべければ、夜々まゐりて、三尺の御几帳の後《うしろ》に侍ふに、絵など取り出でゝ、見せさせ給ふだに、手もえさし出すまじうわりなし。これはとあり、かれはかゝりなどの給はするに、高杯にまゐりたるおほとの油なれば、髪のすじな

ども、なか〳〵昼よりは顕証《けそう》に見えてまばゆけれど、念じて見などす。」

と云つてもその光は思ひやられる。源氏が夕顔と打解けた河原の院は「人来《く》まじき隠処《かくれが》であつて、家は「八月十五夜隈《くま》なき月かげ、ひま多かる板屋のこりなく漏り来て、見習ひ給はぬ住居のさまもめづらし」く、格子をあげれば、庭は、

「いと痛く荒れて、人目もなく遥々と見渡されて木立いと疎ましく物ふりたり。気近き草木などは殊に見所なく、皆秋の野らにて、池も水草《みぐさ》に埋れたれば、いとけうとげなり。別納《べつのう》のかたにぞ曹司などして人住むべかンめれど、こなたはなれたり」

といふ寂しい景色であつたが、その夜「格子《こうし》疾《と》くおろし給ひて大殿油《おほとなぶら》参らせて」さて、

「宵過ぐるほどに、少し寝入り給へるに、御枕上に、いとをかしげなる女居て、（……怨言ヲ述ベテ……）御傍の人を掻きおこさんとすと見給ふ。物におそはるゝ心地して、驚き給へれば、火も消えにけり。うたておぼさるれば、太刀を引き抜きてうち置き給ひて、右近を起し給ふ。これも恐しと思ひたるさまにて参りよれり、

「渡殿なる宿直人《とのいびと》起して「紙燭《しそく》さして参れといへ」との給へば、「いかでかまからん、闇うて」といへば、

「あな若々し」とうち笑ひ給ひて、手を叩き給へば、山響《やまびこ》の答ふる声、いとうとまし。……西の妻戸に出でゝ、戸を押しあけ給へれば、渡殿の火も消えにけり、風少しうち吹きたるに、人は少くて侍うかぎり皆寝たり。……（僅二二三人アルヲ）……召せば、御答して起きたれば「紙燭さしてまゐ

れ、随身も弦打して絶えずこわづくれと仰せよ」(云々ト命ジテ帰リ来テ見レバ、夕顔ハ恐怖ノ余リ息絶タリ)……せんかたなき心地し給ふ、紙燭もて参れり。……召し寄せて見給へば、唯この枕上に夢に見つる容貌《かたち》したる女、面影に見えてふと消え失せぬ。……(ソノ後、遺骸ノ傍ニ侍シテ暁ヲ待ツニ)……火はほのかにまたゝきて、母屋《モヤ》の際に立てたる屏風の上《カミ》、こゝかしこの隈々しく見ゆるに、物の足音ひしひしと踏み鳴しつゝ後《うしろ》より寄り来る心地す。……夜の明くる程の久しさ、千代を過さん心ちし給ふ。」

とあるが、この景色や心持は、この大きな廃屋に、初は只大殿油とあるが、恐らくは短檠でもあらうか、その短檠があり、後にはその短檠も消えて、邸内全くの暗黒となり、からうじて紙燭をつけて明りを得たに過ぎない事を考へなければ、十分に同感し得ない。

右の『源氏物語』夕顔の巻が示す如く、上代末の貴族の倦み疲れたる心を以てしては、自然は恐ろしき圧力を以て人の心を抑ふるものとなつて了つた。かくて「物怪《もののけ》」の実在が信ぜられ、病気になつた時は医者を呼ぶよりは、「験者《げんざ》」を招いて「物怪」の調伏を依頼するを至要とした。例へば、

○『源氏物語』若紫に、源氏が「瘧病《わらはやみ》にわづらひ給ひて、よろづにまじなひ、加持などせさせ給へど、しるしなくて数多度起り給ひければ、或人北山になん、なにがし寺といふ所に賢き行人侍る」とすゝめられて、源氏も彼寺に赴き、加持を受け、こゝにて紫の上を見つけた事が見え、

○『源氏』若菜下には、紫の上の病気に「勝れたる験者どものかぎり召し集めて」加持し奉り「御ま

くらがみ近くて、不断の御読経、声尊きかぎりして読ませ給ふ」た事が見え、

○『枕草紙（子）』「すさまじきもの」の条には、「験者の物怪調《てう》ずとて、いみしうしたりがほに、独鈷《とこ》や珠《じゅ》数《ず》などもたせて、せみ声（苦しき声）にしぼり出して読み居たれど、いさゝか退気《さりげ》もなく、護法もつか」ぬを挙げて居る。

流行病に際しては、しきりに諸社に祈禱し、神明の力によつてこの病気をもたらす悪魔を退けようとしたので、天暦元年（九四七）六月より半歳の間、疱瘡が流行して弘徽殿《こきでん》の女御もその為になくなられた時などは、この疱瘡を攘除せんが為に、五幾七道諸国に官符を下されて、諸社に奉幣《ほうへい》し読経せしめられた（『日本紀略』）。『春日権現験記《ごんげんけんき》』（鷹司前関白基忠父子四人が詞書をかき、絵所《えどころ》預《あずかり》高階隆兼に絵を描かしめて、延慶二年に春日社へ奉納したもの）には、第八巻「唯識論の功徳疫病を退散為しむるの事」の条に、流行病の猖獗を極めてゐる図があつて、それには疫病を攘ふ為に、陰陽師が赤い五（御）幣を持ち戸毎に之を立て、祈つて歩く姿が画かれてゐる。祓の為に五色の幣を用ふる事あるは『神道名目類聚鈔』などにも見えて、これは陰陽五行の説より出でたものである。即ち病気は悪魔の仕業であるから、この悪魔を去る事が療病の根本と考へられたのである。『春日権現験記』には、餓鬼の如き悪魔が屋根にうつ伏しになつて屋内を窺つてゐる絵があるが、これが即ち病気をもたらす悪魔である。又『餓鬼草紙《がきぞうし》』には、管絃の宴中を、影の形に添ふ如く、横につき添ふ餓鬼が描かれ、出産の場には人知れず赤児に迫る餓鬼があり、道ゆく人の中に、それらの人とは別箇の世界を展開して多くの餓鬼が横行してゐる。（この『餓鬼草紙』は鎌

倉初期のものであらう。詳しくは、『思想』大正十三年二月号、上野直昭氏「絵巻物に就いて」参照）而して人によつては、ありくと此の悪魔を見る事が出来たと信ぜられてゐた。『今昔物語《こんじやく》』巻二十四「賀茂忠行伝子保憲語第十五」には、賀茂忠行といふ陰陽師は、「道に付て古にも不ㇾ恥、当時も肩を並ぶ者无」き人であつたが、ある人に頼まれて祓をした時に、その子保憲十歳許であつたのが、たつてせがむので、一緒に車にのせてつれてゆき、祓をした。その返り道に、保憲が「父よ」と云ふ「何か」と云へば、

「祓ノ所ニテ我ガ見ツル気色怖気ナル体シタル者共ノ、人ニモ非ヌガ、（此間欠、サスガ歟）ニ亦人ノ形ノ様ニシテ、二三十人許出来テ、並居テ、居エタル物共ヲ取食テ、其造置タル船車馬ナドニ乗テコソ散々ニ返ツレ。其レハ何ゾ、父ヨ。」

と問ふ忠行之を聞いて心に思ふ様、

「我コソ此道ニ取テ世ニ勝タル者ナレ。然レドモ幼童ノ時ニハ此ク鬼神ヲ見ル事ハ无カリキ。物習テコソ、漸ク目ニハ見シガ、其レニ此レハ此ク幼キ目ニ此鬼神ヲ見ルハ極テ止事无キ者ニ可ㇾ成キ者ニコソ有ヌレ。ヨモ神ノ御代ノ者ニモ不ㇾ劣。」

と思ひ、一切残る所なく伝授したと云ふ話が載つてゐる。かやうに悪魔を見た話、又は百鬼夜行にあつた話は、当時、屢々語り伝へられた。『宇治拾遺物語』には、修行者が津の国の龍泉寺と云ふ、人もなき古寺に宿り、夜半に百鬼夜行にあひ、夜が明けて見れば、いつのまにか肥前の国へ行つてゐた話が載つてゐる。大正十三年（一九二四）正月の院展に、中村丘陵氏の昏光経と云ふ長い絵が出てゐた。長幅

の右端に月が淡く、家の前には犬がねてゐる、と田の中の道を鼬《いたち》が走つて横ぎる、井戸の傍には狐が相談してゐる、狸が現れ、蝙蝠《こうもり》が出、山の木には梟が物凄く目を光らせて居り、やがて狐狸《こり》の遊楽飲食舞踏があつて、変化活躍の頂点に達してゐる。この画には深刻な鬼気が欠けてゐて、甚だ物凄さが足りないが、この絵に現れた世界は、上代末より中世へかけて信ぜられた物凄い思想を想起せしめる。『源氏』手習の巻に、僧都《そうず》が宇治の院へ来て「常に人住ぬ所は、よからぬけだものなどすむものなり」と云つて、灯ともして、こゝかしこ検する条の如きはそれを示す。かゝる妖怪変化の出没し、悪魔の跋扈《ばっこ》する時代に於いて、穢《けがれ》の思想が一段の高潮を来したのは当然である。

由来、日本人は清浄潔白を尊び、神は白きを好ませ給ふと考へ、したがつて穢をいむ風習があつたが、それは平安朝の中頃より躍進的に重大視せられ、其為に遂に天下の政治さへ怠るに至つた。今その実例を見るに、天暦元年（九四七）に左近衛府の犬が死人の頭、肩、片手を咋へ込んだとて、左近衛府は三十日の穢となり、御修法所《みしほどころ》の童が知らずに左近衛府の井水を用ひたといふので、その穢は内裏にも及び、内裏は七日の穢となつたといふ（『日本紀略』）。かくの如き例はこれより後数多く現れて来る。而してその穢の伝染を避けんが為に、公卿穢るれば自宅に閉居し、朝廷穢るれば、諸人こゝに参入しない。即ち朝政はこの為に遷延するばかりである。而して個人の生活について見れば、死は穢なる故に死人にあふを欲しない。それ故に病気見舞に行つても、愈々死ぬとなれば、あはてゝ逃げ出して、臨終の場を避ける。更に進んでは、家族の死に際しても、これを家の中に死なす時は家が穢れる事を恐れて、苦悶しつゝある患者を山へ棄てる事さへあつた。『今昔物語』巻三十一に、尾張守某の寵愛した女が、老て容色衰へて尼になつたので、尾張守も訪はずなり、遂に其の兄なる人にかゝつてゐた所、やがて病気になつて、日をふるままに重態になつたので、兄が「家ニテハ不《マ、》殺ジ」と考へて家を追出したので、清水の辺の昔の友達を訪ねていつた所、それも「此ニテハ否不殺」と云ふので、仕方なく鳥辺野にゆき、高麗端《へり》の畳を敷いてその上に臥し、命の終るを待つてゐたと云ふ哀話が伝へられてゐる。

陰陽道　陰陽道は、此の風潮と互ひに相因果して其盛行を来した。これは従来割合に閑却されて来たが、実際は儒仏二教を圧して深く国民の実生活を支配したといつていゝ。今、『吾妻鏡』に現るゝ陰陽道の祭の主なるものを挙ぐるに、

西岳真人祭、
三万六千神祭、
天地災変祭、
七十二星祭、
属星祭、
土公祭、
天曹地府祭、

泰山府君祭、
鬼気祭、

等がある。『吾妻鏡』のやうに武家の記録にさへかやうに数多く現れるとすれば、これは全く国民全体の信仰を得てゐたものといはなければならない。こゝに於いて少しく陰陽五行の説について述べる必要がある。

元来、陰陽五行の説は、支那古代の宇宙観より出たものであつて、先づ陰陽の思想は『周易』に見えて居り、宇宙の根本「太極」から、陰陽の両儀が分れ出で、この両儀相交つて四象を生じ、八卦を生じ、万物こゝに成り、万象こゝに起ると考へた。五行の説は『尚書』の洪範に見え、水・火・木・金・土の五つが宇宙の万物の元素であると考へた。こゝに至つて陰陽の説より一層精緻なる宇宙観に進んだのであるが、こゝに二つの考が互ひに融和して、自然界を支配する一種の原理が構成せられた。

しかもこゝに重要なるは、その自然界を支配する原理は、たゞに自然界のみに止まらないで、直ちに人間の生活を支配すると考へられた事である。天人合一の思想、即ち自然界の現象と人間界の出来事との間に密接なる関係ありとなす考へは、『左伝』『詩経』の古書を始め、漢代学者の著書に頻々として見らるゝ所である。我国に於いては、『大宝令』の規定に、中務省に陰陽寮があり、天文暦数を掌り、異変あれば、密封奏聞した。こゝには頭・助・允・大属・少属の事務官の外に、

陰《おん》陽《みよう》師《じ》　六人　掌二占筮相レ地

陰陽博士　一人　掌教陰陽生等
陰陽生　十人
暦博士　一人　掌造暦及教暦生等
暦生　十人
天文博士　一人　掌候天文気色有異密封及教天文生等
天文生　十人
漏刻《ろこく》博士　二人　掌率守辰丁伺漏刻之節

等があつた。而してこの思想は上代の中頃より後に至り、全く同化せられて、国民の実生活を支配するに至つた。今その一般を概説すれば、先づ方位に吉凶がある。(甲)たま〳〵自分の住居する所が凶の方位に当る時は、しばらくその宿を変更してこの凶を避けなければならない。(乙)また自分のさして行く方向が凶である時は、先づ別の方向に向ひ、更に転じて目的地に向ひ、かく方向を転じてその凶をさけなければならない。「方違《かたたがへ》」の風習はこゝに於いて起る。『貞丈雑記』十六神仏に方違を説明して、

「たとへば、明日東の方へ行かんとおもふに、東の方その年の金神に当る歟、又は臨時に天一神、太白神などに当り、其方へ行ば凶しと云時は、前日の宵に出て、人の方へ行て一夜とまりて明日其所より行けば、方角凶しからず物したる方へ行也。方角を引たがへて行く故、方違と云也。」

とあるは専ら(乙)を説いたので、まだ精しくない様に思はれる。

『源氏物語』帚木《ははきぎ》の巻に、例の雨の夜の品定めに夜を明した日、源氏は左大臣の家即ち葵の上の家へ行き、一日こゝで遊んだが、その晩、この家は内裏より塞がりの方角に当り、何処かにさけなければならないが、源氏の住む二条院も同じ方角であるから、紀伊守なる人の家にゆきて宿り、こゝにて紀伊守の継母なる空蟬《うつせみ》を見るのであるが、本文に、

「暗くなるほどに今宵中神《なかかみ》、内裏よりは塞《ふさ》がりて侍りけりと聞ゆ。さかし、例も忌み給ふ方なりけり、二条院にも同じすぢにて、いづくにか違へん、いと悩しきにとて大殿籠れり、いと悪しきことなりと、これかれ聞ゆ。紀の守にて親しく仕う奉る人の、中河《なかがは》のわたりなる家なん、此のごろ水せき入れて、涼しきかげに侍ると聞ゆ。なやましきに牛ながら牽き入れつべからん所をとの給ふ。」

とあり、この方違は(甲)の場合であらう。又『枕草紙』に、

「かへる年の二月《きさらぎ》二十五日に、宮、職《しき》の御曹司に出でさせ給ひし御供にまゐらで、梅壺に残り居たりし又の日、頭の中将（斉信）の消息とて、「きのふの夜、鞍馬へ詣でたりしに、こよひ方の塞がれば、違になん行く。まだ明けざらんに帰りぬべし。必いふべき事あり、いたくたゝかせで待て。」とのたまへりしかど」

とあるは(乙)の例であらう。方違は亥の刻、即ち十一時を過ぐればよかつたので、それより後、夜の明けない内に帰る事になつてゐた。『拾芥抄《しゆうがいしよう》』に「方違所、過二亥時一畢、可レ過、不レ得二天ノ明一云」とあり、上に引いた『枕草紙』にも「まだ明けざらんに帰りぬべし」とあるが、同書には別の所にも、

「方違などして夜ふかくかへる。寒きこといとわりなく、頤《おとがい》なども皆おちぬべきを、辛うじて来つきて、火桶引きよせたるに、火の大きにて、つゆ黒みたる所なくめでたきを、こまかなる灰の中よりおこし出でたるこそ、いみじう嬉しけれ」

と見えてゐる。この方違は、多くは大将軍の方角を忌むのであつて、大将軍と云ふのは、十二星あり、その中央の大星は天の大将であると考へられた（『拾芥抄』、『晋書』天文志）。又前述『源氏』帚木の巻に「今宵中神、内裏よりは塞がりて侍りけりと聞ゆ」とある中神は、天一の事であると云はれてゐる。『倭名類聚抄《わみようるいじゆうしよう》』に「百鬼経云、天一神（和名奈加加美）、天女化身也」と見えてゐる。天一は天一天上の天一である。大将軍を避け又太白を避けると云ふ事は、当時の日記に頻々として散見する所であつて、『中右記』、『台記』、『小右記』、『左経記』、『顕広王記』等を読む者の屢々見る所である。もしこの方角を忌まなければ必ず凶事にあふので、『三才図会』には「犯之三年死滅」とある。この外、方角については、猶、王相・天一・歳徳《としとく》・金神・土公・鬼門など、色々の禁忌があつて、人は方処の上に甚だ不自由に束縛せられて居たのである。即ち自然は先づ空間的に人間を脅かし、その運命を支配してゐたのである。

次に時間についていへば、年・日・時、それぞれ忌があつた。年の忌は即ち厄年であつて、中山忠親の著なりと云ふ『水鏡』の序に、

「つゝしむべき年にて、過にし二月の初午《はつうし》の日、龍蓋寺へまうで侍りて、やがてそれより泊瀬《はせ》に、たそがれの程に参りつきたりしに……（通夜シテキル内、三十四五歳ノ修行者ト話ヲ始メ）……この尼、

今まで世に侍るは希有の事なり、けふあすとも知らず、今年七十三になむなり侍る、三十三を過ぎ難く、相人なども申しあひたりしかば、岡寺（龍蓋寺）は厄を転じ給ふと承りて、まうでそめしより、つゝしみの年ごとに、二月の初午に日参りつるしるしにこそ、今まで世にはべれば、今年つゝしむべき年にて参りつる身ながらも、をかしく、今はなにの命かはをしかるべきと思ひながら……」

とあり、三十三・七十三の、共につゝしむべき年即ち厄年であつて、その中間に又いくつかの厄年のあつた事が考へられるのであるが、『源氏』薄雲に、藤壺の女御、今は入道后の宮が、病気になられた事を記し、

「今年は必ず遁《のが》るまじき年と思う給へつれど」

とあり、又、

「三十七にぞおはしましける……慎しませ給ふべき御年なるに、はれ〴〵しからで月比過ぎさせ給ふことだに、歎きわたり侍りつるに、御つゝしみなどをも、常よりも異にせさせ給はざりけること、いみじう思召したり。」

とあり、三十七が厄年であつた事が分る。『拾芥抄』には八卦部に、

厄年　十三　二十五　卅七　四十九　六十一
（七十三イ）　八十五　九十九　（九十七イ）

とあり、上代末より中世へかけての諸書に、この年を慎む事が屢々見える。たとへば『源平盛衰記』巻十「丹後少将上洛の事」の条に、

「治承三年二月廿二日、宗盛卿大納言並に大将を上表あり。今年卅三に成り給ひければ、重厄《じゆうやく》の慎とぞ聞えし。」

とある。三十三のむつかしい事は『水鏡』にも見えてゐるから、『拾芥抄』には是が落ちたものと見える。この厄年はその年齢によるもので、個人的に相違するものであるが、天下全体が関係するものとしては、革令・革運・革命があり、即ち「甲子《かつし》年為㆓革令㆒、戊辰年為㆓革運㆒、辛酉年為㆓革命㆒」之を併せて三革といふ。此思想は早くより我が歴史家を動かし、『日本書紀』に神武天皇の御即位を辛酉の年にありとするは、即ちこれによるといふ。しかし上代の中頃までは、これはさまで顧慮《こりよ》せられなかつたのであるが、延喜より後、俄《にわ》かに陰陽道の思想が勢力を得て、これより保元乱に至るまでの間、即ち上代末期約二百五十年の間に、革命又は革令により、年号を改められた事が九回あり、延喜が実にその端を開いてゐる。即ち『革暦勘文《かくれきかんもん》』にも、

「延喜元年、辛酉革命沙汰始㆓此時㆒」

とある。この時、改元を奏請した文章博士《もんじようはかせ》三善清行《みよしきよゆき》の奏状《そうじよう》が、「革命勘文」と題して『群書類従』に収められてゐる。昌泰《しようたい》四年〈＝延喜元〉（九〇一）二月廿二日「請㆔改元応㆓天道㆒之状」である。それには先づ「今年当㆓大変革命年事㆒」を述べ、『易緯《えきい》』等を証拠としてあげ、終に、

「臣伏以、聖人与㆓二儀㆒合㆓其徳㆒、与㆓五行㆒同㆓其序㆒……方今天時開㆓革命之運㆒、玄象垂㆓推始之符㆒。……遠履㆓大祖神武之遺蹤㆒、近襲㆓中宗天智之基業㆒、当㆘創㆓此更始㆒期㆓彼中興㆒、建㆓元号於鳳暦㆒、施㆗作解於雷散㆖。」

と云つてゐる。此外、応和《おうわ》・康保《こうほ》・治安《ちあん》・万寿《まんじゆ》・永保《えいほ》・応徳《おうとく》・永治《えいち》・天養《てんよう》等、皆革命又は革令によつての改元であつた。

（革命・革令のみならず、一般に改元の動機は延喜の前後により一変してゐる。奈良朝より平安朝の初は祥瑞《しようずい》により、たとへば白雉《はくち》・朱雀《すざく》・慶雲《けいうん》・白鹿《はくろく》・白亀《はくき》等の出現により改元せられたのが、これよりは、地震・疫病・旱《かん》魃《ばつ》・彗星・火災、兵乱により改元するに至り、甚だしく悲観的となつてゐる。上代末期の時代心理が、こゝによく現れて居るので、これは頗る注意を要する事である。）

忌むべき年には、この外に庚申《こうしん》年とか三合厄《さんごうやく》などがあつた。たとへば三合厄については、『玉葉』建久二年（一一九一）正月十五日の条に、三合の厄を払ふ為に、毎月法事を営む事が見える。月では、五月に生れた子はその父母を害すと信ぜられ、支那では、孟嘗君《もうしようくん》は五月五日に生れたので不祥の児として殺されようとしたが、我国でも、『下学集《かがくしゆう》』に「五月子不養」とあり、『大鏡』の序には、大犬丸の身上話に、五月《さつき》に生れたから、親がうとんぢて市へやつて人に貰つて貰ひ、他人に養はれた事が見える。

次に、日に就いて見るに、坎日《かんにち》・往亡日《おうもうにち》・凶会日《くえにち》などがあつて、いづれも凶日で、この日は万事控へて慎まなければならない。これらは『源氏物語』、『紫式部日記』、『枕草子』又は『吉記』、『吾妻鏡』等に散見して尤も知られたものである。坎日は『拾芥抄』によれば、

「辰正丑二戌三未四卯五子六酉七午八寅九亥十申十一巳十二」

とあり、凶会日は正月に庚寅・辛卯・甲寅の三日、二月に己卯・乙卯・辛酉の三日、其他三月に十三

日、四月に十一日、五月に三日、六月に七日、七月に三日、八月に三日、九月に十一日、十月に十四日、十一月に三日、十二月に五日の多きを数へた。(註一)

この外尚、道虚日《どうこにち》あり、没日《ぼつにち》あり、滅日《めつび》あり、重日《じゆうび》あり、復日《ふくび》(註二)があつた。又これらの凶日を別にしても、建築・旅行・沐浴・著衣・剃髪・音楽・戦争・裁縫等、それ〴〵何日がいゝかといふ事がきまつて居り、又病気見舞にいつてはならない日、夢を語つてはならない日など皆定まつてゐて、実に不自由千万な事であつた。

(註一)『枕草紙』に「ことに人にしられぬもの」として「くゑにち」を挙げてゐるのは、それが注意せられなかつた為でなくて、余りその日数が多かつた為に、どうかすれば忘れられたのであらう。次に引用する『宇治拾遺』に「長凶会日」とあるによつても想像せられる。従つて普通の註釈書は考へ直す必要がある。

(註二)『吉記《きつき》』治承四年(一一八〇)十一月八日の条によれば、頼朝追討の宣旨は八日に出されたのであるが、その日復日なる故、七日の日付を用ひた。「今日復日也。仍書昨日日也。」

当時の暦、特に具注暦《ぐちゆうれき》には、これらの条件が詳細に記されてゐた。仮名暦はこれを和げたもので、共に一般世人の日常生活の羅針盤《らしんばん》として作られたのである。『宇治拾遺物語』「仮名暦あつらへたる事」の条に、

「これも今は昔、ある人の許になま女房のありけるが人に紙乞ひて、そこなりける若き僧に、仮名暦書きてたべといひければ、僧易き事といひて、書きたりけり。初めつ方はうるはしく、かみほと

けによし、かん日・くゑ日など書きたりけるが、やう〳〵末ざまになりて、或物《あるもの》喰はぬ日などかき、又これぞあればよく喰ふ日など書きたり。この女房やうかる暦かなとは思へども、いとかうほどには思ひよらず、さることにこそと思ひて、そのまゝに違へず、又ある日、は(註)こすべからずと書きたれば、いかにと思へども、さこそあらめとて念じて過すほどにながくゑ日（長凶会日）のやうに、はこすべからず〳〵と続け書きたれば、二日三日までは念じ居たる程に、大かた堪ゆべきやうもなければ、左右の手にてしりをかゝへて、いかにせん〳〵とよぢりすぢりする程に、物も覚えずしてありけるとか。」

（註）はこは『今《いま》物語』に、「はこのしたかりければ」などあり、大便を云ふ。今日も糞の事をはこと云ふ地方（伊勢等）があるといふ。

とあるは、一片の笑話に過ぎないが、暦面にとらはれて、日の吉凶を問題とし、それによつて毎日の行動を決した事は、まさしくこの通りであつた。九条師輔《くじょうもろすけ》は村上天皇の御代、天暦《てんりやく》より天徳《てんとく》へかけて、右大臣であつた人であるが、この人の遺誡、所謂『九条殿遺誡《いかい》』に、日中行事が左の如く記されてある。

「先起称二属星名号《しょくじょうみょうごう》一七遍微音、其七星、食狼者子年、巨門者丑亥年、禄存者寅戌年、文曲者卯酉年、廉貞者辰申年、武曲者己未年、破軍者午年。次取レ鏡見レ面、次見レ暦知二日吉凶一。次取二楊枝一向レ西洗レ手。次誦二仏名一、及可レ念下尋常所二尊重一神社上。次記二昨日事一。事多日日中可レ記之次服レ粥、次梳レ頭。三箇日一度可レ梳之、日々不レ梳。次除二手足甲一。丑日除二手甲一、寅日除二足甲一。次択レ日沐浴五箇日一度沐浴吉凶。黄帝伝曰、凡毎月一日沐浴短命、八日沐浴命長、十一日目明、十八日逢二盗賊一、午日失二愛敬一、亥日見レ恥、悪日不レ可レ浴、其悪日、寅・辰・午・戌、下食日等也。次有下可二出仕一事上即服二衣冠一。不レ可二懈緩一。」

暦によつて日の吉凶を見る事は、かやうに重大視せられてゐたのである。これらはいづれも一般的なる日の吉凶であるが、個人的には又衰日《すいにち》といふものがあつた。これはまた徳日《とくにち》ともよばれたもので、『運歩色葉集《うんぽいろはしゆう》』に、「徳日衰日事、冠落ヲ日ニ歓楽之類也」とあり、その繰様は、生年衰日と行年衰日との二法あつたが、然し専ら行年衰日の行はれた事が『拾芥抄』に見える。猶又、時についても種々吉凶が定まつてゐた。

即ち方角にも、年・月・日・時にも、それ〳〵一定の性質があり、一定の作用をなし、人間の生活に影響し、人の運命を支配したのである。人は殆んど全く自由を奪はれて、この空間と時間とにより、種々の制限を受け、様々に規定せられてゐた。僅かに謹慎により、又は祭祀や祓によつて、これより受くべき悪影響を避ける事は出来るが、それも絶対的のものではない。況んや積極的に自己の運命を開拓するに至つては思ひもよらぬ事である。人は全然無力なものとして、この恐るべき自然の前に立つ。平安無事の数百年によつて、全く弛緩倦怠《しかんけんたい》し切つた弱き心が、今この恐るべき自然の力に脅かされて、悒鬱《ゆううつ》な感情をもち、すべて光明を失ひ希望を棄て、厭世的《えんせいてき》となり、絶望的となつたのは当然である。

今、陰陽道の思想によつて生活を支配されてゐる一つの例証として、『中右記《ちゆうゆうき》』保安元年（一一二〇）の条を見よう。保安元年は延喜よりおくるゝ事二百年、保元乱にさきだつ事三十五六年であつて、この種の迷信が最も勢力を持つた時代と考へられる。『中右記』の著者は関白道長（いわゆる御堂関白）の玄孫、権大納言宗俊の子で、後に右大臣となつた藤原宗忠であるが、この時は中納言であつた。さてこの『中右記』保安元年の一年間に於いて、陰陽道の影響を見るべき主なる記事を摘録すれば、左の通りである。

正月　二日　入夜知信為殿下御使来云、今年堂宇可建立宇治平等院也。而金神在巳方、従京宇治当巳方也。仍去廿九日、向宇治方違了。其後一宿不留鴨院、毎夜々半乗車立門前也。於事有恐。以東三条並北倉町券渡申内府。件倉町地中有人々宿所、行向件所毎夜可宿也。今日吉日也。仍欲渡内府。日次今日之外忽無吉日故也。如何。予申云、尤可然。何事候哉。但券文伝天後、内大臣殿以吉日可渡御東三条殿也。仍東三条本券御倉町券相具被渡献内大臣殿了。

同　五日　叙位議延引。依御衰日也。

同　八日　依当生気方参広隆寺。次入夜参円宗寺。与蔵人弁、行修正、戌剋帰家。

同　廿三日　未時、殿下有召。是天気之事云々。今明堅固口舌物忌也。仍件旨申不出仕。

三月廿一日　中宮祈被始五壇法並七仏薬師六字法御読経等。猶頗不例御、人々秘不言……従明日及廿八日長凶会也。仍雖八専間、被始御祈歟。

同　三十日　有賭射。……今日主上御衰日也。

今朝、北四位少将家中、犬咋入小児也。胸上手二頭相連也。大略四月許落胎之児歟。乍驚問明法博士信貞之所、返事云、五臓不具、可為五体不具之穢由、先達所申伝候也。仍五体不具之穢由示少将了。七ヶ日許不可出仕事也。

四月　朔日　今夜、夏節分也。為違方角、巳時許入日野。……但今夜宿観者堂北僧房。、殿下又入御宇治。

同　十一日　晩頭為方違、入日野。如初宿観者堂僧房。

五月　四日　巳時許出洛陽。午時許来着日野、且為方違也。

同　十八日　巳時許入日野、依夏至夜為方違也。

同　廿五日　殿下口舌御物忌也。

六月　四日　晩頭為方違、入日野也。

七月　朔日　殿下依御方違、入宇治給。是四十五日一度金神之方忌云々。

今夜、中宮従禁中出御三条烏丸亭。仍入夜参内。御車院唐車寄北対。光平反閇。……

同　四日　依為本命日、念北斗呪本属星。当年星呪如年来。……今夜、秋節分也。為違方忌、宿観音堂北僧房。

八月　五日　殿下依御方違、入宇治給。明日可還給云々。

十月　朔日　予依為五十九、当年星也。籠居日野之間、於薬師堂令祈請。院御当年星也。御熊野詣御精進之中也、

何気なくとつた保安元年の『中右記』に、既にかくの如く陰陽道の思想の横溢を見る。之を以て一般を推す事は決して誤らないであらう。

宿曜道《すくようどう》　猶この陰陽道と相ならんで、この勢ひを助長したものに、宿曜道がある。陰陽道が支那の天文学より生れたるものであるのに対し、宿曜道は印度の天文学より生れ、仏教に附属して僧侶によつて伝へられたものである。『文殊《もんじゅ》師利菩薩及諸仙所説吉凶時日善悪宿曜経』によれば、人は星の十二宿のいづれかに属し、その属する宮により先天的に性質と運命とを決定せられてゐる。又、日は其日宿直する星により、その性質を異にし、それ〴〵吉凶がある。又、七曜と吉凶との関係も説かれてゐる。『簠簋《ほき》内伝《ないでん》』に、文珠曜宿事として、

「夫以曜者過去七仏全体也。……爰知二一切衆生咸是過去七仏所一レ成也。然二十八宿配二当一年三百六十日一、以二生日宿一可レ顕二一期吉凶一也。」

とあるは、宿曜道を略説したものと見られる。『簠簋内伝』は安倍晴明の著と云ふが、近頃は鎌倉以後のものであらうと云はれてゐる（『王朝時代ノ陰陽道』『神道沿革史論』）。その証拠としては、その内容が仏説、殊に真言の説を多く交へ、平安中頃より陰陽道と宿曜道とが軋轢《あつれき》してゐるより見て、晴明程のものが故《ことさ》らに仏説を以て陰陽道を説く訳はないからと云ふのである。この一条の如きも、『文殊師利菩薩及諸仙所説吉凶時日善悪宿曜経』等によつたものであらう。従つて其説き方及び内容から見て、晴明の著ではなく、鎌倉以後の作とする事は大体正しいであらうが、一面には陰陽道と宿曜道との提携は随分古く、平安朝の中頃にその明証がある。即ち『三代実録』貞観十六年（八七四）五月廿七日の条に、

「従五位上行陰陽頭兼陰陽博士安藝権介滋岳朝臣川人卒。川人作二世要動静経三巻・指掌宿曜経一巻・

滋川新術遁甲書二巻・金匱新注三巻。」

とあるのがそれを示す。然し全体としては僧侶の間に伝へられ、陰陽道とは別箇の系統で、別箇の発達をなし、屢々暦道と争つてゐる。それは日月蝕の有無についてであるが、暦道より却つて当る事が多かつた。たとへば嘉応三年〈承安元年〉（一一七一）正月一日に日蝕があるかないかゞ問題になり、朝廷では節会を行はれるべきか否かに迷はれた。この時暦道は蝕ありとなし、宿曜道と算道とは蝕無しと論じた（『百練抄』、前年十二月廿七日の条）。しかるに愈々《いよいよ》その日となつて日蝕は遂に現れなかつた。『玉葉』嘉応三年正月一日の条に、

「今日、日蝕有二現否之論一。遂不二正現一。乖二暦家之術一、叶二算道之説一。宿曜道同レ之。」

とある。宿曜道はこの頃より盛んになつたのであらうが、前にあげた『三代実録』貞観十六年の記事などより考へて、宿曜道も陰陽道等と同じ様に、延喜を中心とする世運の一変期に際会して漸次その勢力を伸張したものと思はれる。

延喜より八十余年後である寛弘二年（一〇〇五）に、三条天皇（まだこの時には即位されないが）の第四皇子師明親王が降誕せられた時、宿曜師が其御一生の運命を占つて、十八歳までの御命と申した。

「大御室(註)者御寿命以二十八一可レ為レ限之由、有二宿曜勘一又云々」

しかし御祈によつて、その逆なる八十一歳まで長生せられたと『古事談』に見えてゐる。

（註）大御室は即ち師明親王、法名性信、寛弘二年（一〇〇五）乙巳降誕、応徳二年（一〇八五）乙丑九月廿七日八十一歳薨去。

この頃、宿曜師が余程勢力を得て来た事は、『栄花物語』や『源氏物語』に散見する所によって察せられる。『栄花物語』では、巻六、かゞやく藤壺に、長保二年（一〇〇〇）〈寛弘二年より五年前〉一条天皇の皇后宮(定子)が御身体に異状があったので、

「ことしは人のつゝしむべきとしにもあり。宿曜などにも心ぼそくのみいひて侍れは、なを、いとこそさあらんにつけても心ぼそかるべけれ」

と、食事もしないでふさぎこみ給ふた事が見え、『源氏物語』桐壺には、光君の少時、高麗人《こまびと》のかしこき相人が鴻臚館《こうろかん》で相して、臣下として天皇を補佐すれば天下泰平ならんと云ったので、桐壺帝はその御考へで臣籍に下されたのであるが、その条に、

「宿曜のかしこき道の人に考へさせ給ふにも、同じさまに申せば、源氏のなし奉るべく思しおきてたり」

とあり、又澪標《みおつくし》には、明石の上が女子をうんだ事をきいて、

「宿曜に御子三人、みかど、后必ず並びて生れ給へし。中のおとりは太政大臣にて、位を極むべし、と考へ申したりし。中のおとりばらに、女は出でき給ふべしとありし事、さしてかなふなんめり」

と思はれたとある。太政大臣となるのは即ち夕霧であらう。これによれば、源氏も夕霧も、共にその生れた時、宿曜師によって一生の運命を卜《うらな》はれたのである。

順徳院の『禁秘抄《きんぴしょう》』によれば、陰陽師・御持僧と共に、宿曜師は天皇の御祈禱を勤めて、なか〳〵勢

力があつたらしい。即ちその「御祈」の条には、

「御持僧外、御祈奉仕人過法多、中々無詮。宿曜師等、無何房々引軒注連、還見苦事歟。御持僧、又其外、近代法親王ナド、其外奉仕御祈之僧、不可過一両人。宿曜師不可過二三人。陰陽師又同。臨時雖済々可被召、長日御祈奉仕不可多。」

とあり、又凡僧の条には、宿曜師が女房に対面する為に、局の辺へ参り、妻戸の縁に候する事などを許してあり、これらが禁中にて幅をきかせた有様が想はれる。而してこれらの宿曜師は、その御祈の功により賞を賜る事があつたので、珍誉法師の歌に、

「宿曜の労によりて法印をのぞみ申し時よみ侍、
よゝをへてほしの光をあふげども心のやみをなをぞてらさぬ」（法印珍誉愚詠）

とある。珍誉は鎌倉中期の人で、『吾妻鏡』嘉禄元年（一二二五）二月一日の条に、

「今日可有日蝕之由、宿曜道助法眼珍誉雖勘申之、日輪無虧云々」

とある。(註)

（註）この珍誉の系図は、前にのべた僧侶妻帯の好き例としていゝ。即ち『尊卑分脈』によれば、桓武平氏に従五位下家能あり、その子孫代々僧侶で、数伝して珍誉にいたつてゐる。而して右の歌に、よゝをへてほしの光を仰ぐといつてゐるのを見れば、代々宿曜師であつた事と思はれる。

家能——珍也——珍賀（大威儀師）
　珍賀の子：珍耀（同）——珍誉
　　　　　　珍喜——珍観
　　　　　　　　　女子（焼死、弘長二十二）
　　　　　　　　　女子
　　　　　　珍快——珍覚（権少僧都）
　　　　　　珍俊——珍兼

ともかくも宿曜道は珍誉の如き僧侶の間に伝へられたので、『二中歴』には、宿曜師の有名な人を二十二人あげてゐるが、皆立派な僧侶である。

「法蔵僧都　利源闍梨　仁宗五師　仁祚法蔵弟子」

の類であつて、増命もこの中に入つてゐる。

即ち陰陽道が漢学に附属して輸入せられ、伝承せられたのに対して、宿曜道は仏教と共に入り、僧侶によつて伝承せられたのである。而してこの二者は屡々其の科学的方面に於いて相争ふ事はあつたが、（『吾妻鏡』嘉禄元、八、一条にも、宿曜師と暦道と日蝕の有無を争ふ事が見える。）その応用方面に於いては、相提携して迷信を助長せしめたのであつた。

かやうに、陰陽道は支那の天文学より起り、宿曜道は印度の天文学より起り、共に自然界の法則を研究するをその本分としたが、自然と人生との関係が極めて密接であつて、自然界を支配する法則を研究する事は、やがて人生を支配する法則を研究する事であり、後には専らこの目的の為に盛行するに至り、而して我が上代末期の精神力の倦怠《けんたい》、弛緩《しかん》ならびに道徳の頽廃《たいはい》と相表裏して、恐るべき運命観を築き上げたのである。

一度この思想に囚はるゝ時、人は全然無力なるものとして、絶大なる運命の偉力の前に立つ。人は一挙一動と雖も、自己の自由に振舞ふ事は出来ない。出来る限り自然界の法則を研究し、それに従つて行動しなければならぬが、猶知られざる法則は、十重二十重に我等をとりまいてゐる。即ち人がたまく自由に行動したりと思ふ事も、実はこの知られざる法則によつて支配せられたものに過ぎない。一切の人間の行為は、皆この運命の命令である。自己の意志に基き、自己の力によつて、この運命に反抗し、之を開拓する事は全然不可能である。これは実に恐るべき思想であつて、藤原時代の道徳的頽廃が、一つはかくの如き思想を誘つたであらうが、又この運命観によつて助長された事も見のがしてはならない。

六趣輪廻《ろくしゆりんね》の説　かゝる運命観に囚はれては、自己の行為も自己の責任ではない。我等は只無力なるものとして運命の激流に浮び、その流れのまにまに流れゆくものに外ならぬ。こゝに仏教の因果応報《いんがおうほう》の説、前世宿業《ぜんせすくごう》の説が、勢力を得て来たのは当然である。仏教の前世宿業説は、更に進んで、六趣輪廻の説にまで帰着しなければならない。六趣は即ち、地獄・餓鬼《がき》・畜生・修羅《しゆら》・人・天であるが、これを説く為には、仏教の世界観を考察する必要がある、仏教の世界観に於いては、先づ第一に世界を三界に別つ。

さてこの世界が、いかなる基礎の上に立つかといふに、最下に大なる風輪があり、其体《そのてい》堅密であつて、能く世界を保つ。風輪の上に水輪あり、水輪の上に金輪《こんりん》があり、この金輪の上に九つの大山がある。その中央なるは即ち須弥山《しゅみせん》であつて、余の八ッの山は須弥山の周囲をとりまいてゐる。その第七山の外に四大洲等があり、その外側に鉄囲山があつて世界を囲繞してゐる。四大洲は須弥山の四面にあつて、南面には南胆部（又は閻浮）洲、東に東毘提訶洲、西に西瞿陀尼洲、北に北倶盧洲がある。南胆部洲の地は北広く、南狭く、その形車に似、人の面相も亦同じ。東洲は半月に似て、人の面相亦同じく、西洲は満月の如く、人面も亦まるい、北洲は四角であつて人の面相は同じく方形である。身長は南は六尺余、東は一丈四尺余、西は二丈八尺余、北は五丈七尺余、寿命を言へば、北は一定して千歳、西は最長五百歳、東は最長二百五十歳、ひとり南洲のみは人寿不定であつて、時代により相違があるが、今時は百年を以て寿の極としてゐる。

三界
- 欲界（睡眠、食慾、性慾の三つの慾あるにより慾界と云ふ、）
- 色界（浮妙の色あつて身相端厳なり）
  - 初禅：梵衆天　梵輔天　大梵天
  - 二禅：少光天　無量光天　極光天
  - 三禅：少浄天　無量浄天　遍浄天
  - 四禅：無雲天　福生天　広果天　無煩天　無熱天　善現天　善見天　色究竟天
- 無色界（形色なし心のみあり）
  - 空無辺処天　識無辺処天　無所有処天　非想非非想天

次に地獄はこの閻浮提《えんふだい》の下にあつて、先づ第一に等活地獄、その下に黒縄地獄、その下に衆合地獄、更にその下に叫喚地獄、大叫喚地獄、焦熱地獄、大焦熱地獄、最下、即ち欲界の最底に無間《むげん》地獄があり、これらをすべて八大地獄といふ。餓鬼《がき》の住所は二つあり、一つは地下五百由旬の餓鬼世界、一つは人中に住む。第三に畜生は、根本は大海に住し、支末は人天に雑る。第四に修羅は、根本は須弥山の北、巨海の底に住し、支末の劣なるものは、四大洲の間、山巌の中に住む。天道は欲界に於いて六つに分れる。四王天・忉利天・夜摩天・兜率《とそつてん》天・楽変化天・侘化自在天、これである。この内四王天は、東に持国天、南に増長天、西に広目天に北、多聞天であつて、須弥山の半腹に居り、忉利天はその頂上に住し、夜摩天以上は空中に居る。色界・無色界の二つはその上に住するもので共に天道に入る（『往生要集』）。

此等の六趣は、それ〴〵独立無関係のものではなくて、生物はその業報によつて、これらの六道を輪廻する。即ち我等が今人間となつて生れたのは、前世の宿業によるものであり、又その宿業によつて来世は六道のいづれかに転生し、生々世々かくの如き輪廻をくり返す。この輪廻の説は当時の人に確信せられた所であつて、明快律師の兄、入道覚念は、出家して後『法華経』をよむに、どうしても三行だけ記憶する事が出来ない、覚念これを歎いて三宝に祈るに、夢に気高き僧あらはれて、告げて曰く、汝は前生に紙魚《しみ》であつて、『法華経』の中に入つてその三行の文をくつた、その宿因により人間に生れ、法華経をよむを得るが、又同時にその宿因により、三行だけは暗記できないのだと云つた（『今昔物語』）。

これに類似の話は『今昔物語』に数多く見えてゐる。たとへば、行範といふ僧は、法華を読誦して薬王品丈は記憶が出来ない、これは前生に黒き馬であつて、法華の持者の許にあり、時々法花経をきいたが、只薬王品だけを聞かなかつたから、其宿因により、今人と生れ、僧となり、法華経をもつも、只薬王品をおぼえられないのであつた。又越中の国海蓮なる僧は前生に、蟋蟀《しつしゆつ》（キリギリス）の身を受け、僧房の壁についてゐて、僧侶の法花をよむのをきいた所が終二品をきかないうちに、僧侶が休息の為に壁によりかゝり、蟋蟀は圧し潰されて死んで了つた。しかしその聞いた功徳によつて今は人と生れ、僧となり、法華をよむ事が出来るが、三品のみは蟋蟀時代にきかなかつたので記憶する事が出来ないのであるといふ。この外、その前生が、或は狗《いぬ》・毒蛇、或は野干・白馬、或は蚯蚓《きゆういん》（ミミズ）であつた人の話が見えてゐる。それ故にいかなる動物を見ても、それを単に動物として見てはならない。『今昔物語』にも、「聞バ生アルモノハ皆前生ノ父母也」とあり、『日本霊異記』には「雖二見ニレ之畜生一、而我過去ノ父母六道四生我所生処」とある。又、今生《こんじよう》に人と生れても、その業報によつて次には何に生れるか分らない。人死して或は牛となり或は大蛇となつた話が『日本霊異記』にあるが、かゝる考へは上代の末に至り益々盛に行はれたのである。

かくの如き運命観は、「宿世」なる語となつて、上代末の物語に頻々としてあらはれて来る。今、『源氏物語』を例として取れば、源氏がその継母にあたる藤壺の女御《にようご》と密通して遂に藤壺の懐妊となつた時、著者は之を評して、

「あさましき御宿世の程心うし」（若紫）

と云ひ、事情を知つてゐる命婦《みようぶ》は、

「遁れ難かりける御宿世をぞ」「あさましと思」つたのである。若紫には又、

「さるべき御宿世」

と云ひ、須磨の巻には、

「前の世の報」「あさましき宿世」

明石には、

「前の世のむくいか、この世のをかしか(犯)」

「前の世の契つたなくてこそ、かく口惜しき山がつとなり侍りけめ」

澪標《みおつくし》には、

「宿世遠かりけり」

「思の外にめでたき宿世はありけれ」

若菜下には、

「末の世まではえ伝ふまじかりける御宿世口惜しく」

「目ざましき女の宿世かな」

「いとかたき御事なりや、御宿世とかいふ事侍るなるをも」

「かく遁れぬ御宿世の浅からざりける」

柏木には、

「いかなる昔の契にて、いとかかる事しも心にしみけん」

「思ほしなげくは世のことわりなれど、又いとさのみは、いかゞ、万の事さるべきにこそは侍るめれ」

総角《あげまき》には、

「めでたき御宿世」

「宿世などいふめるもの更に心にかなはぬものに侍る」

などあり、我等のこの世に於ける栄枯盛衰の、すべては前生の宿業により、支配せられるものであり、それは已に決定せるものであつて、いかにしても之をまげる事は出来ないと考へられた。夕霧には「宿世といふもの遁れわびぬる事なり」とあるが、いかにもがくも、之を遁れる事は出来ないといふ。これは実に恐しい人生観であつて、この思想のはびこる所、憂鬱《ゆううつ》となり、厭世《えんせい》となり、無力となるは当然である。我等の努力はいかにするも究竟無益であり、運命はその絶大なる力を以て永久に我等を繋縛してゐるからである。

かく観ずる時、この世はもはや自由の世界ではない。人は全然自由を奪はれて、見えざる力により導かれ、やがて又六道を輪廻しなければならない。厭離穢土《おんりえど》の思想、即ちこの三界を脱出して、この運命の手より解放せられたき願が、この時に於いて勢力を得て来たのは当然である。この風潮を代表し、又この風潮を導いたものは、天台の恵心僧都《えしんそうず》である。僧都、名は源信、天慶五年（九四二）に生れ、寛仁元年（一〇一七）七十六歳を以て入寂した人であるから、正しく上代末期を代表し、又それを指導した人であるが、その有名にして又影響の多かつた著述『往生要集《おうじようようしゆう》』には、すべて十門を立て、その第一門に厭離穢土の章を置いた。それには最初に、「夫れ三界は安きことなし、最も厭離すべし」と高唱し、具に六道の苦患を説いて後、総括して三界の厭はしさを述べ、

「有為の諸法は幻の如く化の如し。三界の獄縛は一として楽むべきことなし。王位高顕にして勢力自在なるも、無常既に至れば誰か存する事を得るものぞ。空中の雲の須臾に散滅するが如し。是の身は虚偽なること猶し芭蕉の如し。怨となり賊となる、親近すべからず、毒蛇ある篋の如し。誰か当に愛楽すべき。」

と云ひ、又、

「是の如き臭穢の身は猶し朽たる城郭の如し。日夜に煩悩に逼られ、漂流して暫くも停る事なし。身の城、骨の墻壁、血肉を塗泥となし、画彩せる貪瞋痴、処に随つて枉飾せり。悪むべし、骨身の城、血肉相連合し、常に悪知識に内外の苦をもて相ひ煎らる。……若し遠離せんと欲せば、常に是の如きの観を作して解脱の処を勤求せば、速に生死の海を超ん。」

と述べて居る。これ既に漲れる世の厭世観に油をそゝぐものであつて、この穢れたる三界の苦患を脱し、六道輪廻の運命より放たれて、極楽浄土に赴きたいと云ふ、所謂欣求《ごんぐ》浄土の思想は、これと共に強くあらはれて来た。『往生要集』の第二門は即ち欣求浄土であつて、

「極楽の依正は功徳無量なり。百劫千劫に説んも尽す能はず算分喩分も亦知る所にあらず。」とて、聖衆来迎楽・蓮華初開楽・身相神通楽、乃至、見仏聞法・随心供仏・増進仏道等の十の楽をあげて浄土を讃歎し、一度浄土に到るものは終に悪趣及び阿修羅に墜せず、瑠璃を以て地となす所、七宝所成の宮殿楼閣立ち並び、宮殿の間に黄金の池あり、白銀の沙《すな》その底に布く、又白銀の池の底には黄金の沙あり、八功徳水其中に充満し、庭には菩提樹あり、枝の間に玉の瓔珞《ようらく》を垂れて居り、風のまに〳〵妙法を演べて居る世界の美はしさと平和とを詳説し、

「願くは衆生と共にかの国に生ぜん。願くは諸の衆生と共に安楽国に往生せんことを。」

と云ふ龍樹の偈《げ》を以て結んで居る。

末法の思想　然るに更に注意を要するは仏教の歴史観である。上に述べ来つた所は個人の運命であるが、更に歴史的な人間の運命観によつて仏教は著しく人心を委縮せしめた。

元来仏教には成住壊空の四劫《しごう》を立てゝ、世界の歴史を説明して居る。即ちこの世界は成・住・壊・空の四つの段階を順次経廻してゐるものであるとなすのである。その住劫は即ち現今もそれであるが、初め人寿無量歳より百年毎に一歳を減じて人寿十歳に至り（一劫）、次に同様に十歳より八万四千歳に至り、更に十歳に戻り（一劫）、かゝる増減をくりかへして、最後には十歳より八万千歳に至る一増劫を以て一劫とし、即ち全体よりいへば減劫一、増減劫十八、増劫一を以て住劫とする。その増劫の時は歓楽は増し、

悲苦は日々に減ずる、滅劫の時は無常日々に現じ、歓楽はます〳〵減ずる、而して一滅劫の終には必ず小の三災がある、小の三災とは飢饉・疾病・兵刀である。次の壊劫に至り、大の三災即ち火・水・風が世界を亡ぼして了ふ。その後世界は空である。その後虚空に微風漸く起り、その風次第に盛となり、堅き事金剛の如くなる、これが即ち風輪であり、次に水輪成り、金輪成り、次に器世間成り、最後に人間が現れる。

この成・住・壊・空の説は我国にも伝へられ、これに就いて色々説明もし、又疑問も提出せられた。しかしながら、これはさほど痛切に人々の胸をうつものではなかつた。人心を震撼した思想としては、これよりも寧ろ末法説をあげなければならない。

末法説といふのは、釈迦出世の時を基準として、それより、後、時代を経過するに従つて、教法次第に衰へ、人心益々悪化し、遂に仏法の滅亡を来すといふ思想であつて、これにあつては、時代を正《しょう》・像・末の三期に分つ。

正法とは仏滅後間もなき時代であつて、正法世に住し、修行すればよく証果を得る時代である。像法とはその次に来り、教存し、修行者あるも、証果を得る能はざる時代である。末法は最後に来り、人心頗る悪化し、闘争頻に起り、仏教の亡ぶる時である。この思想は色々の経論に散見してゐるが、これも世界観と同じく細目は一定して居ない。(註)

(註) 松本文三郎氏「正像末三時の思想に就いて」(『六条学報』)は、印度に於けるこの思想の発達を述べて有益なる

論文である、しかし以下の論述は、多く雲照律師の『末法開蒙記』によつた。この外、富森大梁氏の「末法思想の信仰とその影響」（『鎌倉時代の文化』所収）はこの問題に関するよき論文である。

『倶舎論《ぐしやろん》』に経を引いて、釈迦仏《ノ》法住レ世千年と云ひ、真諦三蔵が、毘婆娑を引いて、釈迦牟尼仏、精進力《ノ》故《ニ》法住レ世二千年と云ふなどは、像法末法に言及して居ないが、やはり此思想にふれて居るものである。『摩耶経《まやきよう》』には正法五百年、像法千年と云ひ、古涅槃経の後には、祇園精舎の銘といふものをあげて、

「仏《ノ》正法千年、像法千年、末法万年。天竺朝夕《ニ》衆中《ニ》恒唱《フト》二此事《ヲ》一云」

とあり、これらは明かに正像末三時を説いて居る。

然し我国に於いてこの思想を流伝して非常なる影響を与へたものは、『末法灯明記《まつぽうとうみようき》』である。この書は伝教大師の著述といはれ、長く、しか信ぜられ、伝教大師の名に於いて一層の権威を得て、著しい影響を我国の思想界に与へたものである。その内容より察すれば、伝教大師の著とは思はれず、雲照律師の説いた様に、後世の作であつて、最澄に仮託したものとしか考へられないが[註]、歴史的には、しか信ぜられて後世に影響した点に於いて頗る重要な書物である。

（註）雲照律師は明治二十八年（一八九五）、『末法開蒙記』二冊を著し、翌年公刊した。

本書は時代によつて教法の衰ふる運命を説き、僧侶の破戒の、今日に於いては必ずしも僧侶の罪でなくして、実は時代の罪なる事を説いたものであつて、

「大乗基引《テ》賢劫経言《ク》、仏涅槃《ノ》後、正法五百年、像法一千年、此一千五百年《ノ》後、釈迦法滅尽《スト》」

といひ、又、

「按大術経《ヲ》、仏涅槃《ノ》後初《ノ》五百年、大迦葉等《ノ》七賢聖次第《ニ》住持《シテ》正法不滅、五百年後《ノ》正法滅尽、至六百年九十五種《ノ》外道競起。……千五百年《ニシテ》拘睒弥国《ニ》有二僧、互《ニ》起《シ》是非《ヲ》遂《ニ》相殺害《ス》。仍《テ》教法蔵《ル》於龍宮也。涅槃十八及《ビ》仁王等《ニ》復有此文。准此等経文、千五百年《ノ》後、無有戒定慧也。故《ニ》大集経五十一《ニ》言《ク》、我《カ》滅度後、初五百年《ハノ》諸比丘等於我正法、解脱堅固（為得聖果名解脱）。次五百年《ハ》禅定堅固、次五百年《ハ》多聞堅固、次《ノ》五百年《ハ》造寺堅固、次《ノ》五百年《ハ》闘諍堅固、白法隠没《ス》云云」

と挙げ、これを解釈して、初の三箇の五百年は戒定慧の三法住す、正法五百年、像法一千年の間である、造寺以後はすべて末法であると説き、若ししからば現今は正しく何の時代に当るかと言ふに、仏滅の年代について異説があるが、

(1)周の第五主穆王の五十三年壬申に入滅されたと云ふ『周異記』の説によれば、延暦二十年（八〇一）に至つて一千七百五十年である。

(2)周の第二十一主匡王の四年壬子入滅といふ『魯春秋』の説によれば、延暦廿年までは一千四百十年である。

それ故に、ともかくも今は像法最末の時である。それ故に全く末法に同じく、言教のみあつて行証はない、もし戒法によれば破戒があらう、しかも既に戒法もない、戒法さへないから破戒はない、破戒す

らない況んや持戒をや、と論じて極力僧侶の道徳的堕落を弁護してゐる。前にも述べたやうに、この書は最澄の著作ではなく、後人の仮託に出でたものと考へられるが、この外にも最澄の撰として伝へらるゝものに『正像末文』、又は『正像末記』なるものがあり、その中に、

「今校《ルニ》年歳《ニ》、釈迦滅《シテ》来《タ》迄弘仁三年《ノ》聖辰千七百四十歳、正五百歳《ハ》教行証見《スレハ》名正法、像法千歳《ハ》唯有教行《ノミ》無有果証名像法、末法万歳《ハ》唯有仏教、無行証《ノ》者名末法、今入《ル》末法二百四十歳」

とあり、これらが果して最澄の作か否かは、研究を要する問題であるが（現に『正像末記』と『末法灯明記』とは年代の計算が違ひ、之を同一人の作と考へることは出来ない）、ともかくもかゝる著述のあらはるゝや、正像末三時の思想は漸く注意せらるゝに至り、上代の末よりして、今や末法であると云ふ悲観思想が力を得て、人の心を絶望的たらしめたのであつた。

『神明鏡』に、後冷泉天皇の永承六年（一〇五一）を末法に入る時として、

「此時末法ニ入、恵心僧都ハ泣キ給ヒケルトナン」

と云ひ、『扶桑略記』(註) 永保元年（一〇八一）九月十五日の条に、山門寺門の争を記して、

「今年入末法歴三十年矣」

とあるは、正像合せて二千年と云ふ説を採つたものであるが、この説は当時一般に行はれて深く人心を動かした。即ち智証大師は『授菩薩戒儀』に、

「然仏滅後向二千年、正法沈淪《シ》、邪風競扇、衆生薄祐、生在此時」

と云ひ、恵心僧都は『往生要集』に、

「夫レ往生極楽ノ教行ハ濁世末代ノ目足也」

と云ひ、三善為康は『拾《しゅう》遺《い》往生伝《おうじょうでん》』に、

「夫於二末法之万年一炳二弥陀一教一、道俗男女誰不帰者歟」

といつてゐる。

（註）『扶桑略記』は延暦寺の阿闍梨皇円の著で、皇円は法然上人の師匠である。この書の中には、屡々仏滅を紀元として何年と数へてゐるが、それは末法説と関連して留意したものと考へられる。たとへば、

㈠村上天皇紀の末に「天暦元年、如来滅後一千八百九十六年」

㈡三条天皇紀の末に「長和五年、如来滅後一千九百六十一年」

㈢後一条天皇紀の末に「寛仁元年、如来滅後一千九百六十六年」

など見えるのがそれである。

この思想は上代末期の世の乱れ、及び道徳的の腐敗と恰も一致してゐたので、非常な勢力を以てひろまつて来、今の世は末法であつて、仏の教法は既につき、闘争相ついで起り、人心邪見であつて、救ふべからざる時代であるとする絶望的人生観を構成して来た。

この後、一宗の開祖であつて、この問題を説かない人はないのを見ても、いかに末法思想なる悲観的歴史観が上代末より中世へかけて我国を支配してゐたかゞ分る。

(1) 法然

法然はその『撰択本願念仏集《せんじやくほんがんねんぶつしゆう》』中に「末法万年後ノ、余行悉滅、特ニ留ノ二念仏ヲ一文」なる一章を設け、念仏は正像末に通じて適当したものであり、特に末法に於いてはこれによらなければならないことを力説してゐる。

(2) 親鸞

親鸞は『正像末和讃《しようぞうまつわさん》』を作つてゐる。

「釈迦如来カクレマシマシテ
二千余年ニナリタマフ、
正像ノ二時ハオハリニキ
如来ノ遺弟悲泣セヨ。
末法五濁ノ有情ノ
行証カナハヌ時ナレバ
釈迦ノ遺法コト〲ク
龍宮ニ入リタマヒニキ。
正像末ノ三時ニハ
弥陀ノ本願ヒロマレリ。
像季末法ノコノ世ニハ
諸善龍宮ニイリタマフ。
大集経ニトキタマフ
コノ世ハ第五ノ五百年
闘諍堅固ナル故ニ
白法隠滞シタマヘリ
数万歳ノ有情モ
果報ヤウヤクオトロヘテ
二万歳ニイタリテハ
五濁悪世ノ名ヲエタリ。

（中略）
末法第五ノ五百年　コノ世ノ一切有情ノ
如来ノ悲願ヲ信ゼズバ　出離ソノ期ハナカルベシ。
（中略）
像末五濁ノ世トナリテ　釈迦ノ遺教カクレシム。
弥陀ノ悲願ヒロマリテ　念仏往生サカリナリ。」（下略）

(3)一遍

『一遍上人縁起《いっぺんしょうにんえんぎ》』に、

「正像すでに過ぎて末法たちまちにいたり、行証ともに絶て教法ひとりのこれり。よつて即身の証にをきては、みづから道心を発《おこ》して、あるひは五十六億七千万歳の霞をへだてゝ遥に龍華の春のあしたを待ち、あるひは多生曠劫流転生死の雲を重て、遠く覚月の秋の空をのぞむ。結縁まことに貴としといへ共、速証すでにむなしきに似たり。是すなはち理深く解微《すこしき》がゆへなり。次に浄土門は末法万年の流通慈悲を余経悉滅の時にほどこし、人寿十歳の利物本誓を無有出離の機におこし給ふ」

とあり、一遍の著作ではないが、一遍の思想も亦こゝにあつたと見て差支ない。

(4)栄西

『興禅護国論《こうぜんごこくろん》』に曰く、

「問曰、或人云、伝教大師末法灯明記云フ、末法ニハ無二持戒人一……答曰、大般若経云……法華経云……金剛般若経云……並勧二末世之戒行一也。凡如来開口皆冠二末世一乎。祖師勧舌併為今後也。伝教大師釈可レ得レ意。」

と。又他の条にも末法の事にふれてゐる。

(5)道元

『正《しょう》法《ぼう》眼《げん》蔵《ぞう》随《ずい》聞《もん》記《き》』に曰く、

「世間の人多分云く、学道のこゝろざしあれども世は末法なり、人は下劣なり、如法の修行にはたゆべからず、只随分にやすきにつきて結縁を思ひ、他生に開悟を期すべしと。今云ふ、此の言は全く非なり。仏教に正像末を立つること、暫く一途の方便なり。在世の比丘、必ずしも皆すぐれたるにあらず、不可思議に希有にあさましく下根なるもありき。故に仏種々の戒法等をまうけ玉ふこと、皆わるき衆生、下根の為めなり。人々皆仏法の器なり。かならず非器なりと思ふことなかれ。依行せば必ず証を得べきなり。既に心あれば善悪を分別しつべし。手あり足あり、合掌歩行にかけたる事あるべからず。しかあれば、仏法を行ずるには器をえらぶべきにあらず。人界の生は皆是れ器量なり。余の畜生等の生にてはかなふべからず。学道の人、只明日を期することなかれ。今日今時ばかり仏法に随ひて行じゆくべきなり。」

(6)日蓮

『撰時鈔』（建治元年〈一二七五〉）に曰く、

「伝教ノ御時ハ像法ノ末、大集経ノ多造塔寺堅固ノ時ナリ。イマダ於我法中闘諍言訟白法隠没ノ時ニハアタラズ。今末法ニ入テ二百余歳、大集経ノ於我法中闘諍言訟白法隠没ノ時ニアタレリ。仏語マコトナラバ定メテ一閻浮提ニ闘諍起ルベキ時節ナリ。伝ヘキク、漢土ハ三百六十箇国、二百六十余州ハスデニ蒙古国ニ打ヤブラレヌ。……高麗六百余国モ新羅・百済等ノ諸国等モ、皆皆大蒙古国ノ皇帝ニセメラレヌ。今ノ日本国ノ壱岐・対馬並ニ九国ノ如シ。闘諍堅固ノ仏語地ニ墜チズ、アダカモコレ大海ノシヲノ時ヲタガヘザルガ如シ。是レヲ以テ案ズルニ、大集経ノ白法隠没ノ時ニ次デ法華経ノ大白法ノ日本国並ニ一閻浮提ニ広宣流布セン事モ疑フベカラザルカ。」

之を見るに、いづれもその特色があつて、之のみを以ても諸師の面目を窺知するに足るものであるが、かやうにすべての開宗者が、末法の問題を或は肯定的又は否定的に論じないでは居られない所を見て、この思想が当時澎湃《ほうはい》として漲つて居た事を察する事が出来る。或はむしろこの問題が諸師出現の契機であつたといつてい丶。而して之を信ずるものに於いて、そのいかに悲観的なものであつたかは、親鸞が「如来の遺弟悲泣せよ」と叫んだを見ても分明ではないか。

尚又、これと並んで説くべきものは、我国史の将来を予言したものとして、「野馬台詩《やばたいし》」が上代末より喧伝せられ、これが更に悲観的な思想を煽いだ事である。この詩は梁の宝志和尚の作であつて、吉備真備が入唐した時に試験の為に読まされ、文字交錯してゐる為に非常に苦しんだ所が、蜘蛛が降りて糸

を曳いたので、それにより読む事が出来たといふ名高い伝説がある。詩は、

「東海姫氏国　百世代《ル》天工《ニ》

（中略）

丹水流尽後　天命在《ラン》三公《ニ》

百王流畢竭　猿犬称英雄

星流飛《レテ》野外《ニ》　鐘鼓喧国中

青丘与赤土　茫々遂為空」

と云ふのであつて、之によれば、我国は天皇百代の後、国は乱れて群雄割拠の戦乱状態に陥り、遂に亡国の惨状を呈するに至ると云ふのである。

『愚管抄』は、八十五代仲恭天皇の御代にかゝれたものであるが、その中に、

「今百王ノ十六代ノコリタル程、仏法、王法ヲマモリハテン事ノ、先カギリナキ利生ノ本意、仏神ノ冥応ニテ侍ルベケレバ、ソレヲ詮ニテ書ヲキ侍ル也」

と云ひ、

「マコトニハ末代悪世、武士ガ世ニナリハテヽ、末法ニモイリニタレバ、」

と云ひ、

「百王ヲ数フルニ、今十六代ハノコレリ」

と云ふなど、「野馬台詩」の予言が末法思想と提携して、いかに悲観的な思想を煽つたかゞ分る。

百王といへば、北朝では後光厳院《ごこうごんいん》が第百代に当らせられたが、その後百年ばかりたつて応仁の大乱起るや、「野馬台詩」の予言に云ふ「猿犬称英雄、鐘鼓喧国中」の戦国時代が始まつたのだと云ふ解釈が行はれた。『応仁記』の序に、

「大抵吾朝終始之興廃者、聖徳太子之未来記雖委書之、敢無如宝誌和尚之野馬台。就亦野馬之詩二十四句内、上十八句前代騒仁皆所下註也。雖然於末六句者、時代未来。故先人曾不註之処也。而此間時世滅亡体、偏如野馬台之末句相似。」

と云ひ、更に本文に於いて詳細に「野馬台詩」の予言の的中を説き、我国の滅亡を悲んで居る。即ち細川勝元は永享二年庚戌（一四三〇）に生れ、山名宗全は応永十一年甲申（一四〇四）に生れた人で、これ即ち猿犬英雄と称すと云ふに合ひ、内裏灰燼に帰し、天皇野外に仮泊し玉ふは「百王流れ畢り竭《つ》き、星鳥野の外に流る」（この句前に引く所とや、異る）と云ふに合ひ、京師は畑となりて麦を植え、寺院は焦土と化したが、これは青丘と赤土といふに合ひ、合戦隙なきは鐘鼓国中に囂《かまびす》しといふに合ひ、文化すたれ、制度ほろびゆくは、茫々として遂に空になるものであると説いてゐる。

闇黒の世界　すべてこれらの思想は、本書の最初に説きたる上代憧憬の念、即ち一般文化の衰微による過去の追想、具体的にいへば延喜・天暦を黄金時代としてこれに憬《あこが》れ、今の世を末様、衰へたる世とし

て見下す思想と、互ひに手を携へて起つたのである。中世の人々ほど、現在をうとんじ、此の世を軽んじたものはない。現在は文化の衰微した時代である。上代の隆盛には似るべくもない。それ故に『無名草子』は「いみじかりける延喜・天暦の御ときのふるごと」を偲ぶべき書物をたゝへ、兼好法師は「何事もふるき世のみぞ慕はしき、今やうは無下に卑しくこそなり行くめれ」と歎じてゐる。而してこの文化の衰微は偶然的もしくは一時的の現象でなく、仏教の歴史観よりすれば、これは必然的であり、又永久的な現象である。即ち今や仏滅二千年の後に当り、所謂末法万年の時代に入つたのである。白法隠没して、仏の御光も届かぬ五濁悪世である。善きもの、真なるものはすべて龍宮にかくれ、悪のみはびこり、争乱打つゞく闘諍堅固の時代である。殊に我国に於いては天皇百代の後戦国時代となつて国家滅亡すると云ふ予言があり、それが正しく中世に当つてゐる。まことに恐るべき時、悲しむべき時である。

かくの如き思想を抱いて中世の争乱に対する時、人々の心があくまで憂鬱《ゆううつ》となり、絶望的になつていつたのは当然である。又我等の行動は、陰陽道と宿曜道との教ふる所、目に見えぬ運命の支配するまゝに、知るべからざる将来に導かるゝものであつて、人間には少しも自由が与へられてゐない。而して仏教によれば、我等は餓鬼・畜生・地獄・修羅・人・天の六道を輪廻し、宿世の業に繋縛《きんばく》せられてゐるものである。かくては誰か此の世を楽しみ、この世に満足するものがあらう。まことに「有為の諸法は幻の如く化の如し、三界の獄縛は一として楽しむべきことなし、王位高顕にして勢力自在なるも、無常既に至れば誰れか存することを得るものぞ、空中の雲の須臾《しゆゆ》に散滅するが如し、是の身は虚偽なること、猶し芭蕉の如し、怨となり、賊となる、親近すべからず、毒蛇ある篋《きょう》の如し、誰か当に愛楽すべき」（『往生要集』）である。

かくて中世人はその精神生活に於いて、まことに暗黒の時代に住んだのである。光なき夜の世界である。楽なく希望なく、恐怖に充ち苦痛に充ちた世界である。かくの如き世にあつて、すべて人間的、現実的なものは無価値なものとして斥《しりぞ》けられ、超人間的、宗教的なものにのみ価値を認めたのは当然である。この世の無常を悲んで日野の山奥に方丈の庵を結んだ鴨長明《かものちようめい》は、西向に阿弥陀の画像を安置して落日をうけて眉間の光とし、

月かげは入る山の端《は》もつらかりきたえぬ光はみるもよしもがな

と口吟《くちずさ》んだ。たえぬ光はこの世にはない。中世人の欲求するは、たえぬ光の国即ち極楽浄土である。こゝにこの無価値なる現世現在の人間生活を棄てゝ、一向にかの弥陀の浄土に急がうとあせるのも無理はない。自殺によつてこの目的を達成せんとした人も随分に多かつた。捨身往生といふものこれである。

Griffis の Religions of Japan に、

"The Japanese calender of saints is not filled with reformers, alms-givers, and founders of hospitals or orphanages, but is overcrowded with canonised sueides and committers of *harakiri*."

と云つてゐるのは無論云ひ過ぎではあるが、この世を厭《いと》ふ余り、自ら生命を断つて、弥陀の浄土へ急いだ例は甚だ多い。「往生伝」は上代末より中世へかけて頻々《ひんぴん》として作られてゐるが、その中には自殺往

生の記事も随分多い。

たとへば、『三外往生記《さんげおうじようき》』には、土佐国金剛定寺の某上人が常に望を西方にかけ、残年の長きを厭ふて薪を浄所につみ、その中に入つて高声に念仏しながら焼死し当国他国の人々雲集して随喜の涙を流した、所が翌日附近の小児が遊戯に昨日の上人の焼身の真似をして、一人薪の中に入り焼死して了つたといふ哀話があり、その他、近江国三津浦に入水した聖の話、入道念覚が余生を厭ひ、早く西方に往生せんため、其身を焼いた話などが載せられてをり、『本朝新修往生伝』には、丹後国狐浜の一行人が、早く此界を去らんが為に焼身往生した話をのせ、『発心集《はつしんしゆう》』には、書写山の客僧が断食《だんじき》往生をした話（自らその目的を語つて「われふかく臨終正念にて極楽に生れん事を願ひ侍れど、その終り知り難ければ、ことなる妄念も起らず身に病もなきとき、この身すてんと思ひ侍るなり。それにとりて身灯入海などは、ことさまも余りきはやかなり、苦みも深かるべければ、食物をたちてやすらかにおはりなんと思ひ立ちて侍り」と云つてゐる）及び蓮花城といふ聖《ひじり》が同様の目的で桂川へ入水した話をのせてゐる。而してかゝる自殺者ある時は、伝へきく人々群参して随喜の涙を流し、聊《いささ》かでも結縁《けちえん》せんと之を拝んだので、一人もこれを中止せしめようとした者はなく、その為に自殺は中途に之を止める事が出来ず、遂に無理往生したものも少くなかつた（『発心集』、蓮花城の如きは後幽霊となる）。

かくてこのままに進んでいつたならば、国家は亡び民族も絶えてしまつたであらう。これ明かに亡国の思想である。現在を呪ひ現世を呪ひ、やがて人間生活を否定して、而して民族が繁栄し、国家が勃興する筈はない。人は全然無力である。運命の力は絶大であつて、それが十重二十重《とえはたえ》に我等を取巻いてゐる。『源平盛衰記』源氏追討使の条に、「万事は皆春の夜の夢なり、諸法は只先世の果報なるべし。祈れどもそれにもよらず、祝へ共叶ぬは此我等が有様なり」と説いてゐる。

かく考ふる時、人の心は益々委靡《いび》していつた。そこに自己決定はない。それ故に道徳上の責任もない。すべては前世の宿業の結果であつて、我れ自らの自由意志によつたものでない以上、我が行動の責任は、ひとり「宿世《すくせ》」が之を負ふべきものであらう。我等の犯す所の悪は、実に時代の遁《のか》るべからざる運命である。我等は力無くこの運命に随順するあはれむべき小羊に過ぎない。殊に今や末法濁世の時である。破戒無慚《むざん》の時代、道徳的頽廃の時代はこゝに於いて来た。文化はかくてますく〳〵ずれてゆく。

上代末より中世へかけては、かくて明かに暗黒時代である。上代の前半、特に奈良朝の如きは朗《おおら》かな明るさに輝ける朝である。紫の雲を破つて、日の光が若草山を金色《こんじき》に染める春の朝である。中世はたそがれの空、鼠色の夕闇深く垂れて、日はすでに西山に入り、月さへ東山に出でぬ寂寥《せきりよう》の中に、葭《あし》風に吹かれて立つ佗びしさに似てゐる。暗黒時代と云ふを、普通に考ふる如き制度の乱れた時代とのみ解せず、その心のくらさ、希望なく楽みなき状態を示すものとするならば、この詞《ことば》は猶生新な意味を以て中世を代表するであらう。

九　光明の出現

武士の精神　上代の末、中世の初めに於ける怯弱《きょうじゃく》憂鬱《ゆううつ》の心情は、既に前章に於いてその大体を説述した。而してこれは中世の終りまで、なほ強く残つてゐたのであるが、一方には早く之を否定する精神があらはれた。武士の出現は即ちそれである。武士は暗黒の中の光明として現れ、我国を滅亡の危きより救つた。武士は、もとより、それ独特の文化をもつてゐたわけではなく、文化の点に於いては、既に完成し成熟した貴族文化の敵では無論なかつたので、やゝもすれば、その潮流の中にまき込まれようとしたが、彼等の間には、極めてナイーブな力が存して居り、それが上代文化の堕落的傾向に反対して立ち、遂に別箇の人生観、別箇の価値観念、別箇の道徳を創造した。まづ頼朝《よりとも》に於いて之を見よ。

(一)治承四年（一一八〇）八月廿四日、石橋山の戦に敗れて椙山《すぎやま》にかくれてゐた時、

「此間、武衛取二御髻中正観音像一、被レ奉レ安二于或巌窟一。実平奉レ問二其御意一。仰云、伝二首於景親等一之日、見二此本尊一、非二源氏大将軍所為一之由、人定可レ貽レ誹云々。」（『吾妻鏡』）

(二)治承四年十月廿七日丙午、佐竹冠者《かんじゃ》秀義追討の為に常陸へ進発した時、

「今日為二御衰日一之由、人々雖二傾申一、去四月廿七日令旨到着。仍領二-掌東国一給之間、不レ可レ及二日次沙汰一。於二如レ此事一者、可レ被レ用二廿七日一云々。」（同上）

(三)治承五年正月一日条、

「前武衛参二鶴岳若宮一給。不レ及二日次沙汰一、以二朔旦一被レ定二当宮奉幣之日一云々。」(同上)

これ皆、仏教又は陰陽道《おんみようどう》の思想に対する反逆ではないか。

前章に述べ来つた厭世的《えんせいてき》なセンチメンタリズムに対し、非常な驚異となつて現れたこの武士道の精神――それは関東に於いて発達した――を、要領よく云ひあらはしたものは、『源平盛衰記《げんぺいじようすいき》』に見ゆる斎藤別当実盛《べつとうさねもり》の詞《ことば》である。彼が権亮少将維盛《ごんのすけしようしようこれもり》に答へた詞は左の通りであつた。

「実盛などをよきものと思召候か。弓は三人張・五人張、矢束は弓に似たる事なれば、十四束・十五束、あきまをかぞへて矢継早し。一矢にて二三人をも射落されば、鎧は二領・三領をも射貫候。惣じてあだや射る者なし。か様の者、大名一人が中に廿人・卅人は候ふらん。無下の荒郷一所が主にも二人・三人は侍るらん。馬は牧の内より心に任せて選取り立飼たれば、早走の曲、進退の逸物を、一人して五匹・十匹ひかせたり。彼馬、乗負せて朝夕鹿狩・狐狩して山林を家と思て馳習たれば、乗とは知れども落る事なし。坂東武者の習にて、父が死せばとて子も引ず、子が討るればとて親も退ず、死ぬるが上を乗越〱、生死不レ知に戦ふ。実盛なんどをそれに並候へば、物の数にも非ず。御方の兵と申すは、畿内・近国の駈武者なれば、親手負ば其に事付て、一門引つれて子は退、主討れば郎等はよき次とて、兄弟相具して落失ぬ。」

同書には又、三浦大介《だいすけ》が衣笠《きぬがさ》の戦の詞として、

「坂東武者の習として、父死すれ共子顧ず、子討れども親退ず、乗越々々敵に組んで勝負するこそ戦の法よ。」

「やをれ義澄よ。武者の家に生れて軍するは法也。敵の陣に向て命を惜むは人ならず。」

など、ある。

かゝる剛強殺伐《ごうきようさつばつ》なる精神が、刑罰の上に現れては、死刑の盛行《せいこう》となつた。元来『大宝令《たいほうりよう》』の制度によれば、刑罰の重きは死刑に処するのであつて、それに絞《こう》・斬《ざん》の二つの種類があつたが、それを実行する上には、種々の制限があつた。即ち、「獄令《ごくりよう》」に、

「従立春至秋分、不得奏決死刑。謂、奏決者、猶云奏而決也。若犯悪逆以上、及家人・奴婢殺主者、不拘此令。其大祀及斎日、朔・望・晦、上下弦、廿四気、仮日、並不得奏決死刑。」

とある。啻《ただ》にかゝる制限の存したばかりでなく、実際には嵯峨《さが》天皇以後、死刑はやんでゐたのである。それが再び用ひられる様になつたのは、実に保元乱《ほうげんのらん》以後の事であつて、保元乱後の処分に、源為義《ためよし》・平忠正《ただまさ》等を斬罪に処せられた時、これは異常な事として時人を驚かしたのであつた。『愚管抄《ぐかんしよう》』に、

「死罪ハトヾマリテ久シク成タレド、カウホドノ事ナレバニヤ、行ハレニケルヲ、カタブク人モ有ケルニヤ。」

と云ひ、『百練抄《ひやくれんしよう》』に、

「源為義已下被行斬罪。嵯峨天皇以降所不行之刑也。信西之謀也。」

とある。時代の変遷は刑罰の上にも明瞭にあらはれて、これより死刑は益々多く、又その方法も次第に苛酷となり、絞罪は廃《すた》れて専《もつぱ》ら斬となり、更に磔《はりつけ》・火焙・牛裂・車裂・煮殺・串刺などが行はれる様になつた。既に自ら死する事を恐れないから、従つて人を殺す事を憚《はばか》らないのである。

禅宗の思想　而してこのナイーブな武士の力、山林草沢《そうたく》の間に馳駆《ちく》してゐる間に、自然に発達した武士道の精神を、思想信仰の上に於いて基礎づけるものとして、やがて禅宗《ぜんしゆう》が現れた。今、従来の考へ方と禅宗の考へ方との相違を、その浄土観《じようどかん》の一点に於いて眺めるならば、上代末には、西方《さいほう》に『阿弥陀経《あみだきよう》』の説く如き弥陀の浄土を想像し、経をよみ、仏を念じて、恍惚《こうこつ》として夢幻《むげん》の中に浄土の荘厳《そうごん》、弥陀三尊《さんぞん》の尊容《そんよう》を観じ、早くこの穢《けが》れに充ちたる人間界を去つて、かの極楽世界に生れん事を望み、その空想的なローマンチックな考へよりして、臨終には床に三尊来迎《らいごう》の図をかけ、仏の御手に五色の糸を結び、その端を我手に結び、「南無阿弥陀仏、必ず摂取し給へ」と祈つたのである。『栄花物語《えいがものがたり》』に、藤原道長《みちなが》が法成寺《ほつしようじ》の中に、丈六《じようろく》の弥陀如来《みだによらい》を九体安置した有様をのべて、

「又はちすの糸をむらごのくみにして、九体の御手よりとをして、中たいの御手にとぢめて、此御念珠のところに東ざまにひかせ給へり。つねにこの糸にみ心をかけさせ給て、御念仏の心ざしたえさせたまふべきにあらず。御臨終の時にひかへさせ給て、極楽に往生せさせ給べきと見えたり。」

とあり（巻十八「玉台」）、又『平家物語《へいけものがたり》』灌頂巻《かんじようのまき》「女院御往生の事」の条には、建礼門院《けんれいもんいん》の臨終を記して、

「かくて女院は空しく年月を送らせ給ふ程に、例あらぬ御心地出で来させ給ひて、打ち臥させ給ひしが、日比より思し召し設けたる御事なれば、仏の御手にかけられたりける五色の糸をひかへつゝ、南無西方極楽世界の教主弥陀如来、本願過ち給はずば、必ず引摂し給へとて、御念仏ありしかば、大納言の佐の局、阿波の内侍左右に候ひて、今を限の御名残惜しさに、声々にをめき叫び給ひけり。」とある。上代末期の往生伝《おうじようでん》を見るに、かゝる記事は頗《すこぶ》る多い。延喜《えんぎ》・天暦《てんりやく》より保元《ほうげん》（九〇一〜一一五九）に至る二百年ほどの間に、即ち仏教の方面に於いては、恵心僧都《えしんそうず》より法然上人《ほうねんしようにん》に至る間、上来、上代末期として思想史上の特殊の位置を説いて来た時代は、実に往生伝の盛んに編纂せられた時代であつて、慶滋保胤《よししげのやすたね》の『日本往生極楽記《にほんおうじようごくらくき》』、大江匡房《おおえのまさふさ》の『続本朝往生伝《ぞくほんちようおうじようでん》』、三善為康《みよしためやす》の『拾遺《しゆうい》往生伝』及び『後拾遺往生伝』、沙弥蓮禅《れんぜん》の『三外《さんげ》往生記』、藤原宗友《むねとも》の『本朝新修《ほんちようしんしゆう》往生伝』などが現れてゐる。しばらく、『三外往生記』を例としてとれば、

○天台の学徒阿闍梨聖全は、臨終に人をして『往生要集』を読ましめ、終夜諸僧と共に念仏し、やがて暁に及んで「以二色縷一著二仏手一、執二其末一、面二向西方一、手結二定印一、如レ入二禅定一、寂然長逝」した。

○叡山宝幢院の住僧某は、早くより阿弥陀の三寸像を造り、蓮華一茎の上に座せしめ、年来本尊として祈願し、臨終には必ず五色の糸を仏の御手と我手とにつなぎ、正念に住して命終したいと願つてゐたが、最後はその希望の如く実行された。

○成章卿の長女は出家して尼となり、妙法と号したが、最後に臨み「掛二五色糸於弥陀手一、引二其末一高声

念仏、及二一時而入滅一」した。

かやうな例は外にも頗る多いが、まづ例としてはこれに止めよう。今日も数多く残れる来迎図《らいごうず》は、実にかゝる目的の為に作られたのである。しかるに禅宗は、この空想を打ち破り、徒《いたずら》に西方十万億仏土《さいほうじゅうまんおくぶつど》に憧れてゐた人々をして、直ちに足下に注意せしめ、自己を反省せしめた。『大応国師《だいおうこくし》法語《ほうご》』に曰く、

「夫《それ》、生死を出る道は、仏祖の示す所なりと雖も、其源を尋ぬるに、心を明むるに過ぎたるはなし。然るを人皆心即是仏なることを知らず。外に仏を覓め、徒に疲労して、終に実理に称《かな》ふ事無し。譬へば南に行ける親を知らず。其子北をたづねて行くが故に、行くに随つて、弥々親に遠かるが如し。」

「仏は善悪の起る源を知つて、執心無き故に、鎮へに念を起せども無念となる。無念の処を暫く心といふ。心と云ふは、名のみ有つて実形はなし。古人は無心といへり。箇様に心得なば、念より結ぶ生死は有るべからず。此の如く見て知りはつるを、一分の見性得果と云ふなり。其上には願ふべき生死もなく、欣ふ可き極楽もなし。迷悟の隔ても無く、凡聖の差別もなし。此処を生死を離るゝと云ひ、浄土に往生すと云ひ、仏に作るとも云ふなり。」

大灯国師《だいとうこくし》の『法語《ほうご》』は更に親切である。曰く、

「彼の肉身は家なり。家には必ず主人有べし。彼の家主をば、本来の面目と云ふなり。誰とも我とも云ふなり。熱き寒き抔と知り、或は物に貪着の心あり。或は欲心あるは皆妄念なり。真の家主にては無きなり。彼の妄念は附物《つきもの》なり。一息《そく》の息《いき》きるゝ時、同じく消する物なり。彼の妄念に曳れて、

地獄に堕して六道に輪廻するなり。彼の念の起る源を、能々坐禅をしてみよ。全く念は形無く体も無き物なり。死後も彼の念は残つてあるべきと思ふに依つて、地獄に堕ち種々の苦を受て、又娑婆《しゃば》世界に輪廻して苦を受るなり。時々に起る念を捨つべし。古人は云く、心生ずれば種々の法生じ、心滅すれば種々の法滅すと説き給ふも此事也。心生ずるとは、一念の起る事なり。彼の一念起るに依つて、種々の悪心起りて色々の罪を作り、悪道に墜つるなり。心滅するとは、一念は本体無し。死すれば倶に死するものと思へば、地獄も天堂も無き事なり。喩へば白新に地獄の絵を書き、罪人を書き、鬼神を書き、極楽浄土を書出すが如し。本来は明白にして、地獄も無く極楽も無きを、一念を以て色々に造り出すなり。只念を払ひ捨る事を専にすべし。念を払へと云ふは、坐禅をすべし。念を収むれば、彼の本来の面目顕るゝなり。……生れざる以前と死して後とは一つなり。生れざる以前を知らば、死して後をも知るべし。生れざる以前は、地獄もなく、極楽もなし。只本来の面目のみ有つて異物なし。本来の面目と云へばとて、形などの有るべきものにあらず。能々工夫して見給ふべし。肉身死すれども渠は死せず。肉身生ずれども渠は生せず。故に不生不滅の物なり。彼の本来の面目は生死輪廻なし。然れば彼の面目をば、生死を截る利剣とも名くるなり。真仏とも云ふなり。本に刻み絵に画くは表相なり。真の仏にはあらず。唯一心即ち是れ仏なり。心の外に別に仏ありと思ふ事は外道なり。仏を以て仏を礼する事なかれ。仏は経をも読まず、戒律をも持たず、又戒律を犯さず、善悪をも造らず、真仏に逢ひ奉つらんと欲せば見性すべし。若し見性せずんば、念仏誦経して、戒体を持つとも閑事なりと、達磨大師説き給ふなり。」

これは実に驚くべき思想革命である。極楽も地獄も存在しない、あるものは我が心のみである。我が心に迷ひあれば地獄極楽生じ、我心澄めば本来の面目《めんもく》現前して我即仏《われすなわちほとけ》となる。我こそ仏である。寺院堂塔にまつる所は偶像であり、真の仏のシンボルに過ぎない。真の仏は即ち我が心である。仏を以て仏を礼する事勿れ。既に我自ら仏なる上は、何を好んでみだりに偶像に救ひを求めようか。これは実に驚くべき自覚であり、所謂《いわゆる》仏にあつては仏を殺し、祖《おや》にあつては祖を殺す底の強き精神の現れである。同様の思想は道元禅師《どうげんぜんじ》の『正法眼蔵弁道話《しょうぼうげんぞうべんどうわ》』等にも見えるが、就中《なかんずく》、大灯のこの『法語』が最も力強い。大灯国師宗峯《しゅうほう》は播磨《はりま》の赤松氏の家臣浦上掃部《うらがみかもん》の一子で、赤松円心《えんしん》の叔父に当り、前の大応国師、即ち南浦紹明《なんぽじょうみん》（駿河の人、嘉禎《かてい》元年〈一二三五〉生る。）について参学し後、後醍醐《ごだいご》天皇の御帰依《ごきえ》をうけて、紫野《むらさきの》に大徳寺《だいとくじ》を建てた人であるが、その『語録』は「実に怒雷巌を裂くに斉しく、金翅海を劈く可きの概あり。」と評せられ、何人も之を解釈提唱するものなく、遂に白隠和尚《はくいんおしよう》によつて初めて下語《げご》されたのであつた。

実に是等の禅傑《ぜんけつ》によつて鼓吹《こすい》せられた所は、革命的な思想であつて、これまでの宗教、特に浄土教が、あくまで自己を無力なものとし、所謂煩悩具足《ぼんのうぐそく》の凡夫、一文不通《いちもんふつう》のともがら、諸悪深重《しよあくじんじゆう》の罪人として考へたのに対し、著しいコントラストをなしてゐる。『歎異鈔《たんにしよう》』には「弥陀の本願には老少善悪の人をえらばれず、たゞ信心を要とするべし。そのゆえは、罪悪深重、煩悩熾盛の衆生をたすけんがための願にてまします。」と云ひ、又「聖人のつねの仰には、弥陀の五劫思惟の願をよく〳〵案ずれば、ひとへに親鸞一人がためなりけり。されば、そくばくの業を持ちける身にてありけるを、たすけんとおぼしめしたちける本願のかたじけなさよと、御述懐さぶらひしことを、いままた案ずるに、善導の、自身はこれ現に罪悪生死の凡夫、曠劫よりこのかた、つねにしづみ、つねに流転して、出離の縁あることなき身と知れ、といふ金言に、すこしもたがはせおはしまさず。」とあり〈紀平《きひら》〈正美《ただよし》〉先生は、宗教に於けるこの無力観を説明して「宗教的対象とは、個人としての自我の無力性に対して補充部分として表象され、描かれたる所の、直接的存在者なり、然も其補充部分は、自己の力の弱めらるゝに応じて、愈《いよいよ》高調せられ、逆に其が高められるにつれて、自己は無力として表象せらる」〈『行の哲学』〉と述べられた〉。しかるに今禅宗の起るや、この種の宗教とは反対に、自己の力、自己の尊厳を強調し、自己以外に神あり仏あり、乃至極楽あり地獄ありとなすは、すべて妄想なりと断じた。

『大覚禅師語録《だいかくぜんじごろく》』に曰く、

「茲者本寺大檀那尽己行仁、忠心輔国。本来身登菩薩地、人間世現貴官身、持大権掌大柄。済世之念似海之深、養民之心如山之固。欽崇仏法、永保皇家、天地合宜、蛮夷率服、以至有情無情、莫不従風而靡、不被物之所移、自能転物、便見日用之道、動静無虧。昔日唐朝舒王問蒋山元禅師、如何是仏法大意。元不諾。舒王扣之愈久。元不得已而為王曰、公受気剛大世縁深、以剛大之気遭深世縁、必身任天下之重、懐経済之心。然用舎不能必、則心未平、以未平心、則安能一念万年哉。若拠山僧所見、元禅師一向無慈悲方便、埋没賢人、殊不知理天下大事、非剛大之気、不足以当之、要明仏祖一大事因縁、須是剛大之気、始可承当。今尊官興教化、安社稷、息干戈、清海宇。莫不以此剛大之気定千載之昇平。世間之法、既能明徹、則出世間之法、無二無異分、無別無断故。」

大覚禅師は即ち道隆蘭渓《どうりゆうらんけい》、宋《そう》の西蜀《せいしょく》の人、我が寛元《かんげん》四年（〈一二四六〉即ち時頼執権となつた年）来朝し、翌年鎌倉に来た。建長《けんちょう》元年（一二四九）、時頼《ときより》、為に建長寺を建て、五年成つた。この人についで建長寺の第二世となつた普寧兀菴《ふねいごつたん》も亦宋の西蜀の人であつたが、非常に峻厳な性格で、ごたつくと云ふ語は、この人の名より起ると云ふ事であるが、彼が建長寺に入るや、本尊地蔵菩薩を見、これは果位《かい》我より低しとて拝しなかつた。これ実に大灯国師の「仏を以て仏を礼するなかれ」とその精神を同じくするものである。又時宗《ときむね》が仏光国師《ぶつこうこくし》祖元《そげん》によつて参禅した事は有名な話である。祖元は元兵《げんぺい》に斬られんとして、

「乾坤無地卓孤笻、喜得人空法亦空、珍重大元三尺剣、電光影裡斬春風。」

と詠じた人である。

この子元祖元《しげんそげん》は時宗に招かれて弘安《こうあん》二年（一二七九）来朝し、八月鎌倉に入つて建長寺の住持となつた。彼が時宗の道を問ふに答へたところは左の通りである。

「在凡夫随一切声色名利死生恐怖、便随六道輪廻。在仏祖不随声色名利死生恐怖、処処作用、処処出没、処処遊戯、入火不焼、入水不溺、在方同方、在円同円、与太虚同一相貌。謂之円覚妙場、号為真如涅槃。衆生目為無明煩悩、初無別法。譬如一口之中、呵気則煖、吹気則冷、豈

有㆓而気㆒耶。仏即衆生之用、衆生即仏之体、聖凡転換、只在㆓翻覆手㆒爾。」

元寇の際の時宗の泰然たる態度は、この参禅に負ふ所が多いであらう。時宗の三回忌に当り、子元は時宗をほめて、「此れ天下の人傑なり。自如たり。弘安四年、虜兵百万博多に在れども、略ぼ経意せず。但毎月老僧を請じて諸僧と与に下語し、法喜禅悦を以て自ら楽めり。後果して仏天響応して家国貼然たり。奇なる哉。此力量あり。此れ亦、仏法中再来の人なり。」と云つてゐるが、正しくかくの如くであつたらうと思はれる。

鎌倉武士参禅の力は、幕府滅亡の際にも亦あらはれてゐる。鎌倉が新田義貞《にったよしさだ》の為に陥れらるゝや、長崎次郎高重《たかしげ》は、東勝寺《とうしようじ》なる相模入道高時《さがみにゆうどうたかとき》に挨拶して、最後の合戦に出で立つ時、

「是を最後と思ひ定めければ、先づ崇寿寺の長老南山和尚に参じて案内申しければ、長老威儀を具して出合ひ給へり。方々の軍急にして甲冑を帯したりければ、高重は庭に立ちながら、左右に揖して問ひて曰く、如何なる是勇士恁麼《いんも》の事。和尚答へて曰く、吹毛《すいもう》急に用ゐて前《すす》まんには、しかず。」

(『太平記』)

高重は此一句をきゝ、直ちに馬にのつて戦場へかけ出したといふ。

明極《めいきよく》楚俊《そしゆん》も亦元の僧であつて、その行状によれば、楠木正成《くすのきまさしげ》湊川《みなとがわ》に戦死する時、湊川広厳寺に和尚を尋ねて、死生の要を問ひ大に悟る所あつて、死を決して戦つたといふが、この行状の怪しい事は、田中(義成《よしなり》)先生の『南北朝時代史』に見えてゐる。しかし『明極録《めいきよくろく》』を見ると、彼は護良親王《もりよししんのう》の為に兵

仏一致の説を演《の》べて居り、その武士道を鼓吹した事は疑ふ事が出来ない。同書に曰く、

（元弘三年）十二月十一日、皇太子（『清拙語録』及び『貞和集』を参照すれば、護良親王なる事明かにして、是時儲弐未定、明年正月恒良親王を立て給ひしと雖も、こゝに皇太子と云ふを見れば、当時中外望を護良親王に属せし事を思ふべき旨、『大日本史料』按に見ゆ。）入山、特為上堂。禅師明心教和達法、以之武事恰々相当、要在精進勇猛。如虜庭飛騎、勇士赴敵、邦国無問大小闊狭、須立五岳為鉗揵、立八極為封疆。教法亦然。以五時譬五岳、以八教譬八極、以六識喩六韜、以三乗喩三略、以唇喩鎗、以舌喩剣、以戒喩牌、以定喩甲、以恵喩戈矛銛鋭者。……如是一々叵配、互相融通、……。復挙、……軍伍中武事、世間法也。教門中心法乃出世間法也。以武事配其道、以道理配其法、互為摂入、深有趣焉。」

大灯国師の弟子で妙心寺《みょうしんじ》を開いた慧玄関山《えげんかんざん》は、ある時、来た所の僧を呵斥《かせき》した。僧曰く、「某し特に生死事大無常迅速なるが為に来る」。師罵つて曰く、「慧玄が会裏に生死無し」と、便ち打つて趁出《ちんしゅつ》せしめたと『六祖伝《りくそでん》』に見えてゐるが、武士が死を恐れず、平然として生死の巷《ちまた》に出入するは、もとより実戦に携つて自然に得た所であるとはいへ、かくの如き禅宗の考へによつて、どれ丈《だけ》強められたか分らない。

又禅宗の考へは、仏身観に於いても、余程従来の考へと異つて来た。従来の考へでは、我は五濁悪《ごじょくあく》世《せ》の凡夫、罪障深重《ざいしょうじんじゅう》のともがらであり、仏は全智全能《ぜんちぜんのう》の絶対者であつたが、今や我を離れて仏はない

といふ考へになり、自分についても仏についても考へ方が一変した。大灯国師の所謂「木に刻み、絵に画くは表相なり。真の仏にはあらず。唯一心即ち是れ仏なり。心の外に別に仏ありと思ふ事は外道なり。仏を以て仏を礼することなかれ」であるから、仏に対しても亦我々と同じ人間が修行し大悟《だいご》したものといふ考へをもち、仏を画くに当つても従来の如く、神聖な超人間的なものとせずして、あくまで人間的なものに引き下げて了つた。曾我蛇足《そがじやそく》の画いた苦行《くぎよう》の釈迦の如きは、その標本としてゐゝ。蓬頭垢面弊《ほうとうこうめんへい》衣《い》を纏《まと》ふ一修行者の膝頭《ひざがしら》を抱いて坐してゐる所は、もし背後に負へる光明《こうみよう》を除けば、どうしても乞食としか思はれない姿である。殊に一休《いつきゆう》の賛《さん》が面白い。

六年飢寒徹㆓骨髄㆒、苦行是仏祖玄旨、

信㆑道無㆓天然釈迦㆒、狂雲天下飯袋子。

（右は根津《ねづ》〈嘉一郎《かいちろう》〉氏所蔵の原本によつたのであるが、『狂雲集』には、末句は「天下衲僧飯袋子」となつてゐる。）

又果して一休かどうか分らないが、一休の作と伝へられて有名なものに、左の歌がある。

釈迦といふいたづら者が世にいでゝおほくの人をまよはする哉

達磨《だるま》の如きも、神聖なる仏祖として信仰せらるゝよりは、寧《むし》ろ玩具としてもてあそばれ、雪達磨や起《お》き上《あが》り小法師《こぼし》にされて了つた事は、宗教思想の変化を見る上に極めて、重大な事柄であらう。『大応国師語録《だいおうこくしごろく》』（二冊、応安五年〈一三七二〉版、寛永辛巳《しんし》〈十八年・一六四一〉再版）に、

柏樹下雪達磨

通身一片似二銀山一、風彩逼レ人毛骨寒、
欲レ問二西来端的ノ意一、庭前ノ柏樹露二心肝一。

とあり、そのあとに「雪師子《ゆきじし》の偈《げ》」があり、前に「泥塑達磨《でいそだるま》の偈《げ》」がある。この偈は鎌倉の末のものであるから、達磨の玩具となるは随分古い事と思はれる。

仏に対する考へがかやうに変ると共に、神仏に祈請《きしよう》して、幸福を求め往生《おうじよう》を求める代りに、専ら我自身を反省して向上せしめようとするに至り、宗教的熱情より道徳的鍛錬を貴ぶに至つた。

「心だにまことの道にかなひなば祈らずとても神や守らん」

といふは何人の句であるか知らないが（伝菅原道真）、中世の中頃に現れたものであらう。足利尊氏《あしかがたかうじ》の作つた歌に、

「身を禱る人よりもなほ男山すなほなるをぞ守るとはきく」（『等持院殿御百首』）

とあるのも同じ意味である。

足利義満《よしみつ》の管領《かんれい》斯波義将《しばよしゆき》が永徳《えいとく》三年（一三八三）に作つたと云ふ『竹馬抄《ちくばしよう》』には、同じ思想が詳細に述べてある。

「一、仏神をあがめたてまつるべき事は、人として存べき事なれば、あたらしく申べからず。その中にいさゝか心得わくべき事の侍なり。仏の出世といふも、神の化現といふも、しかしながら世のため人のためなり。されば人をあしかれとにはあらず。心をいさぎよくして、仁義礼智信をたゞし

くして、本をあきらめさせんが為也。その外には、何のせんにか出現し給ふべき。此本意を心得ぬ程に、仏を信ずるとて人民をわづらはし、人の物をとり寺院を造り、或は神をうやまふと云て、人領を追捕して社礼を行ふことのみ侍る。かやうならんには仏事も神事も、そむき侍べきとこそ覚侍れ。たとひ一度のつとめをせず、一度の社参をばせずとも、心正直に慈悲あらん人を、神も仏もおろかには見そなはしたまはじ。ことさら伊勢太神宮・八幡大菩薩・北野天神も、心すなをにいさぎよき人のかうべに宿らせ給ふなるべし。」

神仏が昔と違つて道徳に重きを置き、道徳にさへかなへば必ず神仏の冥助があり、反対にいかに神仏に祈願するも、不道徳なものは神仏に見棄てられるといふ考へが強くなつて来た事は、頗る《すこぶ》重大な心理の変遷である。有名なる『三社託宣《さんじやたくせん》』の中にもかゝる考へが現れて居る。

「八幡大菩薩　雖レ為レ食二鉄丸一、不レ受二心汚人之物一。
雖レ為レ座二銅焔一、不レ到二心穢人之処一。

天照皇大神宮　謀計雖レ為二眼前利潤一、必当二神明罰一。
正直雖レ非二一旦依怙一、終蒙二日月憐一。

春日大明神　雖レ曳二千日注連一、不レ到二邪見之家一。
雖レ為二重服深厚一、可レ趣二慈悲之室一。」

この『三社託宣』は、従来吉田兼倶《かねとも》の偽作なりとして、松下見林《けんりん》・伊勢貞丈《さだたけ》以来学界の定説となり、星野日子四郎氏に至つて、その説は頂点に達したが、予《よ》は之を信ずる事は出来ない。『東寺百合文書《とうじひやくごうもんじょ》』には、「宝徳三年（一四五一）山城上久世庄花蔵庵雑具目録」に、「三社たくせん、一ふく」とあり、また応永《おうえい》中（一三九四～一四二八）の著述である『醍醐枝葉抄《だいごしようしょう》』にも見えて居り、兼倶以前の流布を確認し得るからである。ともかくも中世の中頃には、かゝる『三社託宣』などが現れて、倫理主義を鼓吹《こすい》したのである。北野天神が、上代には祟《たたり》をなす怨霊《おんりよう》として怖れられてゐたのに、鎌倉時代には正直を守る神と変化してゐるのは注意すべき事であつて、その趣は上の『竹馬抄』にも見えて居る所であるが、猶《なお》『東草集《そくそうしゆう》』（頼豪《らいごう》著、鎌倉末より南北朝の人）に収めたる「天神供祭文《てんじんぐさいもん》」には、

「本誓ハ従二仏ノ正意一起ルガ故ニ守二正直ノ仁ヲ一、外用ハ依テ二人ノ虚偽ニ一現ルガ故ニ悪ム二虚詐之者ヲ一。我等堅ク守二神慮ヲ一帰シ二正道ニ一、深ク仰二霊威ヲ一向二直路一。誓意不ンバレ誤、願念豈空ン。」

とある（『史林』第四巻連載、長沼〈賢海〉氏「天満天神の信仰の変遷」参照）。かくて宗教の惑信時代は去つて、倫理道徳を重んずるに至り、神秘的な信仰の世界から、現実の人間生活に引き戻されたのであるが、この考へを徹底せしむれば、宗教はもはや必要なものではなくなつて了ふ。島井宗室《そうしつ》といふは、名は茂勝、筑前博多《ちくぜんはかた》の豪商であつて、秀吉が博多再興の時に大いに働き、秀吉の気に入つた人物であるが（元和《げんな》元年〈一六一五〉八月二十四日歿す）、この人がその子の徳左衛門へ残した「遺誡《いかい》」の第二条には、かゝる思想がよくあらはれてゐる。

「一、五十に及候まで後生ねがひ候事無用候。老人は可レ然候。浄土宗・禅宗などは可レ然候ずる。其外は無用候。第一きりしたんに、たとい道由宗怡いか様にすゝめられ候共、曾以無用候。其故は十歳に成候へば、はやしうしだてをゆい、つみきそぬるきそとゆい、後生たて候て、日を暮し、夜をあかし、家を打すて寺まいり、こんたすをくびかけ、面目に仕候事、一段みぐるしく候。其上所帯

なげき候人の、第一之わざはひに候。後生・今生之わきまへ候てゐる人は、十人に一人も稀なる事候。此世に生きたる鳥類ちくるいまでも眼前のなげき計仕候人間も、しやべつなき事候間、先今生にては今生之外聞うしなはぬ分別第一候。来世の事は仏祖もしらぬと被㆑仰候。況凡人の知る事にて無㆑之候。相かまいて後生ざんまい及㆓五十㆒候まで無用たるべき事。

付、人は、二・三・十・廿にても死候。不㆑至㆓四十・五十㆒死候て、後生如何と可㆑存候。其時は二三子にて死たると可㆑存。二三子は後生不㆑可㆑存也。」（『島井文書』）

宗室のこの思想が直接いかなる方面より養はれたかは明かでないが、しかしかゝる考へを生ぜしめる上に禅宗が力あつた事は疑ふべくもない。『日本西教史』に、日本に於いて勢力ある宗派の第一に禅宗をあげ、その性質を説いて、

「第一強暴なる宗派は之れを禅宗と称す。其僧は只現世生活のことを説き、鬼神・天堂・地獄のあるを信ぜず、人身死する時は皆悉く消滅せざるものなきを信ず。故に死後の幸福を望むことなく、亦恐怖すべき者もなし。」

と云つてゐるのは禅宗の一面をよく云ひあらはしたものである。

塙団右衛門《はなわだんえもん》（直之《なおゆき》）は近世の初め名誉の武士であつて、初め加藤嘉明《よしあき》に従ひ、後浪人になつて、度々千石の高禄で召抱へられたが、常に嘉明に断《さえぎ》られて浪々した人で、遂に妙心寺に入り鉄牛と号したが、慶長十九年（一六一四）十月大坂役《おおさかのえき》起るや大坂城に入り、元和元年《げんな》（一六一五）四月二十九日に討死《うちじに》した。

この人が浪人中、常州水戸に居り、毎月廿四日に、諸の若侍が水戸城下を一里許り離れたハカマ塚の愛《あた》宕社《ごしや》に参詣するのにつれだつて、団右衛門も出かけた。その時の話が『見聞抄《けんもんしょう》』に見えてゐるが、団右衛門の願意は頗《すこぶ》る面白い。

「道すがら団右衛門曰、於㆓神前㆒所㆑願は何を祈り給ふ。各若士衆中、武運長久、悪事災難を遁れ申様宿願仕候由を答ふ。団右衛門大に笑ふ。何として笑ふぞと申せば、扨もあたゝかなる好みにて候と云に付、扨又団右、貴殿の祈は如何様の儀ぞと問へば、団右衛門曰、我等願と申は、此塙団右衛門と申浪人もの、悪事災難の場、或はちんじちうようの場へ御引あはせ給れ。南無帰命頂礼諸願成就と奉㆑願由申。各夫は以の外の相違也。其心は如何にと問。されば吾浪人の身なれば、畳の上の奉公にては中々立身不㆑叶也。悪事災難の場にさへ出合候へ者、善悪は我等の仕形次第也。名を揚、立身の本に可㆑成也。依㆑之かく願ふと申しける。」

又この団右衛門とは妙心寺に於いて交つたと伝へらるゝ、岡本清三郎も同様の事を云つてゐる。

「清三郎平生ノ願ニ、アハレ悪事災難ニ逢度ト云々。加様ノ男ユヘ何事ゾアル時ニ、清三郎先ヲナサズト云事ナシ。」（『武功雑記』）

実に元気な精神ではないか。中世末期に於けるかゝる勇剛敢為《ゆうごうかんい》の気象は、先に述べた中世初期、上代末期の悒鬱倦怠《ゆううつけんたい》の気に充ちた厭世《えんせい》思想とは、全然世界を異にしてゐるものである。而《しこう》してかく変化し来つた思想界が、遂に仏教を離れ、之を否定して、儒教に向つたのは当然である。

儒教特に宋学《そうがく》は既に鎌倉時代から輸入せられて、相当に影響を与へてゐたが、それが従来附属してゐた仏教から脱却し、むしろ仏教に敵対して独立したのみならず、仏教を圧倒するに至つたのは近世初期の事であつて、近世に入ると共に、仏教の時代は去つて、儒教の時代となつて了つた。藤原惺窩《せいか》（元相国寺の僧）、林羅山《らざん》（建仁寺に学ぶ）、山崎闇斎《あんさい》（土佐吸江寺《ぎゅうこうじ》の僧）等が、相ついで寺院を去つて、仏教に反対し、大に儒教を唱導したのは、この風潮を代表するものである。それらの詳細は、更に筆端を改めて之を論述する事としよう。

中世に於ける精神生活　終

復刊の辞

平泉　隆房

祖父平泉澄が、その著書『中世に於ける社寺と社会との関係』とその姉妹編いもいふべき『中世に於ける精神生活』について、それらの史学史上における意義を、私に語つたことがある。昭和五十年代の中頃、私は大学院の学生（ないしは助手）、祖父は八十五歳をこえてゐたと思ふ。

「わしの研究は、学生時分教はつた歴史学の先生方の修史官風の研究とは断然かけはなれたものだつた。ある時、A先生が織田信長の楽座について一時間講義をされたんだが、それが全部間違ひなんだ。座といふものの実態をまるでおわかりになつてをらずに、ただ言葉だけを解説されてゐた。聴いてゐて、おかしいのおかしくないの……」。

祖父の研究の視点や方法論が、従来のものとは全然違つたものだつたといふことだらう。祖父が恩師の方々について語つた文章は、感謝の言葉で埋められてゐるのが常だが、歴史家として祖父の一面を垣間見た忘れられぬ想ひ出である。

祖父の学位論文は『中世に於ける社寺と社会』を主としたものだが、関東大震災の影響で出版が数年遅れた。『中世に於ける精神生活』さらには『我が歴史観』と、これら三著が相次いで刊行されたのは大正十五年のことである。学位に関しては、「学位論文を誰よりも喜んでくださつたのは上田萬年先生、『平泉のが本当の論文だ』と言はれ、もう一人わしと一緒に文学博士になつたB氏の論文については酷評された」と言つてゐた。B氏は年齢が祖父と親子ほど違ふ先輩で旧制による学位取得者、祖父は学位制度が変更になつて第一号の文学博士であつたと聞いてゐる。

このやうな『中世に於ける精神生活』の復刊は、祖父を再評価する上からも意義深いものと思はれる。本書を時野谷滋様の的確懇篤な解説なども加へて再び世に問ふ機会を得たのは、所功様の全面的なご支援によるものである。平成十六年暮ころにお申し出があり、平成十七年五月の日本学協会の理事会評議員会での諒承を得て、実務がスタートしたのは夏のことであつた。

ここに、所様をはじめ、校正の労をお取りいただいた各位方、また取りまとめと索引の作成を引き受けて下さつた堀井純二様、および錦正社の中藤政文社長に対して、厚く御礼申し上げたい。

平成十八年二月

〔解　説〕

大正史学の新風

ひと頃よく耳にした「古き良き時代」といふ言葉には、懐旧の情が籠められてゐたが、その時代に属する大正十五（一九二六）年、当時、象牙の塔などと呼ばれてゐた東京帝国大学の文学部国史学科に入学し、やがて維新史の権威として大成された大久保利謙氏は、その七十年後の平成八（一九九六）年に刊行された回想録（岩波新書『日本近代史学事始め』）の中で講師・助教授時代の本書即ち『中世に於ける精神生活』の著者平泉澄博士から受けた指導についてかう語つてゐる。

講義は際立っていて、歴史とはこうやるのかと感銘をうけた記憶があります。（中略）平泉先生の代表作は、学位論文である『中世に於ける社寺と社会の関係《ママ》』そして『中世に於ける精神生活』ですが、国史学科の史風を革新しただけでなく、大正史学の新風というべき存在だつたわけです。（六四頁）

平泉博士自撰の『寒林年譜』（博士は寒林子と号す）によれば、博士は大正十二（一九二三）年三月、数へ年二十九歳で国史学講座分担講師を嘱託され、同十五（一九二六）年四月、三十二歳で助教授に任じられてゐる。当時の文学部教官としては異数の若さであつた。大久保氏が入学されたのはその頃であつた。これも『年譜』によれば、十二年度の講義の題目は「中世に於ける精神生活」であつた。そしてこの講義を纏めた本書等を公刊された博士は、「大正史学の新風というべき存在」であつたといふのである。

本書の「発刊の辞」によれば、この講義は開講して半年後、いはゆる関東大震災に遭ひ、大学図書館の焼失によつて、償ひ難い打撃を受けることがあつたため、予定の計画を変更せざるを得なかつたけれども、二年後、本書の草稿になつた講案が残つたといふ。そこで他日の改訂を期してをられたところ、厳父の不豫のことがあつたので、風樹の歎を恐れるあまり、急遽上梓して、厳父の膝下に献じられたのが本書であるといふ。

本書の発行日は大正十五（一九二六）年四月であるが、続いて五月には『我が歴史観』、そして十一月には『中世に於ける社寺と社会との関係』が刊行され、まさに大正史学の新風を巻き起したのであつた。

当時の思想界に於いては、「精神生活」といふ講義題目・書名に採られた用語は、特別な意味を持つ清新な響きを感じさせる言葉であつたといつてよい。この頃、十九世紀中葉の自然科学的唯物論や実証主義に対する批判として起つた、新理想主義に属するオイケンの哲学が、我が国にも少なからぬ影響を及ぼしてゐた。例へば雑誌『解放』の大正十（一九二一）年新年号に、名著『哲学概論』で広く知られてゐた、桑木厳翼東京帝大教授の「オイケンの自伝を読む」といふ一文が掲載されたりしてゐるのは、当時の風潮の一端を思はせるものであらう。そのオイケン哲学の根本原理は Geistesleben 精神生活であつた。平泉博士も或ひはオイケンの思想に共鳴するものを感じてをられたのではなからうか。

本書は、今も述べたやうに、二箇年かかつて作成された講案に、半月をかけて朱を加へたものであるといふが、本文五一七頁を数へる大冊である。当時の大学の講義といふのは、普通、教授者が自分で書き下したノートを読上げ、それを受講者が各自筆記するといふ形式をとるのが一般であつた。その間、教授者は難しい漢字や外国語を板書したり、適当な切目で内容を敷衍したり、関連する事項について説明を加へたりするのであつた。そして平泉博士もさういふ形式をとつてをられた。

私が昭和十九（一九四四）年十月開講の「日本思想史概説」を聴講した時もこの形式であつた。その中で、たまたま日本人と欧米人との民族性の差を論じ、前者を「仁」、後者を「不仁」とされたとき、切目に、その例は絵画や彫刻などにも見られるといふ話をされ、幾つものそれを挙げた中で、ドレスデンで目にしたといふ数匹の猟犬が猪に襲ひかかる猪狩の絵の残酷さに及んだ際、「日本では猪は萩の花の下に画くのです」と呟やかれたことを記憶してゐる。ここで花札の図柄が引かれるとは思はなかつたので、急いで私はノートに書き込んでゐたのである。

とすれば、半月かけて加へられた補訂がどれほど多かつたとしても、この大冊がすべて二年間で講じられたとは思へない。或ひはその主要部分だけを抜き読みされたのであるかもしれない。しかしながら、さういふ想像は意味のないことで、ともかくこの「中世に於ける精神生活」といふ講義は「際立っていて、歴史とはこうやるのか」といふ感銘を与へるものであつた、と大久保氏は語つてゐるのである。そして我々は、その講案に朱を加へたものといふ本書を味読することによつて、大久保氏の受けた感銘を追体験し、「大正史学の新風」を感得することが出来るのである。

勿論、七十年たつてもなほ大久保氏にその感銘を語らせてゐるものは、本書の到る処に湧き出し溢れ出してゐるところから察せられるのであるが、私なりにそれ等の中から幾つかの例を挙げて見たいと思ふ。

先づ、「中世に於ける精神生活」といふ題目そのものが、「〇〇時代史」とか、「〇〇発達史」とかいつた多くの一般的な講義題目に対して、学生にここには何かがあるといふ感じを抱かせたことであらう。そして聴講してみては、博士の歴史を捉へるスケールの大きさに目を輝かせたことであらう。博士は例へば「中世は中世人自らに軽蔑せられ」たことについて次のやうに述べてゐる。

それは西洋の中世が、文芸復興期の人々によつて侮られ、宗教改革時代の人々によつて軽蔑せられ、十八世紀、十九世紀の歴史家によつてその侮りを継承せられたのと、や、趣を同じふしてゐる。（本書一〇頁）

このやうに博士は我が国の中世を西洋の中世と対比させながら、国史全体の流れの中に位置付けようとしてゐるのである。かうして我が国の上代文物の衰微を、ギリシヤ・ローマの文明がゲルマンの侵入によつて破壊されるのを見たのと同じ様な「悲観的な心持になつて、当時の人は現在を呪ひ、過去に憬れたのであつた」（六頁）と述べてゐる。国史・東洋史・西洋史といふ縦割りのそれぞれの分野に引き籠り、特に国史に於いては、ややもすれば史実の実証を以つて足れりとする史料編纂所型の講義が行はれてきた中で、博士のそれは大久保氏の言葉を借りれば「型破りだったが、すばらしかった（六四頁）」し、その自由な瑞々しい発想に「歴史とはこうやるのか」といふ感銘を与へたのであらう。

かうして、例へば「官学の衰微」の章などでも、対象を広く国史全体の流れの中で捉へて、問題の本質を明らかにしていくのである。この命題を考へるためには中世に止まらず、天智天皇朝にまで遡り（一五頁）、更に隋・唐の学制と比較研究するといふ労を惜まない（二二―二六頁）、さうすることによつて、中世に到つて大学の校庭は茶園となり、大学の職員が鎌倉に移つて幕府に勤仕するといふ状況（五三―五四頁）の深刻さをまざまざと写し出してゐる。中世を究めるためには中世に籠るのではなく、遡つて上代を、更に下つて近世を検討し、それ等と対比させるといふ方法をとることが有効なことは贅言するまでもないが、「歴史とはこうやるものか」と初学者に具体例を示すものであつたらう。一事が万事で、他の命題についても同じことがいへると思ふが。

続いて「宗教意識の過敏」の章では、『源氏物語』の批評や註釈を辿つて、中世人の宗教意識がどれほど強かつたかを明らかにするとか（一六二―一六九頁）、『古今集』を尊重する余り、「宗教的価値を文学的価値に置きかへようとした」（一七一頁）こととか、「一首の歌を作る事は、即ち一体の仏を作るに同じい」（一七九頁）と考へられたことを説いてゐる。これらはすべて博士によつて初めて取り上げられた問題であり、聴講者に歴史といふものの深さと広さを感じさせ、無限の興味を覚えさせるものであつたらう。

或ひはまた、暗黒の中に於ける光明として、それまで重大視されてきた金沢文庫と足利学校について、初めて本格的に史料を渉猟して検討を加へ、その結果、「当時一般士庶の教育には、足利も金沢も殆ど無関係」（二五二頁）であつたことを立証してゐる。聴講者が、確かな史料に基づいて古来の通説を打破して行く実証史学の方法を学び取るのに十分であつたらう。

更に加へて「闇黒の世界」を究明するために、陰陽道や宿曜道から末法思想等にまで言及してゐる（三二〇—三六〇頁）。これ等は聴講者にとつて恐らく殆んど初めて聞く事柄であり、いよいよ知的好奇心を掻き立てられたことであらう。そして歴史の研究には底知れぬものがあることを感じたであらう。

私が、直接、大学で博士の指導を受けたのは、戦時中の三箇月に過ぎなかつた。当時、主任教授の職にあつた博士は、しばしば私共に「歴史家は物知りである必要はない。それを知るためには何を調べればよいか、といふ研究法を知つてゐればよい」と教へられたものであるが、御自身は容易に端倪すべからざる物知りでもあられた。そしてその知識が、本書の中で、極力押さへようとしてゐるにも拘わらず、処々に噴出してゐるといふ感がある。なほ外国語にも堪能な博士のことであるから、その知識は西欧にまで及ぶものであつた。

例へば親鸞の妻帯は歴史の上で大きな変革とは考へられず、当時、妻帯の僧侶は決して珍らしいものではなく、のみならず男色が流行してゐたことを論じたところで（三〇九―三一一頁）、キリスト教では最も厳重に男色を禁じ、或ひは火焙りや生埋めにする刑とされてゐたことに言及してゐる。そして出典として Westermarck; The Origin and Development of the Moral Ideas II を挙げ、P,480-482 と頁数まで示してゐる（三一〇頁）。博士の文献渉猟がかういふ原書にまで及んでゐることに、聴講者はどれほど感銘を受けたことであらうか。

更にまた『源氏物語』に後日譚が行はれたことを、「『不如帰』の行はれて、後の浪子を書きつぎ、『不如帰』続篇が出た様に」（一五二頁）と説明したり、或ひは「親鸞を主題とした小説戯曲の類には出家と其弟子（倉田百三氏）受難の親鸞（石丸梧平氏）戯曲親鸞（香春建一氏）親鸞（村上浪六氏）戯曲親鸞（茅場道隆氏）戯曲親鸞（三浦関造氏）等があり」（一三頁）と列挙してゐる箇所がある。当時の東京帝大の講義に『不如帰』の浪さんが出てくる等といふのはまさに「型破り」であつたらうが、その出し方は些かも奇を衒ふものではなかつたから、聴講者はその扱ひ方の妙に感じ入つたことであらう。また『出家と其弟子』は、当時の学生で読んでゐないものはなかつたらうが、それ以外の諸書については恐らく初耳に近いものが多かつたと思はれる。聴講者は博士の型破りの博捜ぶりに驚嘆し、読書は多々ますます弁ずる場合のあることを感得したであらう。

その他、「上代に対する憧憬」の章等についても言及したい点が多いけれども、先づ次に掲げるやうな美文調は人を引きつけてやまないのであり、実はこれが本書全体を貫流してゐるのである。

昔は光があつた。今は暗黒である。王朝の盛時を回想する時は、うららかな春の真昼の花の下の舞を思ふ。今の淪落を痛感すれば、つるべ落しの秋の日暮れの侘びしさが身に沁む。「なくてぞ人の今は恋しき」理り、すべて幸福は失はれて初めてそれの存在に気がつくもので、メーテルリンクの「青い鳥」も、その飛び去つた後に初めて気がつかれた様に、（下略）（六六頁）

これは殆ど抒情詩の一段ともいふべきものであつて、その纏綿たる感傷は、そぞろ聴講者の胸に沁むものがあつたらう。大久保氏の言を以つてすれば「平泉先生は、この頃は、まだ若かつた」。（六四頁）そして終章「光明の出現」に於いて、「武士は暗黒の中の光明として現れ、我国を滅亡の危きより救つた」（三六一頁）経緯を説いて、「思想界が遂に仏教を離れ、之を否定して儒教に向つたのは当然である」（三七八頁）として近世に繋げようとしてゐる。

以上、その一端に触れた本書の内容は、全体として中世に於ける精神生活を縦横に解剖し、到る処に新生面を発見し、初めて国史全体の流れの中にそれぞれを定位し、組織立てるものであつた。本書の刊行後今日まで八十年の間に、上代学制・金沢文庫・足利学校、また本書から次の『社寺と社会との関係』に及ぶ往来物等々に関する、個々の研究は、勿論、大いに進み、立派な成果を挙げてゐるけれども、本書がそれ等の研究の出発点になつてゐるといつてよい。そしてまた全体を纒めて国史の流れの中に位置付け、史的意義を考へるに当つては、本書に回帰することが多いのである。

（関東短期大学名誉学長・文学博士）時野谷　滋

編輯後記

Ⅰ　本書復刊の目的

平泉澄博士の著作は、史料校訂・監修編著も含めれば数十部にのぼる。他に講演記録・講義打聞などが百数十冊あり、また雑誌所載の論文・評論および未刊の原稿・ノートなども併せると、その倍以上にのぼることが、野木邦夫氏等の調査により確かめられてゐる（田中卓氏『平泉史学と皇国史観』〈平成十二年刊、青々企画〉付載「平泉澄博士著述・講演目録（稿）」等参照）。

そのうち、研究書（十四部）と啓蒙書（十六部）合計三十部について、それぞれの出版経緯・内容構成・要旨特色などを分担解説（関連の論著にも言及）したものが、田中卓氏編『平泉澄博士全著作紹介』（平成十六年刊、勉誠出版）にほかならない（この時に本書の解説を担当したのは、中世神道思想史研究者の出村龍日氏）。

ところで、戦前に刊行された博士の研究書を入手しようとすれば、

㋑『中世に於ける社寺と社会との関係』（初版大正十五年）は、昭和五十七年、国書刊行会から

㋺『我が歴史観』（初版大正十五年）は、昭和五十八年、皇學館大学出版部から

㋩『國史學の骨髓』（初版昭和七年）は、平成元年、錦正社から

㊁『武士道の復活』（初版昭和八年）も、昭和六十三年、錦正社から
㊄『建武中興の本義』（初版昭和九年）は、昭和五十八年、日本学協会から
㊅『萬物流轉』（初版昭和十一年）は、昭和五十八年、皇學館大学出版部から
㊇『傳統』（初版昭和十五年）は、昭和六十年、原書房から
㊈『菊池勤王史』（初版昭和十六年）は、昭和五十二年、皇學館大学出版部から

各々復刊されてゐる（㊁㊈は在庫あり。他は品切）。しかし、最も早く大正十五年（一九二六）満三十一歳で東大助教授となられた四月、至文堂から出版された本書『中世に於ける精神生活』のみ、まだ一度も復刊されたことがない。

そこで、このたび平泉博士の御令孫隆房氏（日本学協会理事長）に御許可を賜はり、八十年ぶりに新組みで復刊させていただくことになった。その主な目的は、博士の第一著作を、現今の史学研究者や歴史愛好者たちの手に入りやすくする事にあるが、個人的な動機も少し含まれてゐる。

私は昭和三十二年（一九五七）高校一年の春、日本史担当の稲川誠一教諭（当時三十一歳）に出会ってから歴史が好きになった。そして、先生が同二十年四月に東大へ入学して平泉博士に師事され、敗戦後に学部の卒論でも大学院の修論でも中世政治史（主に鎌倉時代の朝幕関係）の研究に取り組まれてきたことを知った（遺稿集『日本の歴史と教育〈歴史篇〉』昭和六十一年刊に中世関係の研究論文十本所収）。

その影響であらうか、私は大学に進んだ当初、漠然と中世文化史を研究したいと思ひ、先生に相談し

たところ、愛蔵のⒶ『中世に於ける精神生活』とⒷ『中世に於ける社寺と社会との関係』を貸して下さった（のち卒業祝としてⒶ・Ⓑ共に受贈）。それを早速に通読して、日本の中世社会では公家・武家と並んで社寺も大きな勢力を占めてゐたことが、おのづから理解できた。

そこで、自分も中世仏教史、とりわけ虎関師錬の『元亨釈書』を卒論のテーマにしようと考へたことがある。ただ、私の関心は、まもなく平安時代の政治文化史に移ってしまったが、本書Ⓐの「二、官学の衰微」・「三、上代に対する憧憬」・「四、古典の崇拝」・「五、宗教意識の過敏」などから学んだことは、平安時代の研究にも意外なほど役立ってゐる。それゆゑに、今あらためて若い人々にも本書を味読してほしいと思ひ、その復刊を願ひ出たのである。

II　本書に関する評価

平泉博士の日本中世史に関する研究成果は、初期のⒶ・Ⓑ＝㋑・㋺（いずれも大正十五年刊）だけではない。㋩所収「渓嵐拾葉集と中世の宗教思想」（初出『史学雑誌』）・「中世文化の基調」（初出『史林』）や㊁所収「神皇正統記の成立」「神皇正統記の内容」（初出『白山本神皇正統記』）は、Ⓐ・Ⓑの延長線上に書かれたものである。また、㋭（昭和九年刊）や㋠（同十六年刊）は、欧米歴訪から帰朝後、ほぼ四十歳代に主力を注がれた建武中興関係の研究成果にほかならない。それが戦後も、㋷『名和世家』（昭和二十九年刊）や㋦『楠公——その忠烈と餘香——』（昭和四十八年刊）として纏められ、さらに㋸『寒林史筆』（同三十九年刊）

所収の「東家秘伝の識見」「神道伝承者としての明恵上人」（共に初出『神道史研究』）なども、中世神道の本質に深く迫る論考である。

その意味で、平泉博士の研究や活動は多方面に亘ったが、中心は日本中世史の研究であったとみて差し支へない。しかも、戦後の学界・論壇で、博士の「皇国史観」（国体護持史観）を非難攻撃する風潮が長らく強かったにも拘はらず、初期のⒷ＝㋑については、高く評価した専門家が少なくない（石井進・網野善彦・今谷明・黒田俊男の各氏など）。それに対して、本書Ⓐを直接論評したものは、ほとんど見られない。

ただ、日本中世思想史の専門家として、早くから平泉博士に注目してきたのは、大隈和雄氏（昭和七年生れ）で、その一つが『中世思想史への構想』（昭和五十六年刊、名著刊行会）所収「日本歴史学における〝学〟――平泉澄について」（初出昭和三十四・五年）である。また『国史大辞典』第十一巻（平成二年刊、吉川弘文館）では、同氏が「平泉澄」の項にⒶ・Ⓑ＝㋑・㋺をあげ「西欧における中世史研究の動向を視野に入れた斬新な学風は、昭和初年の歴史学界に影響を与えた」と記され、さらに『日本史文献辞典』（平成十五年刊、弘文堂）では、特にⒶ・Ⓑ＝㋑と㋣を選び、各々の概要を簡潔に紹介し、このⒶは、Ⓑ（学位論文）と共に「著者の学問的な著作を代表するもの」と評されてゐる。

しかも、近年に至り、平泉博士の思想と行動を客観的・総合的に研究し論評する若い研究者が次々と現れた（苅部直・植村和秀・若井敏明・安田歩の各氏など）。とりわけ昆野伸幸氏（東北大学助手）は、「平泉澄の中世史研究」（東北史学会『歴史』第一〇三輯、平成十六年九月発行）と題して、近代思想史研究者の立場から詳しく論じてゐる。

その要点は、Ⓐやⓑの中味そのものよりも、平泉博士が東大の文学部在学中（大正四〜七年）に「第一次大戦・ロシア革命を契機として中世史専攻を決定した」といふ若井氏の説を承けて、博士が原勝郎氏や三浦周行氏らと著しく異る「日本中世史像＝中世暗黒時代説」を多面的に描き、それを現代と重ね合せて批判することにより、「現代を〝更生〟せんとする」ものであったといふ。このやうな結論は、やや性急過ぎると思はれるけれども、博士が研究対象とされた中世も、難問の続出してゐる大正の現代も、「日本歴史の特性が忘れられて思想の混乱を来した」（初出「民族の特異性と歴史の恒久性」『神道学雑誌』昭和七年。『平泉博士史論抄』〈平成十年刊、青々企画〉所収）と考へて居られたことは確かであらう。

しかし、本書Ⓐ自体の史学史的な評価は、このたび時野谷滋氏に寄稿して頂いた解説「大正史学の新風」が最も的確だと思はれる。時野谷博士（元文部省主任教科書調査官）は、前述した稲川教諭らと同期の平泉博士門下生であり、専攻の上代制度史だけでなく、中世・近世および近現代史にも広く精通して居られる。その上、国文学の造詣も深く、すでに先師の『芭蕉の俤』（昭和二十九年刊、日本書院）に関する詳細な論考（初出『藝林』、のち同氏『芭蕉・鷗外・漱石』〈平成五年刊、近代文芸社〉所収）もある。

Ⅲ　博士の自著紹介

ところで、本書の成稿・刊行に至る経緯は、平泉博士みづから「序」で簡潔に説明されてゐる。しかも、出版直後の大正十五年五月十日付「帝国大学新聞」一六五号「著者の立場から」といふ文化欄に「綜合組織と新説―『中世に於ける精神生活』を書いた態度―」と題する次のやうな一文が掲載されてゐる。

一

本書は、ある事情の為にあわただしくその出版を企図せられたものであつて、私に於いても殆んど予想外の事であつた。そして原稿に修正の朱筆を加へ始めたのは、二月の末の事で、三月一日から少しづつ印刷に廻し、一方で原稿を作りながら一方で校正を始め、十一日に全部の原稿が出来上り、二十日にすべて校了にしたのであるから、修正と校正との一切がわづかに二十日ばかりで出来上つたわけである。しかも菊版で五百頁を越えるのに、校正も四回とつたのであるから、この二十日の忙しさは随分大変であつた。三月二十日の夕八時半に全部校了になつた時の如き殆んど文字を見るのがいやになつてゐた位であつた。

しかし、それは私が自分で好んで、殆んど疾風迅雷の勢を以て、一気に呵成しようとしたのであるから、どんなに苦しくつても構はないが、発行所や印刷所の方には、ほんとにお気の毒であつた。とかく不順がちな三月の、雪さへ屢々降つた中を、自分の希望を納れて一緒に奮闘してくれられた方々に対しては、実際感謝の辞を知らない。そのお蔭で本書は忽ちにして成り、これを郷里の老父に献ずる事が出来たのは、私にとつては限りなき喜びである（前にある事情の為といつたのは、実は父〈※白山神社祠官平泉恰合氏、七十四歳〉に献じたき願ひであつたのである）。

かやうなわけで、この度の出版こそあわただしく、またその機会に十分の修正を加へる事は出来なかつたとはいへ、本書の内容は随分前から自分の考へてゐた事であり、又この問題について教壇に講ずる事は前後二ヶ年にわたり、本書は実にその講案を基礎としたのであるからして、たとへ自分として尚幾多の不満をもち、種々修正の希望をもつにしても、全体としては本書は、私の思想を明白にあらはしたものであり、また「中世に於ける精神生活」を闡明し得たるを確信して、それに対して私は十分の責任を負ふものである。

二

本書に論述した所は、これまでの考へ方とは随分異つてゐる。第一には、その中世といふ時代区画からして、従来の国史の時代区画とは相違してゐる。ある友人は、それ故に本書の広告をみた時、西洋史の書物かと思つたといつた。実際国史においては、中世といふ詞はまだ一般に用ひられてゐないばかりでなく、歴史家の中には反対意見が多いのである。しかし、単に政権の推移や、社会表面の出来事のみを取扱はず、深く国民生活の淵底を探り、その基調についてこれを考察するならば、鎌倉時代・室町時代などといふ分け方の外に、上代・中世・近世と区画する事が、歴史の真の把捉のために最も適当であると思ふ。しかしそれは猶今後の研究発表を待つて、次第に明らかにされる所であらう。

次に本書の主題とする精神生活は、極めて困難な問題であつて、ひとり先輩の曾て手をつけなかつたばかりでなく、また容易に手をつくべきものではないとさへ考へられてゐたのである。その一部分その一方面については、もとより数多くの研究が発表されてゐたが、しかしそれら全体を綜合して、その各々の意義を論定し、それぞれの現象を捕へ来つて、正当なる位置に之を排列し、中世に流るる種々の感情思想を、明白なる条理によつて組織する事は、未だ曾て試みられなかつた所である。私は不敏浅学の若輩であつて、もとより之を能くするものではないが、国史学の飛躍的発展を希望するに堪へず、奮然身を挺してこの難関に迫つたのである。微力果してよくこの難関に迫り得たるや、はたまた早く撃退せられたりやは、世の高邁なる識者の審判にまつ。しかし、ルビコンは既に渡られた。二陣三陣相続いで流れを乱すであらう。私は国史学の若き勇士が、緋威の鎧朝日に映えて、葦毛の馬を轡並べ、我が肩をのり越え乗り越えて進まれん事を希望する。

三

本書の真面目は、たしかにその全体としての綜合組織の上に在る。個々の現象を思惟の索につなぎ、いくつかの条理に分つて、それぞれその位置を定めんとした点にある。即ち中世の文化を公家文化と武家文化および宗教文化の三つの流れに分析し、各々の性質を説明し、その相互関連交替する一般を論述しようとした点にある。

しかし、個々の問題についても又自ら独自の創見がないではない。その中において最も大きな問題は、金沢文庫と足利学校とに関する新説であらう。この二つは古くより非常に有名であつて、実に上代の大学・国学と近世の幕府及び諸藩の学校との中間に在つて、その連絡をとり、中世の教育を代表するものの如く思はれてゐた。そしてこれに関する論著は非常に数多くあらはれ、いやしくも国史家及び教育史家にして、何等か之に言及しない人は一人もないといつていいほどであつた。しかも、事実は果してどうであるか。金沢文庫は果して中世の文運に何を寄与してゐるか。足利学校は果していかなる性質の学校であつたか。両者はそれぞれ中世の一般国民といかなる関係をもつてゐたか。この重大なる問題の討究はなほ頗る不完全であつて、従来の研究はむしろ問題の核心を離れ、不必要なる片隅の詮索に専心してゐた観がある。

私の研究の結果は、金沢文庫が中世において全然書籍の死蔵所に過ぎず、教育上何等の貢献がなかつた事、および足利学校が全く師範学校であつて、一般国民がここに学んだものではないといふ事を明かにした。もしこの説が一般に是認せられるならば、多くの史書の改訂を必要とする事になるであらう。それ故に個々の研究においては、特にこの点に注意して熟読せられん事を希望する。

しかし「中世に於ける精神生活」を明かにするためには、まだ説かなければならない問題が非常に多い。私は幸に大方諸賢の高教を得て、若き学友と共に、その闡明に努力したいと思ふ。

なほ、この半年後（十一月）至文堂から出版された『中世に於ける社寺と社会との関係』末尾に「国史研究叢書第一編」として一ページ大の広告が載っているので、これも参考資料として左に引いておかう。

Ⅳ　編輯の分担協力

最後に、内輪のことながら、備忘のため本書の復刊に関する編輯の実務につき略述しておく。

まづ原本のワープロ入力は、金沢工業大学の秋山一實助教授が中心となって推進した。同氏のもとで、平泉博士の他の著作についても、順次ワープロ化が続行されてゐる。

つぎに、そのデータを錦正社の印刷所で組版としたゲラの校正と、可能な限り読みやすくするため、漢文・古文に返点・濁点と句読点を加へ、少し難しい漢字にルビを振り、年号に西暦を補ふなどの作業を、左の九名で分担した（原本では、漢文の一部に片仮名でルビ・送り仮名を付してあるので、それは元のままとした。それ以外の漢文には送り仮名を加へず、ルビも平仮名で少し振るに留め、むしろすべてに返点を付けることに努めた）。

一、中世……………平泉　隆房　　二、官学の衰微……………所　功
三、上代に対する憧憬………清水　潔　　四、古典の崇拝……………梶山　孝夫
五、宗教意識の過敏………藤本　元啓　　六、金沢文庫と足利学校………宮田　正彦
七、指導者としての僧侶……白山芳太郎　　八、闇黒の世界……………岡田　芳幸
九、光明の出現………秋山　一實

右の作業は、それぞれ両三度行はれたが、全体の調整をはかるため、私が再校ゲラ全文に少し手を入れた（原本の誤植を正し、改行も増やした）。ただ、漢文の返点や句点と読点の区別は恐らく不正確なところ

があり、またルビなども章により不統一なところが残ってゐることを、あらかじめお断りしておきたい（原本では改元年を正月から新年号で記す例が多く、それは元のままとした）。

ついで、巻末の人名索引と書名索引は、日本文化大学の堀井純二助教授が作成した。校正の過程でページ数に変動を生じ余分の手数を煩はせたが、最終的な総点検も担当してくれられた。

さらに、本書出版は、前記の㈧・㈡や『芭蕉の俤』など復刊を手がけた実績のある錦正社が引き受け、中藤政文社長みづから誠心誠意その完成に尽力された。また、日本学協会の永江太郎常務理事も、側面的な助言・支援を惜しまれなかった。

以上の各位の献身的な御協力に対して、心から感謝の意を表する。それと共に、かなり読みやすくなった本書が、多くの読者に末永く活用されることを念じてやまない。

平成十八年（二〇〇六）正月二十五日（初天神）　所　功

ら

わ

(英語表記)

ま

や

な

た

か

書 名 索 引

や

ら

ま

は

な

た

さ

か

人 名 索 引

〔索引凡例〕

一、本書の本文・補注にみえる人名と書名を、原則として一般的な読み方で五十音順に配列した。

一、人名索引には、実在の人物・家名だけでなく、物語などに登場する人名も、神名・仏名なども加えた。

一、書名索引には、単行の書名だけでなく、叢書名・雑誌名・論文名・文章名や法令・物語の篇名なども採つた。

一、索引原稿は堀井純二氏が作成した。

あ

《著者略歴》平泉　澄（ひらいずみ　きよし）

明治二十八年（一八九五）二月十六日福井県大野郡（現勝山市）平泉寺で誕生（父恰合・母貞子の長男）。第四高等学校を経て大正七年（一九一八）東京帝国大学文科大学国史学科卒業、同大学院進学。同十年大阪の森下逸子と結婚。同十二年同大学専任講師、同十五年文学博士・助教授。昭和五年（一九三〇）欧州留学。同十年教授、同二十年辞職。同五十九年二月十八日帰幽（満八十九歳）。

著書　戦前の国史研究書九部（編輯後記参照）の他、「芭蕉の俤」「山河あり」「名和世家」「解説近世日本国民史」「父祖の足跡」「寒林史筆」「革命と傳統」「山彦」「先哲を仰ぐ」「日本の悲劇と理想」「解説佳人の奇遇」「明治の源流」「楠公—その忠烈と餘香」「少年日本史」＝「物語日本史」「明治の光輝」「悲劇縦走」「首丘の人 大西郷」など

※『平泉澄博士全著作紹介』（勉誠出版）参照

中世《ちゅうせい》に於《お》ける精神生活《せいしんせいかつ》

平成十八年二月　十六日　印刷
平成十八年二月二十五日　発行

※定価はカバー等に表示してあります

著者　平《ひら》泉《いづみ》　澄《きよし》
発行者　中藤政文
発行所　錦正社
〒一六二—〇〇四一
東京都新宿区早稲田鶴巻町五四四—六
電話　〇三（五二六一）二八九一
FAX　〇三（五二六一）二八九二
振替　〇〇一三〇—四—一三六五三五
URL　http://www.kinseisha.jp/

印刷・製本　朝日印刷株式会社

ISBN4-7646-0269-5